Der Zweite Weltkrieg
in Europa

Charles Messenger

Der Zweite Weltkrieg in Europa

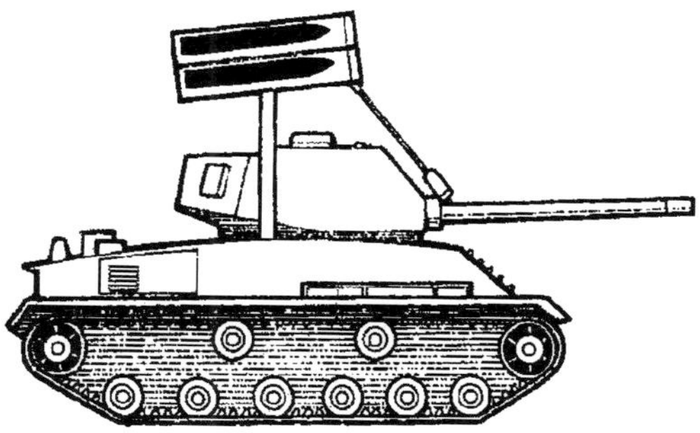

Aus dem Englischen von Regina van Treeck

Brandenburgisches Verlagshaus

„Der totale Krieg ist nicht eine Folge bloßer Episoden eines Tages oder einer Woche. Er ist eine ausgedehnte und kompliziert geplante Angelegenheit; je länger er dauert, desto größer sind die Anforderungen an den Charakter der Männer, die in diesem Krieg eingesetzt sind."

GENERAL GEORGE C. MARSHALL, JUNI 1941

Die Deutsche Bibliothek –
CIP-Einheitsaufnahme
Der Titeldatensatz für diese Publikation ist bei Der Deutschen Bibliothek erhältlich.

ISBN 3-89488-133-X

Erstveröffentlichung bei: Cassell & Co., Wellington House, 125 Strand, London, WC2R 0BB
Titel der englischen Originalausgabe:
The Second World War in the West

Übersetzung ins Deutsche: Regina van Treeck, Leipzig

Umschlaggestaltung: Behrend & Buchholz, Hamburg
Koordination und Bearbeitung der deutschen Ausgabe:
Neumann & Nürnberger, Leipzig
Satz: XYZ-Satzstudio, Naumburg
Printed in Italy
Gedruckt auf alterungsbeständigem Papier mit chlorfrei gebleichtem Zellstoff.
Die Schreibweise entspricht den Regeln der neuen Rechtschreibung.
03 02 01 00 4 3 2 1

Danksagung

Sehr zu Dank verpflichtet bin ich John Keegan, der mich aufgefordert hat diese Publikation zu schreiben. John Keegan begegnete ich zum ersten Mal vor fast vierzig Jahren, als ich Kadett an der Royal Military Academy in Sandhurst war. Er förderte die Entwicklung meines großen Interesses an der Militärgeschichte. Seine Schriften waren seit jener Zeit stets eine Anregung für mich.

Äußerst dankbar bin ich auch Malcolm Swanston und seinem Kollegium bei Arcadia für die eifrige Mühe, die sie auf die Erstellung der Karten und Schaubilder und auf das Recherchieren des Bildmaterials verwendet haben.

Mein wärmster Dank gilt schließlich Nick Chapman, Judith Flanders, Penny Gardiner und Caroline Knight. Ihr Enthusiasmus und ihre Unterstützung haben die Arbeit an diesem Buch zu einem Vergnügen gemacht.

Charles Messenger

Eine Parade des rasch anwachsenden deutschen Heeres im Jahre 1938.

Inhalt

Danksagung 5

Legende zu den Karten 8

Kartenverzeichnis 9

Zeittafel 10

1. Der Weg in den Krieg 1919–1939
Erster Weltkrieg – der „Krieg, der dem Krieg ein Ende bereiten soll"; Versailler Vertrag; Völkerbund; Abrüstung auf internationaler Ebene; Aufstieg Mussolinis und Hitlers; Spanischer Bürgerkrieg; Wiederaufrüstung; Herannahen des Krieges; Hitlers Angriff auf Polen 17

2. Triumph des Blitzkrieges 1939–1940
Zur Lage der gegnerischen Kräfte bei Ausbruch des Zweiten Weltkrieges; Polenfeldzug; „Sitzkrieg"; Finnisch-Sowjetischer Winterkrieg; Dänemark und Norwegen; Frankreich und die Niederlande; Großbritannien steht allein; Widerstand in den besetzten Ländern; Leih-Pacht-System und die Haltung der USA zum Krieg 39

3. Mussolinis Traum: Der Kriegsschauplatz im Mittelmeerraum 1940–1941
Verspäteter Kriegseintritt Italiens; Feldzüge in Ost- und Nordafrika; Italiens Einmarsch in Griechenland; Entsendung deutscher Truppen nach Libyen; Balkanfeldzug; Kreta; Irak; Syrien; Britische Gegenoffensive im November 1941 in Ägypten; Japanischer Angriff auf Pearl Harbor und der Kriegseintritt der USA 71

4. Hitler wendet sich nach Osten: Der Krieg in der Sowjetunion 1941–1943
Hitlers Invasionspläne; Offensive von 1941; Erste sowjetische Gegenangriffe; Deutsche Pläne für 1942; Weg nach Stalingrad; Schlacht um Stalingrad 91

5. Die zweite Front: Der Krieg in Westeuropa und im Mittelmeerraum 1942–1943
Anglo-amerikanische Strategiedebatte; Rommels Gegenoffensive im Frühjahr 1942 in Ägypten; El Alamein; Landung der alliierten Truppen in Französisch-Nordwestafrika; Tunesien; Konferenz von Casablanca; Landung auf Sizilien und in Italien; Sturz Mussolinis 117

6. Der Vormarsch der Roten Armee 1943–1944
Reformierung der sowjetischen Taktik; Schlacht im Kursker Bogen; Befreiung der westlichen Sowjetunion; Vordringen in Osteuropa und auf dem Balkan; Sowjetischer Vorstoß auf die Weichsel; Warschauer Aufstand 139

7. Nordwesteuropa und Italien 1944
Planung und Vorbereitung der Landung in der Normandie; Landung bei Anzio; Durchbruch durch die Gustav-Linie; Einrücken der Alliierten in Rom; Landung der Alliierten in der Normandie; Ausbruch aus der Normandie; Landung in Südfrankreich; Arnhem; Vorrücken auf die deutschen Grenzen; Goten-Linie; Ardennenoffensive; Vorrücken auf den Rhein 167

8. Der letzte Feldzug 1945
Sowjetische Weichsel-Oder-Operation; Belagerung Budapests und die letzte deutsche Offensive; Überrollen Ungarns; Einnahme Wiens durch die Rote Armee; Überschreitung des Rheins; Einschließung der deutschen Truppen im Ruhrgebiet; Italiens Ende; Strategiedebatte der westlichen Alliierten über Berlin; Sturmangriff der Roten Armee auf Berlin; Zusammentreffen mit den westlichen Alliierten; Hitlers Selbstmord; Deutsche Kapitulation; Letzte Schüsse; Beseitigung der „Regierung" Dönitz 193

9. Der zweite Weltkrieg im Rückblick
Übersicht: Der allumfassende Charakter des Krieges; Kriegsopfer und Kriegsschäden 209

Befehlshaber des Zweiten Weltkrieges 214

Weiterführende Literatur 219

Register 220

Bildnachweis 224

LEGENDE ZU DEN KARTEN

Militärische Verbände nach Waffengattungen

- Infanterie
- Panzertruppen
- motorisierte Infanterie
- Luftlandetruppen
- Fallschirmtruppen
- Artillerie

Militärische Verbände nach Größen

- XXXXX Armeegruppe (Alliierte)/Heeresgruppe
- XXXX Armee
- XXX Korps
- XX Division
- X Brigade
- III Regiment
- II Bataillon

Farbige Kennzeichnung der militärischen Verbände

- Alliierte
- Deutschland
- Polen
- Finnland

Truppenbewegungen

- Angriff
- Rückzug
- Luftangriff

Allgemeine militärische Symbole

- —XXXXX— Grenze des Einsatzbereichs einer Armee-/Heeresgruppe
- —XXXX— Grenze des Einsatzbereichs einer Armee
- Frontlinie
- Verteidigungslinie
- Verteidigungslinie (3-D-Karten)
- Feldschanze
- Kessel oder Stellung
- Feldgeschütz
- Landung von Fallschirmverbänden
- versenktes Schiff
- Flugplatz/Flugfeld

Geografische Symbole

- Stadtgebiet
- Landstraße
- Eisenbahn
- Fluss
- zeitweilig Wasser führender Fluss
- Kanal
- Landesgrenze
- Brücke oder Pass
- Sumpf
- Felsen

Kartenverzeichnis

1. Europa nach Inkrafttreten der Friedensverträge 21
2. Hitlers Annexionen (1936–1939) 34–35
3. Der Polenfeldzug (1.–28. September 1939) 41
4. Der Finnisch-Sowjetische Winterkrieg (1940) 47
5. Der Plan für den „Fall Gelb“ (September 1939 – April 1940) 49
6. Dänemark und Norwegen (April und Juni 1940) 51
7. Der deutsche Panzervorstoss durch die Ardennen (Mai 1940) 54–55
8. Der Überfall auf Westeuropa (Mai – Juni 1940) 56–57
9. Der Feldzug in Ostafrika (Juni 1940 – November 1941) 77
10. Der Balkan (6.–30. April 1941) und Kreta (20. Mai – 1. Juni 1941) 82–83
11. Die Operation „Crusader“ (18.–24. und 24.–28. November) 87
12. Der Überfall auf die Sowjetunion (Juni – Dezember 1941) 94–95
13. Der Kaukasus (Juni – November 1942) 111
14. Die Schlacht um Stalingrad (September 1942 – Februar 1943) 112–113
15. Die Schlacht von El Gasala und Rommels Offensive (Januar – Juni 1942) 120–121
16. Die Operation „Torch“ (8. November 1942) 130–131
17. Die Schlacht im Kursker Bogen (5.–13. Juli 1943) 146–147
18. Die Operation „Bagration“ (Juni – August 1944) 161
19. Italien (1944–1945) 172–173
20. Die Landung der Alliierten in der Normandie (6. Juni 1944) 178–179
21. Die Ardennenschlacht (16.–24. Dezember 1944) und der Gegenangriff der Alliierten (26. Dezember 1944 – 7. Februar 1945) 188–189
22. Die Schlacht um Berlin (16. April – 6. Mai 1945) 204–205

ZEITTAFEL

Schlüssel
W West- und Nordeuropa
O Drittes Reich und der Osten
M Mittelmeerraum und Balkan
A Afrika und Naher Osten

1939

O 1. Sept. Deutsche Truppen marschieren in Polen ein.
W 3. Sept. Großbritannien und Frankreich erklären Deutschland den Krieg.
W 7. Sept. Französische Streitkräfte rücken ins Saarland vor, ziehen sich jedoch bald wieder zurück.
W 9. Sept. Das Britische Expeditionskorps (BEF) landet in Frankreich an.
O 15. Sept. Warschau eingeschlossen.
O 17. Sept. Sowjetische Truppen marschieren in Polen ein.
O 19. Sept. Deutsche und sowjetische Truppen treffen bei Brest aufeinander.
O 27. Sept. Warschau kapituliert.
O 6. Okt. Der letzte polnische Widerstand erlischt.
W 9. Okt. Hitler erteilt Befehle zum Angriff im Westen.
W 17. Nov. Großbritannien und Frankreich legen den Plan „Dyle" fest, der eine Truppenverlegung nach Belgien zur Verteidigung gegen den deutschen Angriff vorsieht.
O 30. Nov. Sowjetische Truppen marschieren in Finnland ein.
O 6. Dez. Sowjetische Truppen starten erfolglose Frontalangriffe auf die Mannerheim-Linie.

1940

O 7. Jan. Timoschenko übernimmt den Befehl über die sowjetischen Truppen in Finnland.
W 10. Jan. Zwischenfall von Mechelen; bei der Landung eines deutschen Flugzeuges in Belgien gelangen die deutschen Einmarschpläne für den Westen in die Hände des Feindes.
W 22. Jan. Hitler befiehlt die Ausarbeitung des Planes für den Einfall in Norwegen.
O 1. Feb. Timoschenko startet eine neue Offensive gegen Finnland.
O 11. Feb. Sowjetische Truppen durchbrechen die Mannerheim-Linie. Abschluss eines deutsch-sowjetischen Wirtschaftsabkommens.
W 1. März Der Außenminister der USA Sumner Welles besucht die Krieg führenden Länder um Friedensmöglichkeiten zu erkunden.
O 8. März Sowjetische Truppen nehmen den Hafen Viipuri ein.
O 12. März Die Sowjetunion und Finnland schließen einen Friedensvertrag (Frieden von Moskau).
W 7. April Die britische Luftaufklärung entdeckt die deutsche Invasionsflotte mit Kurs auf Norwegen.
W 9. April Deutsche Truppen dringen in Norwegen und Dänemark ein.
W 15. April Britische Truppen landen bei Narvik.
W 16. April Alliierte Truppen landen bei Namsos.
W 18. April Alliierte Truppen landen bei Åndalsnes.
W 26. April Die Alliierten beschließen die Räumung Südnorwegens.
W 10. Mai Einmarsch deutscher Truppen in Frankreich und in den Niederlanden.
W 13. Mai Deutsche Truppen überschreiten die Maas.
W 15. Mai Die Niederlande kapitulieren.
W 16. Mai Die Alliierten ziehen sich aus Belgien zurück.
W 17. Mai Deutsche Truppen rücken in Brüssel ein.
W 20. Mai Deutsche Panzer erreichen die Kanalküste.
W 25. Mai Boulogne fällt.
W 26. Mai Die Evakuierung der bei Dünkirchen eingeschlossenen Truppen beginnt.
W 27. Mai Calais fällt.
W 28. Mai Die Alliierten nehmen Narvik ein. Belgien kapituliert.
W 3.–8. Juni Nach der Niederlage der norwegischen Truppen geht König Haakon VII. ins Exil; die Alliierten räumen Norwegen endgültig.
W 4. Juni Die Evakuierung der alliierten Truppen aus Dünkirchen wird abgeschlossen; deutsche Truppen rücken ein.
W 5. Juni Die Deutschen starten eine Offensive über die Somme und die Aisne.
W 11. Juni Italien erklärt Großbritannien und Frankreich den Krieg.
A 11. Juni Britische Stoßtrupps überschreiten die ägyptisch-libysche Grenze.
W 14. Juni Deutsche Truppen rücken in Paris ein.
A 14. Juni Britische Einheiten zerstören Geschütze in den libyschen Grenzfestungen.
W 18. Juni De Gaulle wendet sich per Rundfunk aus London an seine Landsleute.
W 20. Juni Italienische Streitkräfte marschieren in Frankreich ein.
W 22. Juni Frankreich unterzeichnet einen Waffenstillstandsvertrag mit Deutschland.
W 24. Juni Frankreich unterzeichnet einen Waffenstillstandsvertrag mit Italien; am folgenden Tag enden die Feindseligkeiten. In der Nacht findet an der französischen Küste der erste britische Kommandoüberfall statt.
W 28. Juni Großbritannien erkennt de Gaulle als Führer des Freien Frankreich an.
W 30. Juni Deutsche Truppen besetzen die Kanalinseln.
A 4. Juli Italienische Einheiten erobern britische Grenzgarnisonen im Sudan.
W 5. Juli Nach dem Angriff auf französische Häfen in Nordafrika bricht Vichy-Frankreich die diplomatischen Beziehungen mit Großbritannien ab.
W 16. Juli Hitler erlässt die Weisung zur Vorbereitung des Einfalls in Großbritannien.
W 19. Juli Hitler macht Großbritannien ein letztes Friedensangebot.
O 21. Juli Estland, Lettland und Litauen werden Teilrepubliken der UdSSR.

O	31. Juli	Hitler informiert seine Heerführer über seine Absicht die UdSSR anzugreifen.
W	1. Aug.	Hitler weist einen verschärften See- und Luftkrieg gegen Großbritannien an und macht die Invasion vom Erfolg der Luftwaffe abhängig.
O	1. Aug.	Die UdSSR versichert nochmals ihre Neutralität.
A	4.–17. Aug.	Italienische Truppen besetzen Britisch-Somaliland.
W	10. Sept.	Es gelingt den Deutschen nicht, die Lufthoheit über Südengland zu erringen; die Invasion wird auf den 24. September verschoben.
A	13. Sept.	Italienische Truppen dringen von Libyen aus in Ägypten ein; der Vormarsch kommt nach drei Tagen zum Stehen.
W	17. Sept.	Hitler verschiebt den Einfall in Großbritannien auf unbestimmte Zeit.
O	27. Sept.	Deutschland, Italien und Japan unterzeichnen den Dreimächtepakt.
M	28. Okt.	Italienische Truppen dringen von Albanien aus in Griechenland ein.
M	4. Nov.	Griechische Truppen starten einen Gegenangriff und drängen die italienischen Verbände nach Albanien zurück.
O	20. Nov.	Ungarn tritt dem Dreimächtepakt bei; am 23.11. folgt Rumänien, am 24.11. die Slowakei.
A	9. Dez.	Die britische Western Desert Force startet in Ägypten einen Gegenangriff.
M	13. Dez.	Hitler erteilt eine Weisung zur Besetzung des Balkans.
O	18. Dez.	Hitler erteilt eine formale Weisung zum Einfall in die Sowjetunion.

1941

A	5. Jan.	Australische Truppen nehmen Bardia ein.
A	17. Jan.	Die italienischen Truppen räumen die von ihnen gehaltenen Grenzfestungen im Sudan.
A	19. Jan.	Britische Streitkräfte marschieren in Eritrea ein.
A	20. Jan.	Kaiser Haile Selassie zieht wieder in Äthiopien ein.
A	22. Jan.	Britische Truppen besetzen die libysche Hafenstadt Tobruk.
A	24. Jan.	Britische Streitkräfte marschieren von Kenia aus in Italienisch-Somaliland ein.
W	29. Jan.	Eröffnung der britisch-kanadisch-amerikanischen Generalstabsgespräche über eine gemeinsame, abgestimmte Strategie („ABC“-Plan).
A	3. Feb.	Britische Truppen beginnen einen Angriff auf Keren (Eritrea).
A	6. Feb.	Australische Truppen rücken in Benghasi ein.
A	6.–7. Feb.	In der Schlacht bei Beda Fomm wird die italienische 10. Armee vernichtet.
A	14. Feb.	In Tripolis (Libyen) treffen die ersten Einheiten des deutschen Afrikakorps ein.
A	25. Feb.	Afrikanische Truppen besetzen die Hafenstadt Mogadischu.
M	1. März	Bulgarien tritt dem Dreimächtepakt bei.
W	4. März	Erfolgreicher britischer Kommandoüberfall auf die Lofoten.
M	7. März	Britische Bodentruppen landen in Griechenland.
W	8. März	Der Kongress der USA verabschiedet das Leih- und Pachtgesetz.
A	19. März	Britische Truppen beginnen mit der Befreiung Britisch-Somalilands.
A	24. März	Rommel greift die britischen Streitkräfte in der Cyrenaika (Libyen) an.
M	25. März	Jugoslawien unterzeichnet den Dreimächtepakt.
M	27. März	Ein Staatsstreich in Jugoslawien macht den Beitritt des Landes zum Dreimächtepakt rückgängig.
A	27. März	Keren fällt.
W	29. März	Die Gespräche zum „ABC“-Plan enden; die Teilnehmer einigen sich darauf, zuerst Deutschland und dann Japan zu besiegen.
A	1. April	Asmara, die Hauptstadt Eritreas, kapituliert. Antibritischer Aufstand im Irak.
M	6. April	Truppen der Achsenmächte marschieren in Jugoslawien und Griechenland ein.
A	6. April	Afrikanische Truppen rücken in Addis Abeba ein.
W	12. April	Die USA richten auf Grönland Militärstützpunkte ein.
O	13. April	Japan unterzeichnet einen Neutralitätspakt mit der Sowjetunion.
M	17. April	Jugoslawien kapituliert.
A	18. April	Die ersten indischen Verbände landen in Basra um den Aufstand im Irak zu ersticken.
A	25. April	Rommel hat die britischen Truppen aus der Cyrenaika an die ägyptische Grenze zurückgedrängt; Tobruk wird von den Briten jedoch weiterhin behauptet.
M	27. April	Deutsche Truppen marschieren in Athen ein.
A	9. Mai	Britische Truppen marschieren von Palästina aus in den Irak ein.
W	10. Mai	Rudolf Heß fliegt nach Schottland.
A	15. Mai	Der britische Angriff (Operation „Brevity“) gegen Rommels Verbände schlägt fehl.
A	18. Mai	Amba Alagi, die letzte große italienische Befestigung im nördlichen Äthiopien, kapituliert.
M	20. Mai	Deutsche Fallschirmjäger landen auf Kreta.
A	31. Mai	Der Aufstand im Irak ist beendet.
M	1. Juni	Kreta ist von deutschen Truppen besetzt.
A	8. Juni	Alliierte Streitkräfte marschieren von Palästina aus in die von Vichy-Frankreich beherrschten Länder Libanon und Syrien ein.
A	15. Juni	An der ägyptisch-libyschen Grenze starten britische Truppen einen weiteren vergeblichen Angriff (Unternehmen „Battleaxe“) gegen die Truppen der Achsenmächte.
O	22. Juni	Deutsche Truppen fallen in die Sowjetunion ein.
O	26. Juni	Finnland erklärt der Sowjetunion den Krieg.
O	29. Juni	Finnische Truppen greifen die Karelische Landenge an.
O	1. Juli	Deutsche Truppen marschieren in die lettische Hauptstadt Riga ein.
O	3. Juli	Stalin spricht zum ersten Mal nach der Eröffnung des deutschen Angriffs auf die Sowjetunion im Rund-

		funk. Die Heeresgruppe Mitte vernichtet den Kessel von Belostok (Białystok).
M	4. Juli	In Jugoslawien ruft Tito zum nationalen bewaffneten Widerstand auf.
W	7. Juli	US-amerikanische Marineinfanteristen beginnen mit der Ablösung der britischen Garnison auf Island.
O	9. Juli	Witebsk fällt.
O	12. Juli	Großbritannien und die UdSSR unterzeichnen ein Abkommen über gegenseitigen Beistand.
A	15. Juli	Die Konvention von Akka beendet den Feldzug gegen die Vichy-Franzosen im Libanon und in Syrien.
O	19. Juli	Hitler gibt jetzt Leningrad und der Ukraine den Vorrang.
O	20. Juli	Stalin lässt sich zum Volkskommissar für Verteidigung der UdSSR ernennen.
O	27. Juli	Deutsche Truppen marschieren in die estnische Hauptstadt Tallinn ein.
O	5. Aug.	Die Heeresgruppe Mitte schafft bei Smolensk einen riesigen Kessel.
O	8. Aug.	Die Heeresgruppe Süd vernichtet den großen Kessel im Raum Uman.
W	9.–12. Aug.	Roosevelt und Churchill treffen in der Placentia-Bucht vor der Küste Neufundlands zu einer Konferenz zusammen.
A	25. Aug.	Britische und sowjetische Truppen marschieren im Iran ein um dessen Beitritt zur Achse zu verhindern.
O	4. Sept.	Die Belagerung Leningrads beginnt.
O	5. Sept.	Hitler beschließt einen nochmaligen Vorstoß auf Moskau.
A	17. Sept.	Britische und sowjetische Truppen besetzen Teheran.
O	19. Sept.	Kiew fällt.
O	23. Sept.	Die Heeresgruppe Süd dringt auf die Krim vor.
O	14. Okt.	Die Heeresgruppe Mitte vernichtet den Kessel bei Brjansk.
O	16. Okt.	Die Evakuierung der weniger wichtigen Regierungsbüros und der ausländischen Botschaften beginnt.
O	18. Okt.	Deutsche Truppen durchdringen die Verteidigungslinie 130 Kilometer westlich von Moskau.
O	24. Okt.	Die Heeresgruppe Süd nimmt Charkow ein.
O	30. Okt.	Die Heeresgruppe Mitte wird durch schlechte Witterungsbedingungen aufgehalten.
O	15. Nov.	Der Vormarsch auf Moskau wird fortgesetzt.
A	18. Nov.	Britische Truppen starten die Angriffsoperation „Crusader“ nach Libyen hinein.
O	20. Nov.	Die Heeresgruppe Süd nimmt Rostow am Don ein.
A	27. Nov.	Der Fall der italienischen Festung Gondar im nördlichen Äthiopien markiert das Ende des Feldzuges in Ostafrika.
O	29. Nov.	Ein sowjetischer Gegenangriff zwingt die deutschen Truppen zum Rückzug aus Rostow am Don.
O	5. Dez.	Der deutsche Vorstoß auf Moskau kommt zum Stehen. Die Rote Armee startet die ersten Gegenangriffe.
A	7. Dez.	Nach achtmonatiger Belagerung wird die Festung Tobruk von britischen Truppen entsetzt.
W	11. Dez.	Deutschland und Italien erklären den USA den Krieg.
O	15. Dez.	Die evakuierten Regierungsstellen werden zur Rückkehr nach Moskau aufgefordert.
O	19. Dez.	Hitler ernennt sich zum Oberbefehlshaber des deutschen Heeres.
W	22. Dez.	In Washington, D. C. beginnt eine anglo-amerikanische Konferenz über Strategiefragen; sie endet am 13. Januar 1942.
W	27. Dez.	Auf der norwegischen Insel Vaagsö findet ein erfolgreicher Kommandoüberfall der Alliierten statt.

1942

A	4. Jan.	Die deutsch-italienischen Truppen schließen ihren Rückzug aus der Cyrenaika ab.
A	21. Jan.	Rommel startet mit einer neuen Offensive in die Cyrenaika.
W	26. Jan.	Die ersten US-amerikanischen Truppenverbände treffen in Großbritannien ein.
A	4. Feb.	Rommels Offensive kommt vor El Gasala zum Stehen.
O	8. Feb.	Sowjetische Truppen schließen bei Demjansk, südlich des Ilmensees, erstmals einen großen deutschen Kampfverband ein.
O	19. März	Ein Versuch der Roten Armee, Leningrad zu entsetzen, schlägt fehl.
O	5. April	Hitler gibt die Weisung zur Offensive, die die Eroberung des Kaukasus zum Ziel hat.
W	8. April	Eine US-amerikanische Delegation trifft in Großbritannien ein um über die von der Sowjetunion geforderte Eröffnung der zweiten Front zu diskutieren.
O	12. Mai	Die Rote Armee startet südlich von Charkow eine Offensive.
A	27. Mai	Rommel startet einen Angriff auf die El Gasala-Linie.
O	29. Mai	Die sowjetischen Truppen im Raum Charkow werden vernichtet.
A	21. Juni	Rommel nimmt Tobruk ein.
O	30. Juni	Die deutsche 6. Armee eröffnet die Sommeroffensive.
A	30. Juni	Die britische 8. Armee hat sich nach Ägypten auf die El Alamein-Linie zurückgezogen.
A	1.–27. Juli	Die erste Schlacht um El Alamein geht ergebnislos aus.
O	3. Juli	Deutsche Truppen besetzen den Krimhafen Sewastopol, der seit Oktober 1941 belagert worden war.
O	7. Juli	Deutsche Truppen marschieren in Woronesh ein. Die Heeresgruppe A startet Angriffe auf das Donezbecken.
W	24. Juli	Die Alliierten einigen sich auf die Durchführung der Landungsoperation „Torch“ in Französisch-Nordwestafrika.
O	25. Juli	Die Heeresgruppe A bricht über den unteren Don aus.
O	9. Aug.	Deutsche Truppen erobern die Ölfelder von Maikop.
O	10. Aug.	Die deutsche 6. Armee erreicht die Peripherie von Stalingrad.
W	19. Aug.	Britische und kanadische Truppen versuchen bei Dieppe (Nordfrankreich) zu landen.

O	24. Aug.	Stalin gibt den Befehl Stalingrad zu halten.
A	30. Aug.	Rommel greift bei El Alamein wieder an, wird jedoch zurückgeschlagen.
A	23. Okt.	Montgomery eröffnet den britischen Angriff bei El Alamein.
O	2. Nov.	Der Vorstoß der Heeresgruppe A in den Kaukasus kommt endgültig zum Stehen.
A	2. Nov.	Bei El Alamein beginnt die abschließende Durchbruchsschlacht.
A	8. Nov.	In Französisch-Nordwestafrika landen angloamerikanische Truppen (Operation „Torch").
A	11. Nov.	Die französischen Streitkräfte in Nordwestafrika unterzeichnen einen Waffenstillstandsvertrag mit den Alliierten. Die Achsenmächte fliegen Soldaten nach Tunesien ein und die Alliierten unternehmen hier von Algerien aus einen ersten Vorstoß.
A	13. Nov.	Britische Truppen rücken wieder in Tobruk ein.
O	19. Nov.	Die Rote Armee geht bei Stalingrad zur Gegenoffensive über.
A	20. Nov.	Britische Truppen rücken wieder in Benghasi ein.
O	23. Nov.	Die deutschen Truppen bei Stalingrad werden eingeschlossen.
A	24. Nov.	Die Alliierten unternehmen neue, allerdings erfolglose Versuche Tunis zu erreichen.
O	26. Nov.	Hitler befiehlt Paulus, mit aller Energie um Stalingrad zu kämpfen.
O	30. Nov.	Die Rote Armee startet weitere Angriffe am unteren Tschir.
O	12. Dez.	Manstein beginnt eine Operation zur Entsetzung Stalingrads.
O	16. Dez.	Die Rote Armee startet weitere Angriffe gegen die Heeresgruppe B.
O	28. Dez.	Hitler billigt weitere Rückzugsaktionen, wodurch sich die Hauptfront von Stalingrad 200 Kilometer nach Westen entfernt.

1943

O	3. Jan.	Rückzug der Heeresgruppe A aus dem Kaukasus.
A	3. Jan.	Die deutsch-italienischen Verbände starten in Westtunesien eine Reihe von Angriffen.
O	8. Jan.	Paulus weist die sowjetische Aufforderung zur Kapitulation zurück.
O	10. Jan.	In Stalingrad beginnt die Schlussoffensive der Roten Armee.
O	12. Jan.	Die Rote Armee unternimmt eine weitere Operation zur Entsetzung Leningrads.
O	13. Jan.	Sowjetische Truppen starten eine Offensive über den Don.
W	14.–24. Jan.	Amerikanisch-britische Konferenz in Casablanca.
A	23. Jan.	Britische Truppen rücken in Tripolis ein.
O	2. Feb.	Die deutschen Truppen in Stalingrad kapitulieren.
O	8. Feb.	Die Rote Armee erobert Kursk zurück.
O	14. Feb.	Sowjetische Truppen befreien Rostow am Don.
O	16. Feb.	Die Deutschen räumen Charkow.
O	9. Feb.	Rommel nimmt den Kasserine-Pass (Tunesien) ein, wird jedoch von den Alliierten wieder zurückgeschlagen.
O	20. Feb.	Deutsche Truppen starten Gegenoffensiven in der Ukraine.
A	6. März	Montgomery wirft Rommels Angriff bei Medinine (Tunesien) zurück.
O	15. März	Deutsche Truppen nehmen Charkow erneut ein.
A	17. März	US-amerikanische Verbände unter Patton nehmen Gafsa ein.
A	20.–27. März	Montgomery drängt die deutsch-italienischen Verbände von der Mareth-Linie ab.
A	7. April	Alliierte Truppen greifen den Fondouk-Pass im westlichen Tunesien an.
W	13. April	Der britische General Frederick Morgan wird zum Chef des Stabes beim Oberbefehlshaber der Alliierten Expeditionsstreitkräfte in Europa (COSSAC) ernannt.
O	13. April	Deutschland gibt die Entdeckung eines Massengrabes polnischer Offiziere bei Katyn bekannt.
O	19. April	Im Warschauer Ghetto beginnt ein Aufstand; der Widerstand der jüdischen Bevölkerung endet am 16. Mai.
A	19.–21. April	Montgomery wird bei Enfidaville zurückgeschlagen.
A	22. April	In Westtunesien beginnt der abschließende Angriff der Alliierten.
A	7. Mai	Tunis und Biserta fallen.
A	11. Mai	Mit der Kapitulation der deutsch-italienischen Truppen enden die Kämpfe in Nordafrika.
W	12.–25. Mai	Die britisch-amerikanische „Trident"-Konferenz in Washington bestätigt, dass Italien noch vor Eröffnung der zweiten Front aus dem Krieg ausscheiden wird.
O	4. Juli	Die Deutschen starten ihre Offensive im Kursker Bogen.
M	10. Juli	Alliierte Truppen landen auf Sizilien.
O	12. Juli	Die Rote Armee startet eine Gegenoffensive im Kursker Bogen.
W	15. Juli	Der COSSAC stellt den britischen Stabschefs seinen Plan für die Operation „Overlord" vor.
M	23. Juli	US-amerikanische Truppen rücken in Palermo ein.
M	25. Juli	Der italienische faschistische Großrat verhaftet Mussolini.
O	5. Aug.	Die Rote Armee befreit Belgorod und Orjol.
W	12.–23. Aug.	Auf der amerikanisch-britischen Konferenz von Quebec wird der „Overlord"-Plan bestätigt.
M	12. Aug.	Die ersten Truppen der Achsenmächte ziehen sich von Sizilien zurück.
M	14. Aug.	Die italienische Regierung erklärt Rom zur offenen Stadt.
M	17. Aug.	Amerikanische Truppen marschieren in Messina ein.
O	23. Aug.	Charkow wird endgültig befreit.
O	30. Aug.	Die Rote Armee befreit Taganrog.
M	1. Sept.	Die italienische Regierung akzeptiert die Waffenstillstandsbedingungen der Alliierten.
M	3. Sept.	Die britische 8. Armee landet an der „Stiefelspitze" Italiens.

M	8. Sept.	Eisenhower verkündet im Rundfunk die Kapitulation Italiens.
M	9. Sept.	Alliierte Truppen landen bei Salerno.
M	10. Sept.	Deutsche Truppen besetzen Rom. Die ersten britischen Verbände landen auf dem Dodekanes.
M	12. Sept.	Ein deutsches Kommando befreit Mussolini aus dem Arrest.
O	16. Sept.	Deutsche Truppen räumen Brjansk.
O	22. Sept.	Sowjetische Truppen nehmen Brückenköpfe über den Dnepr ein.
O	25. Sept.	Die Rote Armee befreit Smolensk.
M	26. Sept.	Die britische 8. Armee schafft eine Verbindung zum Brückenkopf von Salerno.
M	1. Okt.	Alliierte Truppen marschieren in Neapel und Foggia ein.
O	6. Okt.	Die Rote Armee startet eine Offensive in Richtung der baltischen Staaten.
M	13. Okt.	Die 5. US-Armee überschreitet den Volturno.
O	6. Nov.	Sowjetische Truppen befreien Kiew.
M	6. Nov.	Hitler ernennt Kesselring zum Oberbefehlshaber in Italien.
M	20. Nov.	Die britische 8. Armee überschreitet den Sangro.
W	6. Dez.	Eisenhower wird zum Oberbefehlshaber der alliierten Streitkräfte für die Operation „Overlord" ernannt.
M	8. Dez.	Angriffe der 5. US-Armee zwingen die Deutschen zum Rückzug auf die Gustav-Linie.
W	12. Dez.	Rommel wird zum Befehlshaber der Heeresgruppe B ernannt, die die Küste Nordfrankreichs, Belgiens und der Niederlande verteidigen soll.
M	27. Dez.	Mit der Einnahme Ortonas durch kanadische Truppen endet der Vorstoß der britischen 8. Armee.

1944

O	14. Jan.	Die Rote Armee startet eine weitere Offensive zur Entsetzung Leningrads.
M	17. Jan.	Die 5. US-Armee greift die Gustav-Linie an.
M	22. Jan.	Alliierte Truppen landen bei Anzio.
O	26. Jan.	Leningrad wird von der deutschen Belagerung befreit.
M	30. Jan.	Der Angriff auf den Monte Cassino beginnt; er soll vier Monate dauern.
O	1. März	Sowjetische Truppen erreichen die Grenze zu Estland.
O	10. März	Die Rote Armee befreit Uman.
O	19. März	Deutsche Truppen marschieren in Ungarn ein um das Land verteidigen zu helfen.
O	1. April	Finnland wendet sich zwecks Waffenstillstandsverhandlungen an die UdSSR.
M	11. Mai	Alexander leitet den Durchbruch durch die Gustav-Linie ein.
O	12. Mai	Die Krim ist von deutschen Truppen geräumt.
W	15. Mai	Abschließende Vorstellung des „Overlord"-Planes.
M	17. Mai	Die Alliierten nehmen den Monte Cassino ein.
M	23. Mai	Alliierte Truppen brechen aus dem Brückenkopf bei Anzio aus.
M	25. Mai	Ein Handstreich deutscher Luftlandetruppen gegen das Hauptquartier Titos zwingt den Partisanenführer Jugoslawien zu verlassen.
M	5. Juni	Die 5. US-Armee marschiert in Rom ein.
W	6. Juni	Alliierte Truppen landen in der Normandie.
O	10. Juni	Die Rote Armee startet auf der Karelischen Landenge eine Offensive gegen die finnischen Truppen.
O	22. Juni	Die Rote Armee startet die Operation „Bagration" gegen die Heeresgruppe Mitte.
W	27. Juni	US-amerikanische Truppen nehmen Cherbourg ein.
W	2. Juli	Rundstedt wird als Oberbefehlshaber West durch Kluge ersetzt.
M	15. Juli	Der Vorstoß der Alliierten nördlich von Rom wird am Arno gestoppt.
W	17. Juli	Rommel wird beim Angriff eines alliierten Tieffliegers schwer verletzt.
W	18. Juli	Montgomery startet einen Angriff von Caen in Richtung Falaise (Operation „Goodwood").
O	20. Juli	Im ostpreußischen Hauptquartier Rastenburg wird ein Attentat auf Hitler verübt.
O	23. Juli	Sowjetische Truppen marschieren in Lublin ein.
W	25. Juli	Die 1. US-Armee startet die Operation „Cobra" um die deutsche Verteidigung zu durchbrechen.
O	26. Juli	Die Rote Armee erreicht die Weichsel.
O	31. Juli	Sowjetische Truppen nehmen die provisorische litauische Hauptstadt Kaunas ein.
W	1. Aug.	Die 3. US-Armee startet den Ausbruch aus der Normandie.
O	1. Aug.	Die polnische Untergrundarmee Armia Krajowa erhebt sich gegen die deutschen Besatzer (Warschauer Aufstand).
W	15. Aug.	In Südfrankreich landen alliierte Truppen.
O	20. Aug.	Sowjetische Truppen marschieren in Rumänien ein.
W	21. Aug.	Amerikanische Truppen schließen die Deutschen Truppen im „Sack von Falaise" ein.
O	23. Aug.	Rumänien kapituliert.
W	25. Aug.	Alliierte Truppen marschieren in Paris ein.
M	25. Aug.	Die Alliierten erneuern ihre Offensive in Italien.
W	28. Aug.	Die Alliierten rücken in Toulon und Marseille ein.
W	3. Sept.	Brüssel wird befreit.
W	4. Sept.	Hitler setzt Rundstedt wieder als Oberbefehlshaber West ein.
M	8. Sept.	Die deutschen Truppen beginnen die griechischen Inseln zu räumen.
W	11. Sept.	Die ersten alliierten Truppen marschieren in Deutschland ein.
W	12. Sept.	Alliierte besetzen Le Havre.
W	12.–16. Sept.	Zweite Konferenz von Quebec.
W	17.–26. Sept.	Bei Arnhem findet eine Luftlandeoperation der Alliierten (Operation „Market Garden") statt.
O	17. Sept.	Sowjetische Truppen nehmen Tallinn ein.
O	19. Sept.	Finnland unterzeichnet einen Waffenstillstandsvertrag mit der UdSSR.
W	30. Sept.	Die Alliierten befreien Calais.

W	1. Okt.	Die kanadische 1. Armee beginnt mit der Säuberung der Scheldeufer.
W	2. Okt.	Die 1. US-Armee beginnt zwischen Aachen und Geilenkirchen mit dem Angriff auf den Westwall.
W	6. Okt.	Eröffnung der Kämpfe im Raum um den Hürtgenwald.
O	7. Okt.	Die Rote Armee beginnt mit der Vertreibung der deutschen Verbände aus Nordfinnland.
W	9. Okt.	Hitler wird der Operationsplan für eine Gegenoffensive in den Ardennen vorgelegt.
O	11. Okt.	Eine ungarische Delegation unterzeichnet in Moskau einen Waffenstillstandsvertrag mit der UdSSR. Dennoch setzen einige ungarische Verbände den Kampf auf deutscher Seite fort.
M	12. Okt.	Die Deutschen räumen Athen.
M	20. Okt.	Sowjetische Truppen und Titos Partisanenverbände befreien Belgrad.
W	21. Okt.	Amerikanische Truppen nehmen Aachen ein.
W	22. Okt.	Hitler instruiert Rundstedt und Model über den geplanten Angriff in den Ardennen.
M	22. Okt.	Die 5. US-Armee stellt ihre Offensive gegen die Goten-Linie ein.
W	1. Nov.	Die Alliierten greifen die Insel Walcheren an.
W	18. Nov.	Die 3. US-Armee marschiert in Metz ein.
M	3. Dez.	In Griechenland bricht ein Bürgerkrieg aus. Von Italien aus werden britische Truppen geschickt um die Unruhen zu unterdrücken.
W	16. Dez.	Die Ardennen-Offensive beginnt.
W	22. Dez.	Die 6. SS-Panzerarmee kommt in den Ardennen zum Stehen.
W	26. Dez.	Die Alliierten entsetzen Bastogne.
O	26. Dez.	Die Rote Armee schließt die deutschen Truppen in Budapest ein.
M	29. Dez.	Der Vorstoß der 8. Armee in Italien kommt endgültig zum Stehen.
W	31. Dez.	Die Deutschen starten eine Nebenoffensive in das Elsass.

1945

O	1. Jan.	Deutsche Truppen unternehmen einen Angriff zur Entsetzung Budapests.
O	12. Jan.	Die Rote Armee startet ihre Weichsel-Oder-Operation.
M	12. Jan.	Eine Waffenruhe beendet die Feindseligkeiten in Griechenland.
O	20. Jan.	Sowjetische Truppen überschreiten die Grenze zu Deutschland.
W	28. Jan.	Der in der Ardennen-Offensive geschaffene deutsche Frontvorsprung wird beseitigt.
O	4.–11. Feb.	In Jalta findet eine Konferenz der Regierungschefs Großbritanniens, der UdSSR und der USA statt.
W	9. Feb.	Die 6. Armeegruppe erreicht den Oberrhein.
O	13. Feb.	Sowjetische Truppen nehmen Budapest ein.
O	15. Feb.	Deutsche Verbände starten von Pommern aus eine Gegenoffensive in die sowjetische Flanke.
O	24. Feb.	Sowjetische Truppen greifen die deutschen Verbände in Pommern an.
M	3. März	Erster deutscher Versuch, mit den Alliierten in Italien einen Waffenstillstand zu vereinbaren.
O	6. März	Deutsche Truppen starten eine Offensive zur Sicherung ungarischer Ölfelder, die am 15. März zum Stehen kommt.
W	7. März	Die 1. US-Armee nimmt die Rheinbrücke bei Remagen ein. (Die Brücke bricht am 18. März zusammen.)
W	10. März	Die 21. Armeegruppe erreicht den Rhein.
W	19. März	Hitler erlässt seinen „Nero-Befehl".
W	22. März	Patton überschreitet bei Oppenheim ohne Artillerie- und Luftvorbereitung den Rhein.
W	23. März	Die ersten Einheiten Montgomerys überschreiten bei Wesel den Rhein.
W	26. März	Die 7. US-Armee überschreitet bei Worms den Rhein.
W	31. März	Die französische 1. Armee überschreitet bei Germersheim den Rhein.
W	1. April	Die Heeresgruppe B ist im Ruhrgebiet eingeschlossen.
W	4. April	Die britische 2. Armee marschiert in Osnabrück ein, die 3. US-Armee nimmt Kassel ein.
M	9. April	Die Schlussoffensive der Alliierten in Italien beginnt.
W	11. April	Die 9. US-Armee erreicht die Elbe.
W	12. April	Tod des amerikanischen Präsidenten Roosevelt.
O	13. April	Sowjetische Truppen nehmen Wien ein.
O	16. April	Die Rote Armee startet ihre Offensive über die Oder nach Berlin.
W	17. April	Die britische 2. Armee erreicht Bremen.
W	18. April	Die im Ruhrgebiet eingeschlossenen deutschen Truppen werden vernichtet.
W	19. April	Die 1. US-Armee nimmt Leipzig ein.
W	20. April	Die 7. US-Armee erobert Nürnberg.
M	21. April	Bologna fällt.
W	25. April	Einheiten der 1. US-Armee und der 1. Ukrainischen Front treffen bei Torgau an der Elbe zusammen.
O	25. April	Berlin ist eingeschlossen.
M	27. April	Genua fällt.
M	28. April	Mussolini wird von Partisanen getötet.
M	29. April	Die deutschen Streitkräfte in Italien kapitulieren.
O	30. April	Hitler begeht Selbstmord.
W	2. Mai	Die 21. Armeegruppe marschiert in Schleswig-Holstein ein.
W	2. Mai	Berlin kapituliert.
M	4. Mai	Montgomery nimmt die Kapitulation der deutschen Streitkräfte in Nordwestdeutschland, Dänemark und den Niederlanden entgegen.
W	7. Mai	In Reims findet die Unterzeichnung des vorläufigen Kapitulationsprotokolls statt.
O	8. Mai	In Berlin wird das Dokument über die bedingungslose Kapitulation Deutschlands unterzeichnet.
O	11. Mai	Die deutschen Truppen in der Tschechoslowakei kapitulieren.

KAPITEL EINS

Der Weg in den Krieg (1919–1939)

Die Insignien nationalsozialistischer Macht. Hitler an der Spitze einer vom Reichstagsgebäude kommenden Wagenkolonne. Die gigantischen Zeremonien verfolgten den Zweck das deutsche Volk wie auch das Ausland zu hypnotisieren. Das wurde nirgends deutlicher als bei den Reichsparteitagen der NSDAP in Nürnberg. Der überwältigende Anblick der disziplinierten Menge gab dem deutschen Volk den Glauben an sich und sein Land zurück, ließ die Ernüchterung der Weimarer Jahre vergessen und band die Menschen an Hitler. Dem Eindruck erlagen auch andere Nationen, was die Beschwichtigung der Demokratien förderte und die Nachbarn des Deutschen Reiches Hitlers Forderungen zugänglicher machte. Auch Mussolini und Stalin ließen solche Demonstrationen ihrer Stärke veranstalten.

DER WEG IN DEN KRIEG 1919–1939

Der ersten Welle der Fliegerkampfkräfte und Kraftfahrkampftruppen werden verlastete Infanterie-Divisionen folgen; sie werden am Rande der eroberten Zone ausgeladen und sie besetzen um die beweglichen Einheiten zu neuem Schlage frei zu machen ...

Inzwischen wird der Angreifer sein Massenheer mobil machen ... Er wird den Stoß durch schnelle Versammlung seiner Kraftfahrkampftruppen und plötzlichen Einsatz seiner Fliegerkampfkräfte überraschend zu führen suchen. Die Panzerverbände werden nicht mehr nach Erreichen des ersten Angriffsziels Halt machen ... Sie werden vielmehr unter voller Ausnutzung ihrer Geschwindigkeit und ihres Fahrbereichs den Durchbruch durch die Verteidigungszone zu vollenden trachten.

HEINZ GUDERIAN, KRAFTFAHRKAMPFTRUPPEN.
IN: MILITÄRWISSENSCHAFTLICHE RUNDSCHAU, H. 1/1936, S. 76

Obwohl das Gemetzel des Krieges von 1914–1918 ein Ende gefunden hatte, war das Jahr 1919 einer der unruhigsten Zeitabschnitte in der Geschichte Europas. In Russland wütete der Bürgerkrieg, da die mit Unterstützung der Westmächte und Japans operierenden Truppen der Weißgardisten versuchten die bolschewistische Revolution rückgängig zu machen. Es hatten sich drei Fronten gebildet – in Sibirien, am Schwarzen Meer und im Norden. Die baltischen Staaten, Polen und Finnland nutzten die Gelegenheit der Vorherrschaft zu entkommen, die Russland ihnen gegenüber so lange ausgeübt hatte.

Österreich-Ungarn brach auseinander und der Bolschewik Béla Kun übernahm die Macht in Ungarn. Auch in der Türkei gärte es seit dem Ende des Osmanischen Reiches. Deutschland erlebte die Pein des Bürgerkrieges, als die Linken versuchten die Herrschaft zu erringen. Die neu geschaffene demokratische Regierung verlegte gezwungenermaßen ihren Sitz von Berlin in das friedlichere Weimar. In Bayern gelang es den linken Kräften, eine Regierung zu bilden; sie gingen während ihrer kurzen Herrschaft sogar so weit, der Schweiz den Krieg zu erklären. Die Regierung der Weimarer Republik stellte militärische Verbände auf, die sich zu Freikorps zusammenschlossen und gegen die Milizen der Linken kämpften.

Inzwischen entwarfen die siegreichen Verbündeten die Friedensverträge, die den großen Krieg formell beenden sollten. Sie wollten zudem eine neue Welt schaffen, in der sich das Blutvergießen von 1914–1918 nicht wiederholen konnte. Den Rahmen für eine stabile Nachkriegsordnung bildeten die Vierzehn Punkte des US-amerikanischen Präsidenten Woodrow Wilson vom Januar 1918. Einige Staaten, vor allem Frankreich, dessen bedeutendstes Wirtschaftsgebiet im Norden des Landes der Krieg verwüstet hatte, beabsichtigten aus Deutschland ein Maximum an Entschädigung herauszuholen. Diesen Vorstellungen wurde zum großen Teil entsprochen: Deutschland hatte für die von ihm verschuldeten Kriegsschäden hohe Reparationen zu zahlen. Der deutsche Militarismus sollte durch strenge Beschränkungen der Stärke seiner Streitkräfte für alle Zeit vernichtet werden. Die allgemeine Wehrpflicht wurde verboten und die Stärke des Landheeres auf 100 000 Mann, ein Zehntel seiner Stärke von 1914, begrenzt. Deutschland durfte keine Luftwaffe, keine Panzer und keine Geschütze über 150 mm Kaliber besitzen. Die Marine, die einen großen Teil ihrer Kriegsschiffe zu Beginn des Jahres 1919 bei Scapa Flow selbst versenken musste, hatte sich auf einige ältere Linienschiffe und kleinere Schiffe zu beschränken. Durch den Polnischen Korridor, der Polen den im Versailler Vertrag vereinbarten Zugang zur Ostsee verschaffte, wurde Ostpreußen vom übrigen deutschen Reichsgebiet isoliert. Polen erhielt zudem einen Teil des an Bodenschätzen reichen Schlesien. Schließlich wurde das Rheinland entmilitarisiert und von alliierten Truppen besetzt. Das Saargebiet mit seinen Kohlevorkommen ging an Frankreich, das diese Region im Auftrag des Völkerbundes verwalten sollte. Ebenfalls Mandatsgebiete des Völkerbundes wurden die ehemaligen deutschen Kolonien in Afrika.

Der Versailler Vertrag, der den Krieg mit Deutschland formell beendete, wurde am 28. Juni 1919 unterzeichnet. Die Verbündeten feierten diesen Tag mit Siegesparaden, doch in Deutschland ließen die harten Vertragsbedingungen bei Teilen der Bevölkerung Groll aufkommen. Der Unmut galt der Weimarer Regierung, die genötigt worden war sich mit ihrer Unterschrift dem Vertrag zu beugen. Wie ein Krebsgeschwür breitete sich das Gerücht – die so genannte „Dolchstoßlegende" – aus, dass die deutschen Streitkräfte am Ende des Krieges von den Politikern und anderen Personen verraten worden seien.

Dem Versailler Vertrag folgten weitere Friedensverträge. Der Friedensvertrag von Saint-Germain-en-Laye mit Österreich untersagte eine Angliederung des Landes

Ein Angehöriger der Freikorps, der während der Kämpfe zu Beginn des Jahres 1919 in Berlin auf spartakistische Scharfschützen schießt. Nach dem In-Kraft-Treten des Versailler Vertrages gingen die Freikorps in den Untergrund. Viele Mitglieder schlossen sich den Nationalsozialisten an und wurden zum Rückgrat der SA und der SS.

an das Deutsche Reich und machte die Trennung zwischen Österreich und Ungarn auch im Sinne des Völkerrechts wirksam. Es entstand die Tschechoslowakei und aus den österreichischen Provinzen auf dem Balkan, Montenegro und Serbien wurde Jugoslawien geschaffen. Admiral Miklós Horthy, der im März 1919 Béla Kun gestürzt und in Ungarn eine rechtsgerichtete Diktatur etabliert hatte, wurde mit dem Friedensvertrag von Trianon gezwungen große Gebiete an die Tschechoslowakei, an Jugoslawien und Rumänien abzutreten. Dadurch verringerte sich die Bevölkerungszahl Ungarns von 16 auf etwa 7 Millionen. Auch Bulgarien, das auf der Seite der Verlierer gekämpft hatte, musste auf Teile seines Territoriums verzichten.

Der letzte ehemals Krieg führende Staat, der Frieden schloss, war das Osmanische Reich. Der Friedensvertrag von Sèvres vom August 1920 sah eine Verstümmelung des Reiches vor: Als Mandatsgebiete des Völkerbundes sollten Syrien an Frankreich sowie Palästina, Transjordanien und Mesopotamien (der spätere Irak)

Der Versailler Vertrag hatte eine radikale Änderung der Landkarte Mitteleuropas zur Folge. Die Unabhängigkeit ihrer ehemaligen Vasallen – der baltischen Staaten und Polens – missfiel der Sowjetunion. Ostpreußen wurde isoliert, was in Zukunft für nicht geringen Unmut in Deutschland sorgen sollte. Polen hatte die Forderungen nach Landverbindungen von Ostpreußen in das übrige Reichsgebiet zurückgewiesen; das war der Funke, der den Zweiten Weltkrieg auflodern ließ. Die Schaffung eines von Serbien dominierten Jugoslawien zeigte das ganze Ausmaß ihrer Folgen erst nach dem Tod Titos – sechzig Jahre nach Versailles.

an Großbritannien gehen. Die Dardanellen wurden entmilitarisiert, die Dodekanes-Inseln Italien zugesprochen und griechische Truppen durften zu beiden Seiten des Bosporus türkisches Territorium besetzen.

Die hauptsächliche Leistung des Versailler Vertrages war die Bildung des Völkerbundes. Das spiegelte sich im Schlussparagrafen der bereits erwähnten Vierzehn Punkte wider: „Es muss unter bestimmten Klauseln zur Gewährung gegenseitiger Garantien der politischen Unabhängigkeit und der territorialen Integrität großer und kleiner Staaten gleichermaßen eine allgemeine Vereinigung der Nationen gebildet werden." Entgegen den Wünschen Frankreichs wies der Bund kein wesentliches militärisches Element auf. Sein Zweck bestand darin, Abrüstungsvereinbarungen zwischen den Nationen zu befördern. Auch sollte er eine internationale Übereinkunft unterstützen, nach der nicht zum Mittel des Krieges gegriffen wird, ehe nicht alle anderen Möglichkeiten sorgfältig erkundet worden sind. Im Fall eines Konflikts sollte der Bund als Schiedsgericht angerufen werden können. Allerdings nahm man zunächst weder Russland noch einen der besiegten Staaten als Mitglied auf. Als der Völkerbund seinen Sitz in Genf gründete, weigerten sich der amerikanische Senat, den Versailler Vertrag zu ratifizieren. Beweggründe dafür waren Befürchtungen, der Bund werde die Unabhängigkeit der amerikanischen Außenpolitik gefährden, Groll darüber, dass Großbritannien sechs, die USA hingegen nur eine Stimme hatten, und auch der traditionelle amerikanische Isolationismus spielte eine Rolle. Woodrow Wilsons Hoffnung auf eine Änderung wurde zunichte gemacht, als er bei den Präsidentschaftswahlen 1920 gegen den republikanischen Kandidaten Warren Harding eine klare Niederlage erlitt. So musste der Völkerbund ohne die USA, eine der führenden Weltmächte, arbeiten.

Als der Völkerbund entstand, waren noch immer Kriege im Gange. Polen nutzte den Aufruhr des Bürgerkrieges in Russland und ließ im Sommer 1919 seine Truppen in die Ukraine einmarschieren. Im darauf folgenden Jahr trieb die Rote Armee, die siegreich aus dem Bürgerkrieg hervorgegangen war, die polnischen Truppen buchstäblich bis vor die Tore Warschaus zurück. Es hatte den Anschein, als sollte Polen ein weiteres Mal ein russischer Satrap werden, doch eine elfstündige Gegenoffensive kehrte die Situation gegen die nun überdehnten Verbände der Roten Armee. Der Friede von Riga (1921) sprach Polen schließlich einen Großteil der im Polnisch-Sowjetischen Krieg errungenen Gebiete zu.

Ebenfalls 1921 versuchten polnische Freischärler das restliche Schlesien zu annektieren. Das Verbot der Alliierten, die Reichswehr einzusetzen, zwang die Weimarer Regierung, die offiziell verbotenen Freikorps in Aktion treten zu lassen um die Eindringlinge zurückzuschlagen. Polen sah sich jetzt von zwei aufgebrachten Nachbarn flankiert. Das polnische Problem war in der Tat ein Grund, weshalb Deutschland und die Sowjetunion – nun Ausgestoßene Europas – im April 1922 den Rapallovertrag unterzeichneten. Dieses Abkommen stellte eine Deklaration über gegenseitige Freundschaft dar, die scheinbar im Sinne des Völkerbundes war. Doch es enthielt darüber hinaus Geheimklauseln, die es Deutschland ermöglichten, im Gegenzug zu technischer Beratung geheime Waffenfabriken in der Sowjetunion aufzubauen und später dorthin ausgewählte Offiziere zur Ausbildung in der Panzer- und Luftkriegsführung zu entsenden.

Die Friedensbedingungen lösten auch in der Türkei Unzufriedenheit aus. Zu Beginn des Jahres 1921 wurde durch Kemal Atatürk das Sultanat beseitigt. Atatürk gelang es, die griechischen Truppen aus den von ihnen besetzten türkischen Kerngebieten zu vertreiben. Das stellte eine Bedrohung der britischen und französischen Verbände dar, die die entmilitarisierte Zone überwachten, und eine Zeit lang drohte

Europa nach
Inkrafttreten der
Friedensverträge
N
Nördlicher Polarkreis
Island
(dän.)
Europäisches
Nordmeer
Färöer
(dän.)
NORWEGEN
SCHWEDEN
FINNLAND
Helsinki
Leningrad
Tallinn
ESTLAND
Oslo
Stockholm
Riga
LETTLAND
LITAUEN
Kaunas
Nordsee
Ostsee
DÄNEMARK
Kopenhagen
Danzig
(Freie Stadt unter Hoheit
des Völkerbundes)
Königsberg
Ost-
preußen
UdSSR
Glasgow
Edinburgh
VEREINIGTES KÖNIGREICH
VON GROSSBRITANNIEN
UND NORDIRLAND
IRLAND
Dublin
Liverpool
Birmingham
Bristol
London
Hamburg
Berlin
Warschau
Brześć nad Bugiem
(bis 1921 Brest-Litowsk)
Amsterdam
NIEDERL.
DEUTSCHLAND
POLEN
Brüssel
BELGIEN
Calais
Rhein
LUX.
Frankfurt
SAARGEBIET
(unter Verwaltung
des Völkerbundes)
Prag
TSCHECHOSLOWAKEI
Kraków
Lwów
Paris
Wien
Orléans
Budapest
ATLANTISCHER
OZEAN
Bern
ÖSTERREICH
UNGARN
RUMÄNIEN
FRANKREICH
SCHWEIZ
Lyon
Mailand
Triest
Bukarest
Bordeaux
Belgrad
Donau
Venedig
Genua
JUGOSLAWIEN
BULGARIEN
Schwarzes Meer
Sofia
Marseille
Adriatisches Meer
ANDORRA
ITALIEN
ALBANIEN
Rom
Barcelona
Madrid
Neapel
TÜRKEI
SPANIEN
Ägäisches
Meer
Balearen
GRIECHEN-
LAND
Smyrna
Athen
Alicante
Cádiz
Gibraltar
(brit.)
Almería
Mittelmeer
(von
Italien
besetzt)
Tanger
(Internationale Zone)
Algerien
(franz.)
Tunesien
(franz.)
Marokko
(franz.)
Libyen
(italien.)

Oberst (später Generalmajor) J. F. C. Fuller. In seinen Schriften schlugen sich die 1916–1918 gesammelten Erfahrungen beim Einsatz von Panzern und sein militärhistorisches Wissen nieder. Die Rote Armee wie auch das deutsche Militär schenkten Fullers Veröffentlichungen große Beachtung. Seine unverblümte Enttäuschung darüber, dass sich das britische Heer seine Ideen nicht vollständig zu eigen gemacht hatte, beendete seine militärische Laufbahn und veranlasste ihn sich eine Zeit lang dem Faschismus zuzuwenden.

der Ausbruch eines Krieges. Im Juli schließlich willigten die Alliierten in den Verzicht auf die türkischen Kerngebiete ein. Das war die erste bedeutsame Revision der Friedensverträge.

In Wahrheit konnten Großbritannien und Frankreich es sich nicht leisten, als Weltgendarmen aufzutreten. Die Jahre 1914–1918 hatten sie physisch und finanziell sehr geschwächt. Sie hatten ihren gewaltigen Kriegsapparat abgerüstet und waren nun entschlossen ihre erschöpften Volkswirtschaften wieder aufzubauen. Die französische Verteidigungspolitik war auf die Sicherung der Ostgrenze ausgerichtet, damit Deutschland nicht noch einmal – wie 1870 und 1914 – den Einmarsch in Frankreich in Erwägung zöge. Da die wichtigen Industriegebiete Frankreichs nahe der am meisten gefährdeten Grenze lagen, kam man zu dem Schluss, dass ein künftiger Krieg jenseits der Grenzen auszufechten sei. Dennoch war in den zwanziger Jahren das militärische Denken in Frankreich von dem Glauben beherrscht, der Frontsoldat sei am erfolgreichsten in der Verteidigung, wie es sein Einsatz im Jahre 1916 während des langen Blutbades von Verdun gezeigt hatte. Das stand in krassem Widerspruch zu der Theorie von 1914, nach der die Stärke des französischen Soldaten in dessen Kampfelan lag, der ihn beim Angriff unaufhaltsam vorwärts trieb. So wurde die Stellungsverteidigung ein Eckpfeiler der französischen Politik, was sich Ende der zwanziger Jahre im Bau der nach dem damaligen Verteidigungsminister benannten Maginot-Linie niederschlug.

In Großbritannien betrachteten die konservativen Militärs den Grabenkrieg von 1914–1918 als eine militärische Entgleisung; sie waren bei der Aussicht auf eine Rückkehr zum „echten Soldatenhandwerk“ erleichtert. Das hieß, dass man der Verteidigung des Reiches wieder den traditionellen Vorrang einräumte. Doch die Notwendigkeit, die Mandatsgebiete im Nahen Osten zu überwachen, wurde für das britische Heer bald zu einer unerträglichen Belastung, die die Demobilisierung verlangsamte. Jetzt griff Hugh Trenchard, der Chef des Stabes der Luftstreitkräfte, mit dem Vorschlag ein die Verantwortung der seit kurzem eigenständigen Royal Air Force (RAF) zu einem Bruchteil der bisherigen Kosten zu übertragen. Die Regierung akzeptierte, und so entstand das Prinzip der Luftüberwachung.

Trotz des scheinbaren militärischen Stillstands gab es einige Staaten, die versuchten, aus den Kriegsjahren 1914–1918 für die Zukunft gültige Lehren zu ziehen. Sie gingen davon aus, dass sich der Charakter des Krieges verändert hatte. Eine Richtung befasste sich mit dem Einsatz der Luftstreitkräfte und mit der Luftherrschaft. Zunächst von dem italienischen General Giulio Douhet angeführt, argumentierten deren Vertreter, dass die Luftwaffe dank ihrer Fähigkeit, Meere und feindliche Armeen zu überfliegen, direkt ins Herz des Feindes vorstoßen und dessen Regierung, die Industrie und vor allem die Moral der Bevölkerung schwächen könne.

Die andere militärtheoretische Hauptrichtung beschäftigte sich mit einer Waffe, die während des Ersten Weltkrieges geschaffen worden war um den toten Punkt an der Westfront zu überwinden. Vor allem Oberst J. F. C. Fuller, zuletzt Stabschef beim Hauptquartier des britischen Panzerkorps in Frankreich, vertrat das Argument, dass der Panzer den Krieg zu Lande revolutionieren und mit seinem wachsenden Operationstempo den Stellungskrieg ins Reich der Vergangenheit verbannen werde. Fuller erhielt Unterstützung von Hauptmann Basil Liddell Hart. Sie verglichen den alten Stil der Kriegführung mit der brutalen Gewalt einer Keule, die auf die feindlichen Massen einschlägt. Im Gegensatz dazu war der Panzerkrieg wie der Stoß eines Rapiers in das Herz der gegnerischen Armee – nämlich deren Führungs- und Kontrolleinrichtungen sowie die Versorgungslinien. Wurden diese Ziele beschädigt, dann war der Feind unfähig, rechtzeitig zu reagieren, und seine Niederlage war unvermeidlich.

Das britische Heer berücksichtigte diese Theorien hinreichend als es 1925 vorübergehend eine mechanisierte Streitmacht von der Größe einer Brigade aufstellte, in der alle Waffengattungen vertreten waren. Die Versuche brachten jedoch nur magere Ergebnisse. Die finanziellen Mittel zur Schaffung der mechanisierten Armee, die sich Fuller und Liddell Hart vorstellten, standen nicht zur Verfügung. Zudem fürchteten Artillerie und Infanterie, dass in einer solchen Streitmacht ihre Identität verloren gehe. Schließlich wurde die Panzerwaffe als Offensivwaffe angesehen; die Schaffung von Panzerverbänden jeglicher Größe liefe daher dem Klima der internationalen Abrüstung, das damals herrschte, zuwider. Auf jeden Fall gab es viele, die glaubten, dass der Panzer seine ursprüngliche Rolle – die Unterstützung der Infanterie – beibehalten solle. Die Amerikaner gingen sogar so weit, dies in einem Gesetz festzuschreiben, welches die Panzerwaffe zu einem Teil der Infanterie erklärte.

Die USA hatten sich in puncto Abrüstung an die Spitze gestellt und so in gewissem Maße ihr Versäumnis, dem Völkerbund beizutreten, kompensiert. Im Winter 1921/22 fand in Washington, D. C., eine Abrüstungskonferenz statt. Das dort geschlossene Washingtoner Flottenabkommen enthielt u. a. Bestimmungen, nach denen die Tonnage künftiger Großkampfschiffe begrenzt war und die Flotten Großbritanniens, Frankreichs, Italiens und der Vereinigten Staaten ihren jeweiligen

Die Maginot-Linie im Querschnitt. Außer dem Befestigungssystem an der französisch-deutschen Grenze gab es einen weiteren Abschnitt in den französischen Alpen, der einen möglichen Angriff durch Italien abwehren sollte. Die Verteidigungslinie wurde 1936 fertig gestellt und mit Mannschaften belegt. Ihre Artillerie- und Infanteriewerke waren mit 131-mm-Haubitzen, 75-mm-Kanonen, Mörsern, Panzerabwehrkanonen, Maschinengewehren und Granatwerfern bestückt.

Anteil an Großkampfschiffen nicht überschreiten durften. Auf einer weiteren Konferenz, die im Sommer 1927 in Genf abgehalten wurde, gelang es den USA nicht, mit Großbritannien und Japan eine Einigung über eine Ausdehnung der relativen Anteile auf alle Kriegsschiffsklassen zu erzielen. Bei der Londoner Flottenkonferenz drei Jahre später war ihnen mehr Erfolg beschieden, als diese beiden Staaten in einem Abkommen dem Vorschlag eines fünf Jahre währenden Baustopps für Großkampfschiffe zustimmten. Frankreich und Italien schlossen sich dem Vertrag nicht an, da sie sich über ihre Kontingente untereinander nicht einigen konnten. Auch der Versuch im Jahre 1925 in Den Haag, international gültige Regeln zur Luftkriegsführung festzulegen, scheiterte. Zwar wurde ein Entwurf (Haager Luftkriegsrecht) erarbeitet, der u. a. die Vermeidung von Angriffen auf zivile Ziele betonte, doch war keine einzige Nation bereit die Regeln durch Unterschrift zu bestätigen.

In den zwanziger Jahren erschien in Europa eine neue Kraft. Italien, das zwar zu den Siegern des letzten Krieges gehört hatte, erlebte in der Zeit unmittelbar nach Kriegsende eine Reihe schwacher Regierungen. Die Unruhe unter der Bevölkerung wuchs und äußerte sich insbesondere in Streiks. In Norditalien entwickelte sich unter Führung des Journalisten Benito Mussolini eine rechtsgerichtete Bewegung, die so genannten *Fascisti*, die der Situation im Lande entgegenwirken wollte. Sie fand zunächst nur wenig öffentliche Unterstützung, doch im Herbst 1921 begann eine Kampagne, in deren Verlauf die Faschisten von einer Stadt zur anderen marschierten und durch die Übernahme der öffentlichen Einrichtungen die Herrschaft an sich rissen. Im August 1922 rief die sozialistische Opposition zum Generalstreik auf. Enttäuscht von der Unfähigkeit der Regierung, die Lage zu beherrschen, übernahmen Mussolini und seine Anhänger das nationale Verkehrssystem. Zwei Monate später marschierten die Faschisten auf Rom und nahmen dort mit dem Versprechen, das Land zu modernisieren, die Zügel der Regierung in die Hand.

Der Weg, der Adolf Hitler und seine Nazipartei in Deutschland an die Macht führte, war bedeutend länger. Ausgangspunkt war die 1919 gegründete Deutsche Arbeiterpartei (DAP), deren Programm als Ziele u. a. die Wiederherstellung Großdeutschlands, die Aufhebung der Friedensverträge und die Ablehnung der deutschen Staatsbürgerschaft für jüdische Bürger nannte. 1921 wurde die Partei in Nationalsozialistische Deutsche Arbeiterpartei (NSDAP) umbenannt und Hitler übernahm ihre Führung. Zu Beginn des Jahres 1923 geriet Deutschland mit den Reparationszahlungen an die Alliierten stark in Rückstand. Daraufhin besetzten französische Truppen das Ruhrgebiet. Das hatte nicht nur eine galoppierende Inflation zur Folge, sondern lieferte den rechten Parteien wie der NSDAP auch neue Parolen. Besorgt, dass sich das Land am Rande eines totalen Zusammenbruchs bewege, erklärte der Reichskanzler Gustav Stresemann den Ausnahmezustand und willigte ein die Reparationszahlungen wieder aufzunehmen. In der Folge zogen die französischen Truppen aus dem Ruhrgebiet ab.

Die rechten Kräfte werteten Stresemanns Handeln als Nachgeben. In Bayern, wo die Stimmung gegen ihn am stärksten war, gründete Hitler mit General a. D. Ludendorff den Deutschen Kampfbund mit dem Ziel die Regierung der Weimarer Republik zu stürzen. Am 9. November 1923 unternahmen Hitler und seine Anhänger in München einen Putschversuch, der jedoch von Polizei und Heer niedergeschlagen wurde. Hitler kam für kurze Zeit in Haft und seine Partei wurde in Bayern verboten.

Die Lage in Deutschland besserte sich mit dem In-Kraft-Treten des Dawesplanes im September 1924. Der Plan schränkte die Höhe der Reparationszahlungen ein, die allerdings noch immer umfangreich blieben, und die Wirtschaft begann sich zu erholen. Im August 1929 besserte sich die Lage weiter, als mit dem Youngplan eine erneute Änderung der deutschen Reparationszahlungen in Kraft trat und die Alliierten in die Räumung ihrer Garnisonen auf dem Westufer des Rheins einwilligten. 1926 trat Deutschland dem Völkerbund bei und zu Beginn des Folgejahres wurde die für die Kontrolle der deutschen Rüstung verantwortlichen Interalliierten Überwachungsausschüsse abgezogen. All das diente dazu, die Unterstützung für die rechten Kräfte zu schwächen.

Die Aussichten auf einen künftigen Frieden verbesserten sich mit den Locarnoverträgen vom Dezember 1925, in denen Großbritannien und Italien einwilligten, als Garanten der nationalen Grenzen innerhalb Westeuropas zu handeln. Drei Jahre später verpflichteten sich mit der Unterzeichnung des Briand-Kellog-Paktes mehr als 60 Nationen zur Ächtung des Krieges. Der Völkerbund vermittelte erfolgreich in einer Reihe territorialer Streitigkeiten.

Im Oktober 1929 kam es in New York zum Börsenkrach. Der Nachhall dieses Ereignisses war überall in der Welt, am stärksten jedoch in Deutschland zu spüren, dessen ohnehin schwache Wirtschaft schwer erschüttert wurde. Die Arbeitslosigkeit nahm stark zu, und mit ihr ging eine gesteigerte Polarisation zu den extrem linken

Panzer des Typs Vickers Medium von der britischen 1. Panzerbrigade 1931 beim Manöver. Das Militär verbrachte viel Zeit damit, die Panzer wie Schiffsverbände auf See mit Handzeichen und über Funk manövrieren zu lassen. Bis zur Schaffung der Panzerdivisionen des britischen Heeres sollten keine acht Jahre vergehen.

und den extrem rechten Kräften einher. Die Wahlen im Folgejahr waren von Straßenkämpfen zwischen Kommunisten und Nazis begleitet. Hitler gewann über 100 Sitze im Reichstag und machte seine Partei damit zur zweitstärksten Fraktion. Die Deflationspolitik der Regierung ließ die Arbeitslosigkeit unterdessen noch weiter ansteigen und damit die politische Polarisation wachsen. Das versetzte Hitler in die Lage den Generalfeldmarschall Paul von Hindenburg zu den Reichspräsidentenwahlen 1932 herauszufordern. Er verlor die Wahlen, errang allerdings ein Drittel der Gesamtstimmenzahl; Thälmann folgte an dritter Stelle. Im selben Jahr erklärten sich die Alliierten bereit auf die noch ausstehenden deutschen Reparationszahlungen zu verzichten. Der Verzicht konnte jedoch nicht verhindern, dass die NSDAP nach den Wahlen im Juli zur größten Partei Deutschlands wurde. Hitler weigerte sich, mit anderen Parteien eine Regierungskoalition zu bilden, und so mussten Neuwahlen abgehalten werden. Die Nazipartei erlitt einen leichten Stimmenverlust und Hindenburg ernannte General Kurt von Schleicher zum Reichskanzler. Der Kanzler zeigte sich jedoch außerstande, eine Regierung zu bilden, und war somit gezwungen mittels Verordnung zu regieren. Hitler isolierte Schleicher noch mehr, indem er mit Franz von Papen, dem früheren Reichskanzler, ein Bündnis schloss. Nun berief Hindenburg an die Stelle von Schleicher Hitler zum Reichskanzler und Papen zu dessen Stellvertreter.

Einer der ersten Schritte Hitlers war die Ausrufung von Neuwahlen. Eine Woche vor dem Wahltermin brach im Reichstag ein Feuer aus. Hitler beschuldigte zwar die Kommunisten der Brandstiftung, doch es gilt als nahezu sicher, dass das Feuer von den Nazis selbst gelegt wurde. Bei der Wahl errangen die Nationalsozialisten genügend Stimmen um die Mehrheit im Reichstag zu besitzen. Hitler verlor nun keine Zeit und ließ Gesetze verabschieden, die alle politischen Parteien außer der NSDAP praktisch verboten. Somit hatte er bereits im Frühjahr 1933 die fast vollständige Kontrolle über Deutschland. Im Jahr darauf, mit Hindenburgs Tod am 2. August 1934, hielt Hitler als Reichspräsident und Reichskanzler die uneingeschränkte Macht in den Händen. Von dieser Zeit an war der Weltfrieden nicht mehr sicher.

1931 eroberte die japanische Kwangtung-Armee Mukden (Shenyang) und besetzte dann das restliche Territorium der Mandschurei. Im März 1932 gründete Japan den Marionettenstaat Mandschukuo. Erst 1933 protestierte der Völkerbund dagegen; Japan reagierte darauf mit der Aufhebung seiner Mitgliedschaft. Zu dieser Zeit fand in Genf eine internationale Abrüstungskonferenz statt, die im Februar 1932 einberufen worden war. Ziel aller europäischer Nationen war die Reduzierung ihrer Truppenstärken auf die Größe der deutschen Streitkräfte. Als Haupthindernis erwies sich dabei Frankreich, das seine Sicherheit durch den Abrüstungsvorschlag zu stark bedroht sah. Deutschland wiederum forderte das Recht auf Wiederbewaffnung für den Fall, dass keine Übereinkunft erreicht würde. Nach Hitlers Machtantritt wurden die deutschen Forderungen noch schärfer und im Oktober 1933 trat Deutschland aus dem Völkerbund aus, nachdem sich die anderen Nationen geweigert hatten einer Wiederaufrüstung Deutschlands zuzustimmen. Der Abbruch der Konferenz im Jahr 1935 bezeichnete das Ende der Versuche in internationalem Maßstab abzurüsten.

Die deutschen Pläne zur Wiederaufrüstung waren in der Tat angebracht. Generaloberst Hans von Seeckt, bis 1926 Chef der Heeresleitung, erkannte nur zu gut, dass sein 100 000 Mann starkes Reichsheer nicht in der Lage wäre Deutschlands West- und Ostgrenze gleichzeitig zu verteidigen. Er baute das Heer deshalb als Kaderstreitmacht auf, die man in Kriegszeiten massiv erweitern konnte. Eine besondere Rolle spielte dabei die Konzeption der Führerarmee; sie betonte eine Art der Ausbildung, die die Soldaten befähigte, in Kommandostellen zu arbeiten, die über ihrem eigentlichen Dienstgrad lagen. Das sollte dem Heer später, in den Jahren 1939–1945, zugute kommen. Seeckt war sich auch im Klaren darüber, dass ein künftiger Krieg wahrscheinlich in viel höherem Maße als 1914–1918 den Charakter eines Bewegungskrieges haben werde. Er trug wesentlich dazu bei, dass durch geheime Abmachungen zum Rapallovertrag ausgewählte deutsche Offiziere in der Sowjetunion ausgebildet wurden. Überdies baute Seeckt innerhalb des Kriegsministeriums ein verdecktes Luftwaffenbüro auf.

Nachdem die Interalliierten Überwachungsausschüsse Deutschland verlassen hatten, konnte die geheime Entwicklung moderner Waffen im Land selbst beginnen. Der deutsche Industrielle Alfred Krupp erklärte später, dass der größte Teil der wichtigen Artilleriewaffen, über die das Deutsche Reich 1939–1945 verfügte, bereits vor

Hitlers Machtantritt entwickelt worden seien. Die Deutschen nahmen auch die Schriften ausländischer Militärtheoretiker, insbesondere die Veröffentlichungen J. F. C. Fullers, zur Kenntnis. Letztere führten zusammen mit der Unterwanderungstaktik der Sturmtruppe in der Zeit von 1917 bis 1918 zur Konzeption eines Blitzkrieges.

Während die Briten ihre Experimente mit der Panzerkriegführung fortsetzten, machten die sowjetischen Militärs die spektakulärsten Fortschritte. In den frühen zwanziger Jahren hatte eine heftige Debatte über den Aufbau der Roten Armee stattgefunden. Eine Richtung wurde von ehemaligen Offizieren der zaristischen Armee vertreten, die sich den Bolschewiki angeschlossen hatten. Sie sprachen sich für die Schaffung einer regulären Armee aus, die in erster Linie Verteidigungsaufgaben haben sollte. Auch einige Offiziere, die sich während des Bürgerkrieges einen Namen gemacht hatten – Männer wie M. W. Frunse und M. N. Tuchatschewski – waren für diese Form der Armee. Auf die bewegliche Kriegführung während des Bürgerkrieges zurückgreifend, strebten sie nach einer höchst mobilen Armee, die nach Frunses Vorstellung vom Geist kühner und energisch geführter offensiver Operationen durchdrungen und das Instrument für den Export des Kommunismus in andere Länder sein sollte. Schließlich gab es Lew D. Trotzki, den Kriegskommissar und Oberbefehlshaber der Roten Armee während des Bürgerkrieges. Er hegte die Idee der Weltrevolution, argumentierte jedoch, dass ein Berufsheer dem marxistischen Prinzip einer Armee des Volkes widerspreche. Folglich sollten die Streitkräfte eine Miliz sein, wie es während des Bürgerkrieges der Fall gewesen war.

Mitte der dreißiger Jahre wurden Panzer vom Typ PzKw 1 ohne Geschütztürme zur Ausbildung eingesetzt. Die normalerweise mit Maschinengewehren bestückten Panzer bildeten das erste Panzerbataillon, das 1934 aufgestellt wurde. 1937 war es zu einer Panzergruppe aus drei Divisionen angewachsen.

Nachdem Jossif W. Stalin nach Lenins Tod im Jahr 1924 die Macht übernommen hatte, fiel Trotzki in Ungnade und sah sich gezwungen ins Ausland zu fliehen. Auch seine Vorstellung vom Charakter der sowjetischen Streitkräfte geriet in Misskredit. Damit setzte sich Frunse, Trotzkis Nachfolger als Kriegskommissar, mit seiner Denkrichtung durch. Auch er zeigte Interesse an den Schriften Fullers sowie an der deutschen Militärliteratur, begriff jedoch, dass die Rote Armee erst dann modernisiert werden konnte, wenn die sowjetische Industrie auf den neuesten Stand gebracht war. Hinter dem ersten Fünfjahrplan zur Entwicklung der Volks-

Leichte sowjetische Panzer vom Typ T-26 bei einem Manöver im Jahr 1935. Die Panzerverbände der Roten Armee beeindruckten zwar bei Paraden, doch fehlte ihnen die Flexibilität des deutschen Modells, da nur wenige über eine Funkausrüstung verfügten. Der Mangel an Kommunikationsmöglichkeiten sollte den gesamten Krieg über andauern.

wirtschaft der UdSSR (1928–1932) stand daher als hauptsächliche Triebkraft die Schaffung einer leistungsfähigen Rüstungsindustrie.

Die Dienstvorschriften der Roten Armee legten genau dar, wie die Streitkräfte nach der Modernisierung operieren würden. Das Ideal sei, so wurde darin festgestellt, die Einschließung des Feindes durch Angriffe von Panzer- und Kavallerietruppen. Erwiesen sich die Flanken des Feindes als zu stark, dann müsse man zu Durchbruchsoperationen greifen. Das erfordere eine starke Artillerieunterstützung und das Zusammenwirken aller Waffengattungen, wobei die Luftwaffe der Roten Armee die Bodentruppen direkt zu unterstützen habe. Die Rote Armee betrachtete die Infanterie noch immer als wichtigstes Instrument, und Tuchatschewski hatte Mühe, seine Vorstellungen von einem Krieg des schnellen Manövers mit der zugrunde liegenden marxistisch-leninistischen Doktrin zu verknüpfen, der zufolge die Kraft in der Masse lag.

Mitte der dreißiger Jahre besaß die Rote Armee eine beachtliche Panzerstreitmacht. Tuchatschewski hatte auch Fallschirmtruppen aufgebaut und ließ anspruchsvolle Manöver durchführen, bei denen unterschiedliche Waffengattungen zusammenwirkten. Die ausländischen Beobachter waren beeindruckt, obwohl die Scharfsinnigeren unter ihnen erkannten, dass die Rote Armee noch eine schwerfällige Masse war.

Der März des Jahres 1935 war für Deutschland ein bedeutsamer Monat. Zuerst besetzten deutsche Truppen das Saargebiet wieder, dessen Bewohner sich bei einer Volksabstimmung wenige Wochen zuvor mit überwältigender Mehrheit für die

Wiedereingliederung in das Deutsche Reich entschieden hatten. Am 9. März gab Hitler vor aller Welt bekannt, dass Deutschland über eine Luftwaffe verfüge. Zwar war während der zurückliegenden zwölf Monate schon der Verdacht aufgekommen, dass Hitler dabei sei, eine Luftwaffe aufzubauen, doch nun stand man vor der vollendeten Tatsache. Eine Woche darauf kündigte er eine Erweiterung des Heeres an. Damit war der Versailler Vertrag endgültig gebrochen.

Hitler betrachtete die Luftwaffe als politisch wichtiges Instrument, das sich zur Schaffung eines Großdeutschen Reiches einsetzen ließ. Zu diesem Zweck musste sie den anderen europäischen Luftstreitkräften in der Anzahl der Kampfflugzeuge überlegen oder doch zumindest ebenbürtig sein. Also wurde 1934 ein Plan entworfen, der bis zum Ende des Folgejahres die Bereitstellung von 4000 Flugzeugen forderte. Bis Ende 1934 waren bereits 2000 davon gebaut worden. Der ursprüngliche, Ende 1933 aufgestellte Plan für das Heer sah bis 1937 eine Erweiterung auf 21 Divisionen vor. Der zusätzliche Mannschaftsbestand sollte aus Freiwilligen mit einjähriger Dienstzeit gebildet werden. Im März 1935 verlangte Hitler eine weitere Vergrößerung auf 36 Divisionen, die sich nur durch die Einführung der Wehrpflicht realisieren ließ. Das bedeutete, dass man auf die geburtenschwachen Jahrgänge 1914 bis 1918 zurückgreifen musste. Zudem fiel es der Industrie schwer, die Waffenproduktion entsprechend der beschleunigten Militarisierung zu steigern. Ein bezeichnendes Beispiel dafür war der Umstand, dass trotz der Aufstellung von drei Panzerdivisionen bis Oktober 1935 das Transportwesen des restlichen Heeres weiterhin größtenteils auf Pferde angewiesen war.

Was die Stärkung der deutschen Marine betraf, so wünschte Hitler keine Wiederholung der Situation vor dem Ersten Weltkrieg, als der Bau britischer Großkampfschiffe ein neues Stadium des Wettrüstens einleitete. Das hätte Großbritannien nur gegen Deutschland aufgebracht. Also vereinbarte man im Juni 1935 im Deutsch-Britischen Flottenabkommen eine Beschränkung der deutschen Überwasserflotte auf etwa ein Drittel des Bestandes der Royal Navy, bei der U-Boot-Tonnage hingegen Parität. Dieses Zugeständnis widerspiegelte die britische Auffassung, dass Unterseeboote keine Gefahr mehr darstellten, so wie es 1914–1918 der Fall gewesen war. Seinen Standpunkt würde Großbritannien später allerdings bereuen müssen.

Doch Frankreich und Großbritannien waren noch immer besorgt und begannen 1935 langsam wieder aufzurüsten. Zu dieser Zeit erkannten die Regierungen, dass die stärkste Bedrohung von den Bombenflugzeugen ausging. Um die deutsche Luftwaffe abschrecken zu können richteten beide Staaten ihre Wiederaufrüstung anfangs auf eine Vergrößerung der Luftstreitkräfte.

Dass das Jahr 1935 einen Wendepunkt in den europäischen Angelegenheiten der Zwischenkriegszeit darstellte, wurde im Oktober bekräftigt. Mussolini hatte mit Enttäuschung zur Kenntnis nehmen müssen, dass Italien im Unterschied zu Frankreich und Großbritannien keine der ehemaligen deutschen Kolonien in Afrika zugesprochen worden war. Zwar besaß Italien bereits Libyen, Eritrea und Italienisch-Somaliland, doch Mussolini wollte mehr und richtete seine Blicke auf Äthiopien, das Italien in den neunziger Jahren des 19. Jahrhunderts zu erobern versucht hatte – allerdings ohne Erfolg. Nach dem Scheitern weltweiter diplomatischer Bemühungen marschierten im Oktober italienische Truppen in das Land ein. Der Völkerbund protestierte zwar, verhängte jedoch lediglich begrenzte Wirtschaftssanktionen. Da diese Maßnahmen die Kohle- und die Stahlproduktion nicht betrafen und weder die USA noch Deutschland – beide nicht Mitglied des Völkerbundes – daran gebunden waren, zeigten sie nur geringe Wirkung. Im Mai 1936 war Äthiopien in italienischer Hand. Die Sanktionen trugen eigentlich nur dazu bei, Mussolini in Hitlers Arme zu treiben; und so wurde am 1. November die Achse Rom-Berlin gebildet. Das Zusammenwirken Deutschlands und Italiens machte einen Krieg in Europa möglich; von nun an würden Frankreich und Großbritannien bestrebt sein dessen Ausbruch zu verhindern.

Deren Sorge um die Situation in Äthiopien ausnutzend, ließ Hitler im März 1936 seine Truppen in die entmilitarisierte Zone des Rheinlandes einmarschieren. Diese Aktion war ein kalkuliertes Risiko, da sich das deutsche Heer noch in der Erweiterungsphase befand und kaum auf einen Krieg vorbereitet schien. Sie glückte jedoch und gab Hitlers Selbstbewusstsein weiteren Auftrieb. Danach trafen die Militärs Großbritanniens und Frankreichs zu Stabsgesprächen zusammen, kamen jedoch zu keinem Schluss, wie einer weiteren deutschen Expansion zu begegnen sei.

Der Ausbruch des Spanischen Bürgerkrieges im Spätsommer 1936 sorgte in London und Paris für weitere Unruhe. Die wachsende Rivalität zwischen Linken und Rechten in Spanien führte zu Landnahmen, Streiks und Straßenkämpfen. Die Situation gipfelte im Juli 1936 in einem Aufstand der Armeegarnisonen in Spanisch-Marokko, der von General Francisco Franco angeführt wurde und sich rasch auf das Mutterland ausbreitete. Während die Komintern, Moskaus Instrument für den Export des Kommunismus, der Unterstützung der linksgerichteten republikanischen Regierung mit Freiwilligen und Geld zustimmte, trafen auf Francos Bitte in Spanisch-Marokko deutsche und italienische Flugzeuge ein und flogen die Truppen des Generals über die Straße von Gibraltar nach Spanien.

Großbritannien und Frankreich befürchteten eine Ausweitung des Konflikts und erklärten ihre Absicht, sich nicht einzumischen. Sie forderten auch andere Nationen auf an einer Politik der Nichteinmischung festzuhalten. Hitler, Mussolini und Stalin erklärten sich zwar prinzipiell dazu bereit, ignorierten in Wirklichkeit aber den Appell. Sie schickten Franco bald Bodentruppen und Luftwaffenkontingente. In Spanien kämpften auch Internationale Brigaden, die sich zum großen Teil aus idealistisch gesonnenen ausländischen Freiwilligen zusammensetzten und auf der

Italienische Truppen 1936 in Äthiopien. Italien zog für seine Invasion zwar viele einheimische Soldaten aus den afrikanischen Besitzungen heran, doch waren es die modernen Kampfmittel, darunter auch Giftgas, gegen die die Verteidiger Äthiopiens nichts ausrichten konnten.

Seite der Republikaner standen; eine kleinere Anzahl Freiwilliger trat in die Reihen von Francos Nationalisten ein. Für die Diktaturen der damaligen Zeit wurde Spanien rasch zum Testgelände, auf dem die neueste Waffentechnik ausprobiert werden konnte. In der Luft lieferten sich deutsche Jagdflugzeuge vom Typ Me 109 Zweikämpfe mit sowjetischen Jägern vom Typ I-15 und I-16 (Konstrukteur Polikarpow), während am Boden deutsche, italienische und sowjetische Panzer erstmals im Gefecht aufeinander trafen.

Es wurde bald deutlich, dass die Nationalisten mit deutscher und italienischer Unterstützung allmählich die Oberhand gewannen. Doch der Krieg sollte sich noch fast drei Jahre hinziehen, ehe der letzte republikanische Widerstand erlosch. Die militärischen Lehren, die sich aus dem Konflikt ergaben, waren – wie sich später zeigen sollte – etwas irreführend. Versuche zum Masseneinsatz von Panzern ohne Mitwirkung anderer Waffengattungen schlugen größtenteils fehl. Daraus wurde in vielen Fällen die Schlussfolgerung gezogen, dass die alleinige Aufgabe der Panzer wie bisher in der Unterstützung der Infanterie bestünde. Auch war die Ansicht verbreitet die Panzerabwehrkanone habe den Panzer aus dem Feld geschlagen. Deshalb räumte man der Verteidigung den Vorrang vor dem Angriff ein. Das für die Welt erschütterndste Ereignis dieses Krieges fand am 26. April 1937 statt, als Flugzeuge der Legion Condor die baskische Stadt Guernica bombardierten. Es schien sich zu bestätigen, dass ein künftiger Konflikt von Bombenflugzeugen und deren Macht, ihn zu einem totalen Krieg auszuweiten, beherrscht würde.

Im Gegensatz zu den Militärs anderer Staaten waren die Deutschen bemüht aus dem Spanischen Bürgerkrieg nicht zu viele taktische Lehren zu ziehen. Sie vervollkommneten jedoch die Kunst der dichten Luftunterstützung der Bodentruppen, bei der erstmals das Sturzkampfflugzeug Ju 87 eingesetzt wurde. In der Sowjetunion herrschte zur Zeit des Spanischen Bürgerkrieges Unruhe. Der Grund waren Stalins

Republikanische Freiwillige zu Beginn des Spanischen Bürgerkrieges auf dem Weg an die Front. Die zunehmende politische Zersplitterung schwächte die Effektivität der Regierungstruppen. Die Unterstützung vonseiten Moskaus erreichte nicht den Umfang der deutschen und italienischen Hilfeleistungen an Franco und dessen Nationalisten, die zudem den Vorteil besaßen, dass ihre Truppen größtenteils aus der kampferfahrenen Armee in Nordafrika stammten.

politische Säuberungsaktionen, die angeblich der Mord an S. M. Kirow, dem Ersten Sekretär der Leningrader Parteiorganisation, am 1. Dezember 1934 ausgelöst hatte. Damit begann eine Welle von Verhaftungen, die immer weiter um sich griff und bald alle gesellschaftlichen Gruppierungen erfasste. Sie erreichte schließlich auch die sowjetischen Streitkräfte. Drei von fünf Marschällen, darunter auch Tuchatschewski, und vierzehn von sechzehn Armeebefehlshabern kamen um. Auch alle acht Admiräle der sowjetischen Flotte verloren ihr Leben. Die Säuberungen griffen jedoch auch auf die niederen Offiziersränge über. Manche Schätzungen führen an, dass damals nahezu die Hälfte des Offizierskorps erschossen oder inhaftiert wurde.

Deutsche Infanteristen marschieren im Stechschritt an der Ehrentribüne vorbei. Hitlers Armeen übernahmen im Übrigen nicht die Traditionen des alten kaiserlichen Heeres. Um den Vorrang gegenüber Hitlers politischen Verbänden, der SA und der SS, zu wahren, musste jeder Soldat ein persönliches Treuegelöbnis auf den Führer ablegen.

Am schlimmsten traf es die Rote Armee als Ganzes, denn unter dem Vorwand, Spanien habe die Wertlosigkeit von Tuchatschewskis Theorien gezeigt, wurde dessen harte Aufbauarbeit zunichte gemacht. Abgesehen davon, dass anstelle der liquidierten Militärführer Offiziere ohne Erfahrung und oftmals ohne Format eingesetzt wurden, fiel die Rote Armee wieder in ihr traditionelles Vertrauen auf die Masse zurück und löste die Panzerverbände auf, deren Fahrzeuge zum größten Teil nur noch die Infanterie zu unterstützen hatten.

Die Situation in Europa und an anderen Brennpunkten der Welt veranlasste Großbritannien und Frankreich ihre Wiederaufrüstung zu beschleunigen. Für die Royal Air Force wurde in rascher Folge ein Erweiterungsplan nach dem anderen vorgelegt, die alle eine Stärke von 8000 Kampfflugzeugen forderten. Trotz der Anstrengungen zum Ausbau der Luftfahrtindustrie hatten bis zum Frühjahr 1938 nur 4500 Flugzeuge die Werkhallen verlassen. Darunter befanden sich viele veraltete Typen, die noch nach früheren Plänen bestellt worden waren. Die französische Luftfahrtindustrie war in einer sehr viel schlechteren Lage; sie konnte lediglich einen Bruchteil der verlangten Maschinen liefern. Sie wurde 1936 verstaatlicht, doch es sollte einige Zeit dauern, bis der Vorteil der Nationalisierung spürbar wurde. Bis 1939 produzierte dieser Industriezweig jährlich nur 600 Flugzeuge; Deutschland stellte im gleichen Zeitraum 3000 her.

Wie im Jahre 1914 war Frankreich auch jetzt damit einverstanden, dass im Falle von Kampfhandlungen auf See Großbritannien die Führung übernahm und die französische Marine einen Großteil ihrer Anstrengungen auf das Mittelmeer konzentrierte. Die Royal Navy war in den zwanziger und frühen dreißiger Jahren davon ausgegangen, dass die größte Gefahr auf den Meeren von Japan drohe und dass im Mittelmeer und in den britischen Gewässern nur geringe Flottenkräfte benötigt würden. Die Lage in Äthiopien und die Tatsache, dass die Abkommen der Londoner Flottenkonferenz von 1930 im Jahre 1936 auslaufen würden, bewirkten ein Umdenken. So entstand 1935 ein Plan, der ein deutliches Anwachsen der Zahl der Flugzeugträger, Kreuzer und Zerstörer vorsah um sicherzustellen, dass die deutsche Marine nicht die Herrschaft über die britischen Gewässer gewann. Darüber hinaus wurden die Kräfte im Fernen Osten verstärkt.

Bei der Wiederaufrüstung stand das britische Heer erst an dritter Stelle. Der ursprüngliche Plan lautete, fünf Divisionen auf den Kontinent zu entsenden, die dann von Verbänden der Territorialarmee (TA) verstärkt werden sollten, wenn diese einsatzbereit wären. Bald wurde deutlich, dass angesichts der Kosten für den Ausbau der Royal Air Force nur noch geringe Mittel für die Bodentruppen übrig bleiben würden. Daher fand Ende 1936 eine Überprüfung der Rolle des Heeres im allgemeinen Krieg statt. Man kam zu dem Schluss, dass den französischen und britischen Interessen am besten die Royal Navy und die Royal Air Force dienen könnten. Jetzt wurden nur noch zwei Divisionen für ein Expeditionskorps bestimmt. Das Engagement auf dem Kontinent stand bei den Heeresaufgaben nun an letzter Stelle. Die

Landesverteidigung hatte Priorität; ihr folgte die Verteidigung des Empire und hier angesichts der wachsenden italienischen Bedrohung insbesondere der Schutz Ägyptens. Als wichtigstes Element der Landesverteidigung galt der Schutz vor Luftangriffen. Zu diesem Zweck erhielt die Territorialarmee eine neue Aufgabe – die Aufstellung von Mannschaften für Flugabwehrkanonen und Suchscheinwerfer. Die Furcht vor Bombenflugzeugen hatte die Regierung 1935 auch veranlasst den Luftschutz (Air Raid Precautions – ARP) ins Leben zu rufen. Anfangs auf freiwilliger Basis, wurde die Organisierung von Vorkehrungen zum Schutz vor Luftangriffen 1937 für die Kommunalverwaltungen zur Pflicht.

Die französische Armee verließ sich noch immer fest auf die Maginotlinie. Es gab allerdings einen Offizier, der diese Grenzbefestigung als alleinige Maßnahme der Verteidigungspolitik in Frage zu stellen wagte. Dieser Offizier war Charles de Gaulle, der seine Vorstellungen in dem 1933 veröffentlichten Buch „Die Armee der Zukunft" erläuterte. Er argumentierte, dass es aufgrund der rückläufigen Geburtenrate in Frankreich nicht länger möglich sei, das traditionelle französische Massenheer aus Wehrpflichtigen zu unterhalten. Stattdessen solle den Kern der Armee eine Panzerstreitmacht mit 100 000 Berufssoldaten bilden. Das wurde von den meisten Politikern zurückgewiesen, die ihrerseits geltend machten, es habe wenig Sinn, eine auf Offensivbewaffnung basierende Armee zu besitzen, wenn bereits so viele finanzielle Mittel in die Maginotlinie geflossen seien. Auf jeden Fall hegte man in Frankreich tiefes Misstrauen gegen ein Berufsheer.

Doch die Wiederbesetzung des Rheinlandes durch deutsche Truppen verhalf manchem zu der schockierenden Erkenntnis, dass die französische Armee im Vergleich zu dem neuen deutschen Heer schwerwiegende Mängel aufwies. Man begriff, dass der deutschen Panzerwaffe etwas entgegengesetzt werden müsse, doch dominierte noch immer die konservative Auffassung, die vorrangige Aufgabe der Panzer sei die Unterstützung der Infanterie. Auch waren die Politiker daran interessiert, nichts zu unternehmen, was den Glauben des französischen Volkes an die Sicherheit der Maginotlinie erschüttern könnte. Außerdem hatten die französischen Militärs aus dem Spanischen Bürgerkrieg die falsche Lehre gezogen, dass die Verteidigung noch immer eine dominierende Rolle spielte.

Anders verhielt es sich in Deutschland. Die Wehrmacht wurde weiter ausgebaut; das Heer war im Herbst 1937 bereits auf 39 Divisionen angewachsen. Hitler wandte seine Aufmerksamkeit nun der Schaffung des Großdeutschen Reiches zu, von dem er so lange geträumt hatte. Sein erstes Ziel war Österreich. Mit Deutschland durch eine gemeinsame Sprache verbunden, besaß das Lande bereits eine starke Anhängerschaft der Nationalsozialisten, die schon seit einiger Zeit daran arbeitete, den Weg für eine Angliederung an das Reich zu ebnen. Anfang 1938 erreichten die Bestrebungen ein solches Ausmaß, dass der österreichische Kanzler Kurt von Schuschnigg bei Hitler Beschwerde einlegte, der ihm jedoch eine Abfuhr erteilte. Schuschnigg entschloss sich daher zu einem Plebiszit, mit dem das österreichische Volk bekunden sollte, ob es die Unabhängigkeit Österreichs zu erhalten wünschte. In der Befürchtung, das Resultat könne zu seinen Ungunsten ausfallen, ließ Hitler seine Truppen am 12. März, dem Vorabend der Volksabstimmung, die deutsch-österreichische Grenze überschreiten. Es war ein Überfall ohne Blutvergießen und nach weniger als 24 Stunden war der „Anschluss" Österreichs an Deutschland vollzogen. Der einzige Makel war der Auftritt der Panzerwaffe, die den Einmarsch angeführt hatte. Organisationsmängel und Unerfahrenheit hatten dazu geführt, dass viele Fahrzeuge liegen blieben.

Nun wandte sich Hitler der Tschechoslowakei zu – insbesondere dem Sudetengebiet, in dem eine bedeutende deutsche Minderheit lebte. Auch hier wurde, genau

Angehörige der deutschen Minderheit begrüßen am 1. Oktober 1938 den Einmarsch in das Sudetengebiet. Anders war es im März des Folgejahres, als die deutschen Truppen in Prag von der Bevölkerung mit düsterem Schweigen empfangen wurden.

wie beim Vorgehen der österreichischen Nazis, auf Hitlers Veranlassung für eine vollständige Autonomie agitiert. Hitler machte deutlich, dass er nötigenfalls auch bereit sei Gewalt anzuwenden. Die Tschechoslowakei ließ sich nicht einschüchtern und verfügte die Mobilisierung. Aufgrund der nicht unbedeutenden Stärke der tschechoslowakischen Armee sah Hitler von einer unmittelbaren militärischen Aktion ab, obgleich klar war, dass sich weder Großbritannien noch Frankreich bereit zeigen würden wegen der Tschechoslowakei einen Krieg zu beginnen.

Anfang September flog der britische Premierminister Neville Chamberlain nach Deutschland und ließ sich von Hitler versichern, dass dieser über das Sudetengebiet hinaus keine weiteren territorialen Bestrebungen hege. Doch die Taktik, Hitler freie Hand zu lassen, musste auch Frankreich und der glücklosen Tschechoslowakei schmackhaft gemacht werden. Inzwischen führten Großbritannien und Frankreich Teilmobilisierungen durch, die auch die Errichtung von Luftschutzanlagen in beiden Hauptstädten umfassten. Frankreich akzeptierte den britischen Vorschlag

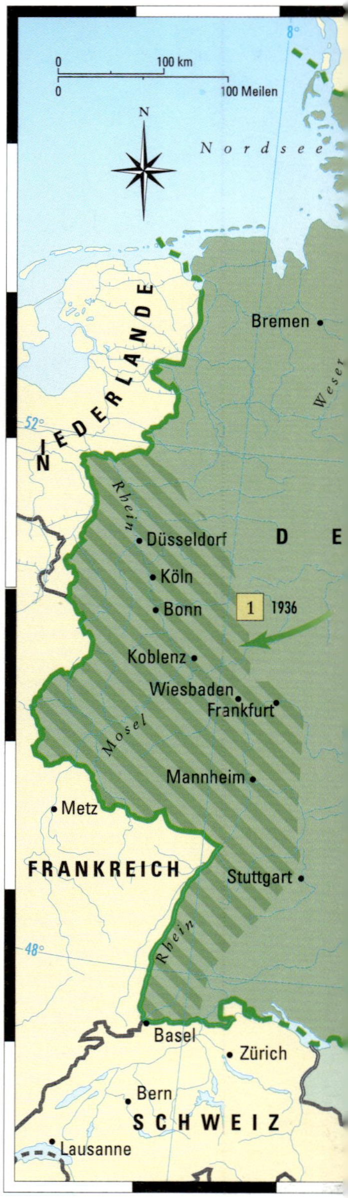

und setzte die tschechoslowakische Regierung davon in Kenntnis, dass man der ČSR jegliche französische Unterstützung entziehe, wenn Deutschland an der Annexion des Sudetengebietes gehindert würde. Ende September unterzeichneten Hitler, Mussolini, Chamberlain und Daladier das Münchner Abkommen, das die Abtretung der sudetendeutschen Gebiete an Deutschland zum Inhalt hatte, und am 1. Oktober marschierten dort triumphierend deutsche Truppen ein.

Die Erleichterung in Großbritannien und Frankreich über den Umstand, dass man einen Krieg abgewendet hatte, war groß. Die Briten begrüßten Chamberlain als Helden, als er bei seiner Rückkehr aus München erklärte, er habe „Frieden für unsere Zeit" gebracht. Nur vier Wochen nach der Besetzung des Sudetenlandes richtete Hitler ungeachtet seiner Versicherung gegenüber Chamberlain sein Interesse auf Polen. Er forderte die Eingliederung der Hafenstadt Danzig in das Deutsche Reich und die Genehmigung für den Bau von Straßen- und Eisenbahnverbindungen, die durch den Polnischen Korridor nach Ostpreußen führen sollten.

Mussolini und Hitler kamen im September 1938 in München zusammen, ehe sie das Abkommen unterzeichneten, das das Schicksal der Tschechoslowakei besiegelte. Mussolinis Größenwahn machte den italienischen Diktator schließlich zu einer bloßen Marionette Hitlers.

Polen lehnte die Forderungen ab. Hitler war jedoch bereit seine Zeit abzuwarten, besonders da in zwei weiteren Provinzen der Tschechoslowakei – in der Slowakei und der Karpato-Ukraine, die beide nach mehr Autonomie strebten – wachsende Unruhe zu beobachten war. Präsident Hácha war schließlich gezwungen beiden Autonomierechte einzuräumen. Der entlassene slowakische Ministerpräsident beschwerte sich bei Hitler, der nun die Unabhängigkeit der Slowakei forderte. Hácha begab sich nach Berlin um gegen die Einmischung in die inneren Angelegenheiten der Tschechoslowakei zu protestieren, wurde jedoch so eingeschüchtert, dass er schließlich einwilligte sein Land unter deutschen Schutz zu stellen. Deutsche Truppen überschritten ein weiteres Mal die Grenzen zum Nachbarstaat, und Mitte März 1939 war das Restgebiet der Tschechoslowakei zerstückelt und von Deutschland und Horthy-Ungarn besetzt.

Auf diese Weise untergrub Hitler das Münchner Abkommen. Die westlichen Demokratien indessen reagierten darauf lediglich mit mildem Protest. Dadurch ermutigt, wiederholte Hitler seine Forderungen gegenüber Polen, die auch jetzt wieder abgelehnt wurden. Zwei Tage später, am 23. März 1939, marschierten seine Truppen in den an der polnisch-litauischen Grenze gelegenen Hafen Memel ein. Polens Regierung ließ Hitler daraufhin wissen, dass eine Besetzung Danzigs Krieg bedeute.

Erst jetzt wurde Großbritannien und Frankreich die Tatsache bewusst, dass sich Hitler einzig und allein durch beherztes Entgegentreten stoppen ließ. Also erklärten sie Ende März ihre Bereitschaft Polen im Falle einer deutschen Aggression zur Seite zu stehen. Im vorangegangenen Winter hatten sie ihre gemeinsamen militärischen Pläne allerdings einer Revision unterzogen. Frankreich hatte das britische Angebot, ein Expeditionskorps zu entsenden, nicht beeindruckt, und so wurde das Korps auf vier Infanterie- und eine Panzerdivision aufgestockt, die durch weitere vier Divisionen der britischen Territorialarmee verstärkt werden sollten. Angesichts des polnischen Problems kündigte die britische Regierung nun eine Verdoppelung der Größe der Territorialarmee an. Die Mannschaften dafür sollten durch eine begrenzte Wehrpflicht zusammengebracht werden, die im Frühjahr 1939 in Kraft trat. Da der Ausbau von Luftwaffe und Marine noch immer Vorrang hatte, waren die zur Ausrüstung einer größeren Armee erforderlichen Industriekapazitäten anfangs jedoch gar nicht vorhanden.

Als diese Maßnahmen ergriffen wurden, war auf dem europäischen Kontinent – diesmal im Südosten – eine weitere Entwicklung zu beobachten. Mussolini, der Hitler um dessen Erfolge beneidete, beschloss den Führer der Deutschen nachzuahmen und Truppen über die Adria nach Albanien zu entsenden, das während der vorangegangenen 15 Jahre unter italienischem Einfluss gestanden hatte. Diese fortgesetzte Landnahme war nun für den US-amerikanischen Präsidenten Franklin Roosevelt Anlass zu Besorgnis. Mitte April 1939 erbat er von Hitler und Mussolini Garantien, dass sie keine weiteren europäischen Nationen angreifen würden. Dem Präsidenten waren allerdings die Hände gebunden, da der Kongress in der Zeit von 1935 – 1937 eine Reihe von Neutralitätsgesetzen verabschiedet hatte, die den Vereinigten Staaten den Eintritt in einen Krieg, der bereits im Gange war, verbot.

Die Wolken des Krieges begannen sich nun immer bedrohlicher über Europa zusammenzuziehen. Ende April wiederholte Hitler seine Forderungen an Polen; dieses Mal verzichtete er auf das Angebot eines Nichtangriffspaktes, das er dem Nachbarland 1934 gemacht hatte um die deutsche Ostgrenze zu sichern, während er seine Expansionspolitik andernorts in Europa verwirklichte. Dann ließ Hitler Pläne für den Einmarsch in Polen aufstellen. Das geschah insgeheim und unter Leitung des kurz zuvor aus dem Dienst ausgeschiedenen Generals Gerd von Rundstedt. Ein weiteres unheilvolles Anzeichen des nahenden Verhängnisses gab es im Mai, als Italien und Deutschland den Stahlpakt unterzeichneten, mit dem sich beide Staaten in einem künftigen Krieg gegenseitige Unterstützung zusicherten.

1. September 1939 – deutsche Soldaten entfernen einen Grenzschlagbaum, ehe sie auf polnisches Territorium vordringen. Der Überfall überraschte Warschau nicht, doch war angesichts der von jeher feindlich gesonnenen Sowjetunion im Osten und der von Deutschland okkupierten Tschechoslowakei im Süden eine wirksame Verteidigung des Landes praktisch unmöglich.

Die westlichen Demokratien indes sahen noch einen Hoffnungsschimmer. Im April 1939 schlug die Sowjetunion ein zehn Jahre währendes Bündnis mit Großbritannien und Frankreich vor. London und Paris begrüßten den Vorschlag, da sie darin nicht nur ein wirksameres Mittel zum Schutz Polens, sondern auch eine Möglichkeit sahen, Hitler mit der Drohung eines gleichzeitigen Krieges im Westen und im Osten zu konfrontieren, den Deutschland seit jeher zu vermeiden gesucht hatte. Die Verhandlungen zogen sich fast den ganzen Sommer hin, doch war es Polen selbst, das eine unüberwindliche Hürde darstellte. Die Vorbehalte gegenüber seinem östlichen Nachbarn ließen es nicht zu, dass Polen den Truppen der Sowjetunion jemals Zugang zu seinem Territorium gewähren würde.

Hitler, der die Situation erkannte, begann nun seinerseits Moskau geheime Angebote zu machen. Am 23. August unterzeichneten Deutschland und die Sowjetunion einen Nichtangriffspakt und überraschten damit Großbritannien und Frankreich sowie den Großteil der restlichen Welt. Was diese totale Kehrtwendung verursacht hatte, war Hitlers Bereitschaft Stalin den östlichen Teil Polens zu überlassen, wenn das Land überrannt war, und ihm überdies in den baltischen Staaten freie Hand zu gewähren.

Den ganzen August hindurch waren deutsche Armeen unter dem Vorwand, Manöver durchzuführen, an der Grenze zu Polen aufmarschiert. Als Zeitpunkt für den Überfall legte Hitler die frühen Morgenstunden des 26. August fest. Am Nachmittag des Vortages begaben sich die ersten Truppen zu ihren Ausgangsstellungen. Ihnen sollten spezielle Kommandos vorausgehen, deren Aufgabe es war, die grenznahen polnischen Brücken zu sichern. Am 25. August gegen 20 Uhr wurde überraschend ein Aufschubbefehl gegeben.

Am selben Tag war zwischen Großbritannien und Frankreich ein formales Bündnis mit Polen zustande gekommen. Damit hatte Hitler nicht gerechnet. Außerdem erklärte Mussolini, sein Land sei für einen Krieg noch nicht bereit, und bot sich als Vermittler zwischen Berlin und Warschau an. Die westlichen Alliierten versuchten Polen zu Verhandlungen zu bewegen, das sich jedoch unnachgiebig zeigte. Unterdessen blieben die deutschen Truppen an ihren Aufmarschplätzen und halfen vielerorts bei der Ernte, damit die Zeit verging. Am 31. August um 16 Uhr erließ das deutsche Oberkommando einen weiteren Befehl. Der Angriff sollte am folgenden Morgen um 4.45 Uhr beginnen. Dieses Mal sollte der Befehl nicht widerrufen werden.

KAPITEL ZWEI

DER TRIUMPH DES BLITZKRIEGES (1939–1940)

EIN DEUTSCHER PZKW III mit einem kurzläufigen 50-mm-Geschütz. Die Angehörigen der Panzertruppen hatten schwarze Uniformen, deren Farbe die Ölflecken verbergen sollte. Die schwarze Felduniformmütze, eine Kopie der Kopfbedeckung, die die Soldaten des britischen Royal Tank Corps trugen, wurde nach den ersten Feldzügen gegen ein schwarzes Käppi ausgetauscht. Die Feldzüge in Polen und im Westen zeigten die gesteigerte Operationsgeschwindigkeit der gepanzerten Kampffahrzeuge, welche über Funk von den Befehlshabern an der Front geleitet wurden. Die Panzerwaffe ermöglichte es den Deutschen, die Initiative zu behalten und rechtzeitig gegnerische Reaktionen zu verhindern. Viele deutsche Befehlshaber dachten jedoch noch immer in traditionellen Bahnen und brauchten Zeit um sich auf den Blitzkrieg einzustellen. Ihr Dilemma war der nicht motorisierte Hauptteil der Infanterie, der noch immer zu Fuß marschierte.

DER TRIUMPH DES BLITZKRIEGES 1939–1940

In der Telefonzentrale, die in monotonen Abständen von jeweils einer Minute immer wieder die schlechte Nachricht empfing, gab es keine Reaktion mehr; ein Offizier bestätigte die Botschaften mit ruhiger, sanfter Stimme, ein anderer mit fast hysterischem Kichern – „Ah ja, es hat Ihre Linke erwischt; oh, ich verstehe, sie sind hinter Ihnen. Ich notiere es!" Alle anderen im Raum waren erschöpft und still und saßen in ihren Sesseln herum.

ANDRÉ BEAUFRE, RANGJÜNGERER STABSOFFIZIER
IM FRANZÖSISCHEN HAUPTQUARTIER
NORDÖSTLICHER KRIEGSSCHAUPLATZ, MAI 1940

Die deutschen Bodentruppen, die in der Morgendämmerung des 1. September in Polen einfielen, waren in zwei Heeresgruppen gegliedert, die sich insgesamt aus 40 Infanterie- und sechs Panzerdivisionen, zwei leichten (aus motorisierter Infanterie und einem leichten Panzerbataillon bestehenden) und vier motorisierten Divisionen zusammensetzten. Eine weitere Heeresgruppe war an der deutschen Westgrenze aufmarschiert; ein Teil ihrer Truppen besetzte den Westwall, der als Gegenstück zu den Verteidigungsanlagen der Maginotlinie errichtet worden war. Zur Unterstützung der in Polen einrückenden Verbände schickte die Luftwaffe etwa 1700 Flugzeuge in den Kampf. Sie hatten zwei wichtige Aufgaben – die Zerstörung der polnischen Luftwaffe möglichst noch am Boden und die Unterstützung der eigenen Bodentruppen. Dabei ging es nicht so sehr um eine direkte Unterstützung bei den Kampfhandlungen, sondern mehr um die Behinderung des Gegners. So sollten die polnischen Verbindungslinien unterbrochen werden, damit der Transport von Reservetruppen und Nachschub gestört würde. Ein weiteres Ziel war die polnische Kriegsindustrie. Angriffe auf rein zivile Ziele waren jedoch streng verboten.

Deutsche Infanteristen beobachten die Bombardierung Warschaus. Nach der Einschließung sollte die Stadt nicht in opferreichen Straßenkämpfen, sondern mit Bomben und Granaten zur Kapitulation gezwungen werden.

Ostsee
1 polnische Stellungen am 5. September 1939
2 polnische Stellungen vom 6. – 14. September 1939
3 polnische Stellungen vom 15. – 28. September 1939
LITAUEN
Ostpreußen
POLEN
DEUTSCHLAND
UdSSR
Protektorat Böhmen und Mähren
Slowakei
Karpato-Ukraine
ÖSTERREICH
UNGARN
16°
20°
24°
52°
48°
Labiau
Kaunas
Vilnius
Königsberg
Insterburg
Kalvarija
Lauenburg
Gdynia
Stolp
Danzig
Elbing
Suwałki
Kolberg
Köslin
Grodno
Allenstein
Stettin
Łomża
Białystock
Baranowicze
Schneidemühl
Bydgoszcz
Różnan
Landsberg
Inowrocław
Włocławek
Weichsel
Płock
Poznań
Siedlce
Brześć
Bug
Warschau
Warthe
Guben
Łódź
Kock
Leszno
Kalisz
Glogau
Tomaszów
Radom
Lublin
Breslau
Kielce
Częstochowa
Oppeln
Oder
Katowice
Prag
Rzeszów
Lwów
Kraków
Tarnów
Kutna Hora
Przemyśl
Sambor
Nowy Sącz
Olomouc
Nowy Targ
Dnestr
Brno
Stanisłowów
Prešov
Znojmo
Trenčin
Užhorod
Zvolen
Trnava
Wien
Bratislava
Miskolc
Donau
Theiß
Debrecen
Budapest
XXXXX HEERESGRUPPE NORD
XXXX 3 KUECHLER
XXX I
XXX XIX GUDERIAN
XXXX IV KLUGE
XXXX „POMORZE“
XXX XXI
XXX WODRIG
XXX I
XXX III
XXX III
XXXX NAREW (Truppenteile)
XXXX „MODLIN“
XXXX „MODLIN“ und „NAREW“ (Truppenteile)
XXX XIX GUDERIAN
XXXX „POMORZE“
XXXX „POZNAŃ“
XXXX „ŁODŹ“
XXX V
XXXX „ŁODŹ“
XXX XII
XXXX VIII BLASKOWITZ
XXX XI
XXX XI HOEPNER
XXXX „KRAKÓW“
XXXX X REICHENAU
XXX IV
XXXX „KRAKÓW“
XXXX „KARPATY“
XXX VIII
XXXX „KARPATY“
XXX XVII
XXX VII
XXXXX HEERESGRUPPE SÜD
XXX XVII
XXX XXII
XXX XVIII
XXXX XIV LIST
N
1500
1000
500
200
100
0 m
0
100 km
0
100 Meilen
Der Polenfeldzug
(1. – 28. September 1939)
Vorstoß deutscher Truppen
Vorstoß sowjetischer Truppen
Rückzug polnischer Truppen
deutsche Feldschanze
polnische Verteidigungslinien
polnische Stellungen
deutsch-sowjetische Demarkationslinie

Der Stolz des polnischen Heeres war die Kavallerie, die eine lange Tradition besaß; die Ulanen hatten bereits gegen Napoleon gekämpft. Mehr als einmal wagten polnische Kavallerieverbände Angriffe gegen deutsche Panzer, die mit einer unvermeidlichen Niederlage endeten. Das bestätigte, dass bei der Stoß- und Durchbruchstaktik das Pferd vom Panzer abgelöst worden war.

Das polnische Heer konnte sich zwar zahlenmäßig mit den einmarschierenden Truppen messen, litt jedoch unter einer ganzen Reihe von Nachteilen. Besonders kritisch war der Umstand, dass die Annexion der Tschechoslowakei durch Deutschland die polnische Westgrenze deutlich verlängert hatte. So blieb den polnischen Verbänden kaum eine andere Wahl als die lineare Verteidigung. Zudem waren Bewaffnung und Ausrüstung nicht mit der modernen deutschen Kriegstechnik zu vergleichen. Die 30 polnischen Infanteriedivisionen waren ihren Gegnern ebenbürtig, da beide Seiten zum großen Teil nicht motorisiert waren, doch verfügte das polnische Militär nur über eine mit veralteten Fahrzeugen ausgerüstete Panzerbrigade und zwei motorisierte Brigaden. Die Elite des polnischen Heeres waren elf Kavalleriebrigaden. Die polnische Luftwaffe war in noch schlechterem Zustand; sie verfügte lediglich über 450 Flugzeuge, bei denen es sich fast nur um veraltete Typen handelte.

Obwohl ein Großteil der polnischen Fliegerkräfte auf Ausweichflugplätze verlegt worden war, konnte die deutsche Luftwaffe ohne große Schwierigkeiten die Luftherrschaft erringen. Am Boden führten Panzerdivisionen die Angriffe an; sie erhielten Unterstützung von der motorisierten Infanterie und den leichten Divisionen. Die so erzielten Durchbrüche wurden von den konventionellen Divisionen erweitert, die täglich bis zu 40 Kilometer zu Fuß zurücklegten. Die polnischen Soldaten kämpften mit fanatischer Tapferkeit, doch dem Tempo des deutschen Vormarsches und den Angriffen der Luftwaffe auf Verkehrs- und Nachrichtenverbindungen hatten sie nichts entgegenzusetzen, und so fanden sich viele vom Gegner eingekesselt wieder. Für die Deutschen entwickelte sich indessen nicht alles nach Plan. Unschlüssigkeit und schlechte Koordinierung beeinflussten die Truppenführung in den ersten Tagen häufig. Die Befehlshaber der Panzerverbände, insbesondere General

Heinz Guderian, einer der Schöpfer der deutschen Panzerwaffe, erkannten bald, dass ihre Truppen von der Front aus geführt werden mussten um den Soldaten die Dringlichkeit ihres Kampfauftrages bewusst zu machen. Auch waren sie vom Oberkommando enttäuscht, das den Panzern nicht erlaubte sich zu weit vor der Hauptstreitmacht zu bewegen. Folglich musste der Vormarsch der Panzerdivisionen oftmals gestoppt werden.

Die größte Hoffnung setzte Polen darauf, dass, wenn seine Truppen den Kampf fortsetzten, die westlichen Verbündeten angreifen würden um den Druck von ihrem Land zu nehmen. Am 3. September hatten Frankreich und Großbritannien Deutschland den Krieg erklärt, nachdem ihr Ultimatum an Hitler, seine Truppen aus Polen abzuziehen, abgelehnt worden war. Während sich Japan und die USA beeilten ihre Neutralität zu verkünden, folgten die Dominions ihrem Mutterland und gaben ebenfalls Kriegserklärungen ab. Das geschah allerdings erst nach einer Erörterung der Angelegenheit in den Parlamenten – ein Anzeichen für die gewachsene Selbständigkeit gegenüber der Situation 25 Jahre zuvor.

Frankreich startete erst am 8. September einen Angriff, dessen Umfang aber kaum den polnischen Erwartungen entsprach. Neun Divisionen unternahmen einen zögernden Vorstoß in das Saarland, stoppten aber, noch ehe sie die Reichweite der Geschütze in den Artilleriewerken der Maginotlinie verlassen hatten. Dieses Unternehmen sorgte in Deutschland nur für wenig Aufregung und der unbarmherzige Vorstoß ins Innere Polens ging weiter. Am 15. September schlossen die deutschen Truppen Warschau ein, doch die Verteidiger wiesen die Aufforderungen, ihre Hauptstadt aufzugeben, zurück. Nun begannen ein massiver Artilleriebeschuss und die Bombardierung durch die deutsche Luftwaffe. Zwei Tage später marschierte

Mit einer 20-mm-Kanone ausgerüstete PzKw II warten auf den Befehl zum Vorrücken. Dieser leichte Panzerkampfwagen sowie der PzKw I wurden hauptsächlich zur Aufklärung eingesetzt. Den Hauptschlag führten die schwerer bewaffneten Ausführungen PzKw III und IV.

Zusammenwirken der Sturzkampfflugzeuge Ju 87 mit den Panzerdivisionen. Das Geheimnis war eine funktionierende Kommunikation zwischen Flieger- und Panzerkräften; die Befehlshaber der Panzerverbände wurden stets von einem mit Funk ausgestatteten Luftwaffenoffizier begleitet. Der fast senkrechte Sturz der Flugzeuge ermöglichte beim Abwurf der Bomben zwar eine hohe Zielgenauigkeit, doch kamen einige Stuka-Besatzungen ums Leben, weil der Pilot die Maschine nicht rechtzeitig wieder nach oben gezogen hatte.

von Osten her die Rote Armee in Polen ein und erklärte, dass das Land nicht länger als unabhängiger Staat existiere.

Polen setzte den Kampf fort. Warschau hielt aus bis zum 27. September und kapitulierte dann nur, weil die öffentlichen Versorgungsbetriebe zerstört waren und inzwischen auch Wassermangel auftrat. Am folgenden Tag ergaben sich auch die polnischen Divisionen, die seit dem 10. September im Raum Modlin eingeschlossen gewesen waren. Das war praktisch das Ende der Kampfhandlungen, obwohl der Widerstand an der Ostseeküste erst am 1. Oktober endete. An diesem Tag zog Frankreich seine Truppen aus dem Saarland zurück.

Nun legte sich ein dunkler Schatten über das zerstückelte Polen. Im Westteil des Landes begannen die Deutschen bald mit der Verfolgung der Juden, von denen viele in ihren Städten in Ghettos eingesperrt wurden. Entschlossen, Polen nicht wieder unabhängig werden zu lassen, führten die sowjetischen Besatzer unter der polnischen Intelligenz Säuberungsaktionen durch. Inzwischen hatte General Władysław Sikorski in Paris eine Exilregierung aufgebaut und den Oberbefehl über die polnischen Exiltruppen übernommen, deren Angehörige Frankreich mitunter erst nach unglaublichen Abenteuern erreicht hatten.

Nachdem Hitler das polnische Problem aus dem Wege geräumt hatte, war ihm daran gelegen, sich möglichst bald Großbritannien und Frankreich zuzuwenden. Kaum waren die Kämpfe im Osten beendet, rollten die Truppentransporte auch schon in Richtung Westen. Hitler machte am 6. Oktober jedoch ein Friedensangebot für den Fall, dass die westlichen Demokratien den Status quo in Osteuropa anerkannten. London und Paris wiesen das Angebot prompt zurück und drei Tage darauf erteilte Hitler die Weisung den Einmarsch in Frankreich vorzubereiten. Sein Hauptziel war die Sicherung der Nordsee- und der Kanalküste. Das sollte eine Basis für erfolgreiche Luft- und Seeoperationen gegen Großbritannien sein und eine ausgedehnte Schutzzone für das Ruhrgebiet schaffen. Wie 1914 würde der Angriff durch die neutralen Länder Belgien und Luxemburg hindurch vorgetragen werden, dieses Mal jedoch auch die Niederlande einschließen. Im Verlauf der Invasion, so erwartete Hitler, würde der Großteil der verbündeten Armeen vernichtet werden. Was die Maginotlinie betraf, so beabsichtigte er die dort eingesetzten französischen Truppen lediglich niederzuhalten ohne einen Angriff auf die Befestigungslinie zu versuchen.

Hitler befahl den Angriff für Mitte November vorzubereiten, doch seine Generäle zeigten sich abgeneigt. Für einen erfolgreichen Start brauchten sie Zeit die Lehren und Erfahrungen aus dem Polenfeldzug umzusetzen. Sie erkannten auch, dass der Feind im Westen weit ernster zu nehmen war als die polnischen Streitkräfte. Daher kam es zu einer ganzen Reihe zeitlicher Verschiebungen.

Jenseits der französisch-deutschen Grenze zogen Großbritannien und Frankreich ihre Truppen zusammen. Das Britische Expeditionskorps überquerte rechtzeitig den Kanal und nahm seine Stellung in Nordfrankreich ein. Es wurde von einem Kontingent der Royal Air Force begleitet. Das Expeditionskorps hatte jedoch keine Panzerdivision, die aufgrund von Schwierigkeiten bei der Ausrüstung nicht vor dem Frühjahr 1940 aufgestellt werden konnte. Inzwischen war sich Frankreich der Tatsache bewusst geworden, dass die Maginotlinie nicht über die französisch-luxemburgische Grenze hinausreichte. Folglich begannen nun die Arbeiten zur Verlängerung der Linie in Richtung Norden. Die Alliierten waren überzeugt davon, dass die Einmarschroute der deutschen Truppen höchstwahrscheinlich nördlich der dicht bewaldeten Ardennen verlaufen müsse. Doch im äußersten Norden Frankreichs fehlte es an geeigneten natürlichen Gegebenheiten, auf denen sich eine Verteidigung aufbauen ließ. Außerdem handelte es sich hierbei um eines der wichtigsten Industriegebiete des Landes. Das Ergebnis der Überlegungen war der Plan D: Sobald die Deutschen die nordfranzösischen Armeen angriffen, würde das Britische Expeditionskorps nach Belgien vorrücken und dort Stellungen entlang des Albertkanals und der Flüsse Dyle und Maas beziehen. Das Problem war allerdings, dass Belgien eifrig bemüht war seine Neutralität zu wahren und selbst Aufklärungskommandos das Überschreiten seiner Grenzen untersagte. Die Detailplanung musste daher nach der Karte erfolgen.

Abgesehen vom zufälligen Zusammentreffen feindlicher Patrouillen vor der Maginotlinie blieb es an der Westfront ruhig. Beide Seiten ließen Flüge zur Luftaufklärung durchführen und bombardierten gelegentlich die Schiffe des Gegners. Die Bomber der Royal Air Force warfen über deutschem Gebiet auch Flugblätter ab. Der Vorkriegsglaube, beim Ausbruch des Konfliktes würden über den Städten willkürlich Gasbomben und herkömmliche Bomben abgeworfen, hatte sich nicht bewahrheitet, da jede Seite entsprechende Vergeltungsmaßnahmen fürchtete. So kehrten in Großbritannien viele Kinder, die mit Kriegsausbruch aus den großen Städten in ländliche Gegenden evakuiert worden waren, bereits wieder zu ihren Familien zurück. Es schien, wie es ein US-amerikanischer Kommentator ausgedrückt hatte, in der Tat ein „Sitzkrieg“ zu werden.

Nur auf See kam es zu Kampfhandlungen. Die Royal Navy verhängte bei Kriegsausbruch eine Blockade über die deutschen Häfen und ließ ihre Handelsschiffe in den britischen Küstengewässern und auf dem Nordatlantik in Konvois fahren, auch wenn nur geringe Mittel entbehrt werden konnten um den Schiffen Geleitschutz zu geben. Obwohl Hitler das Deutsch-Britische Flottenabkommen untergraben und Anwei-

Eine finnische Skipatrouille im Dezember 1939, am Wegesrand die gefrorenen Leichen sowjetischer Soldaten. Die Patrouillen erwiesen sich als sehr wirksam beim Durchdringen der sowjetischen Linien und bei blitzschnellen Überfällen, die die Moral der Truppen der Roten Armee untergruben.

sung zum Ausbau seiner U-Bootflotte gegeben hatte, waren zu Beginn des Krieges nur 57 U-Boote in Dienst gestellt – eigentlich zu wenig um etwas ausrichten zu können. Dennoch brachte ein U-Boot einen britischen Flugzeugträger zum Sinken, ein anderes drang zum Ankerplatz der britischen Home Fleet in Scapa Flow vor und versenkte ein Schlachtschiff. Hitler hatte vor dem Kriegsausbruch auch Panzerschiffe in Wartepositionen stationieren lassen. Eines dieser Schiffe, die „Admiral Graf Spee“, richtete auf den Schifffahrtsstraßen im Indischen Ozean und im Südatlantik schwere Schäden an, bis es schließlich im Dezember von britischen Kreuzern im Hafen von Montevideo eingeschlossen und dort von seiner Mannschaft versenkt wurde. Das war in den ersten Kriegsmonaten der einzige Erfolg der Alliierten.

Im November 1939 begann sich der Brennpunkt nach Skandinavien zu verschieben. Nach dem Einmarsch in Polen hatte die Sowjetunion mit einer Reihe von Abkommen über „gegenseitigen Beistand“ rasch Lettland, Litauen und Estland unter ihre Kontrolle gebracht. Nun wandte sie sich ihrem nördlichen Nachbarn Finnland zu. Zur Sicherung des Finnischen Meerbusens und der Barentssee forderte die UdSSR die Verpachtung finnischer Häfen – insbesondere Viipuri und Petsamo – und die Abtretung strategisch wichtiger Gebiete am Ufer des Ladogasees und an der Küste des Finnischen Meerbusens. Als Gegenleistung sollte Finnland Teile des unwirtlichen Karelien erhalten. Finnland hatte aufmerksam das Geschehen in den baltischen Staaten beobachtet und weigerte sich auf die sowjetischen Forderungen einzugehen. Stalin wurde ungeduldig. Am 20. November ließ er seine Truppen von mehreren Seiten in Finnland einmarschieren und finnische Städte bombardieren.

Die finnischen Streitkräfte verfügten nur über einen Bruchteil der Stärke der angreifenden sowjetischen Truppen. Doch zur allgemeinen Überraschung schlugen sie deren erste Angriffe ohne weiteres zurück. Die Wochen vergingen und die Rote Armee setzte ihre Attacken fort, erlitt jedoch deutlich wachsende Verluste und

Der Finnisch-Sowjetische Winterkrieg (1940)
Angriffe sowjetischer Truppen
Angriffe finnischer Truppen
finnische Verstärkungs-truppen
sowjetische Stellungen
finnische Stellungen
0
100 km
0
100 Meilen
N
NORWEGEN
SCHWEDEN
FINNLAND
UdSSR
ESTLAND
Nördliches Eismeer
Halbinsel Kola
Ponoi
Weißes Meer
Onegabucht
Onegasee
Ladogasee
Finnischer Meerbusen
Bottnischer Meerbusen
Torne älv
Tana
Nördlicher Polarkreis
Petsamo
Salmijärvi
Poljarnoje
Nautsi
Murmansk
Kandalakscha
Kuolojärvi
Märkäjärvi
Salla
Kemijärvi
Rovaniemi
Boden
Tornio
Kemi
Kuusamo
Oulu
Suomussalmi
Hyrynsalmi
Kuhmo
Repola
Umeå
Yllvieska
Iisalmi
Nurmes
Vaasa
Ilomantsi
Joensuu
Tohmajärvi
Värtsilä
Sortavala
Pitkäranta
Salmi
Pori
Rauma
Kouvola
Hamina
Koivisto
Turku
Borga
Helsinki
Hanko
Leningrad
Tallinn
104
14
122
88
163
44
54
155
139
75
56
18
8
168
13
7
1000
500
200
0 m

Der französische Panzer Char B machte einen Furcht erregenden Eindruck. Seine Panzerung war doppelt so stark wie die der deutschen Fahrzeuge, er besaß ein 47-mm-Turmgeschütz und ein 75-mm-Buggeschütz. Allerdings zwang der Platzmangel im Turm den Kommandanten, zusätzlich die Aufgaben des Richt- und des Ladeschützen für die 47-mm-Kanone zu übernehmen. Die Wirkung des Buggeschützes war durch das Fehlen einer Schwenkeinrichtung eingeschränkt; das Geschütz konnte nur durch entsprechendes Manövrieren des Panzers auf sein Ziel ausgerichtet werden. Das Feuern oblag dem Fahrer, geladen wurde von einem vierten Besatzungsmitglied.

konnte nur geringe Fortschritte erzielen; Stalins Säuberungsaktionen unter den sowjetischen Offizieren fielen nun auf den Urheber zurück. Großbritannien und Frankreich nahmen die Vorgänge zur Kenntnis und beschlossen Finnland Waffen zu schicken, was aufgrund der Neutralität der anderen skandinavischen Staaten allerdings problematisch war.

Anfang Januar 1940 befahl Stalin einem der wenigen ranghohen Befehlshaber, die die Säuberungsaktionen überlebt hatten, die Leitung der Kampfhandlungen gegen Finnland zu übernehmen. S. K. Timoschenko reorganisierte die Truppen und startete Anfang Februar eine weitere Serie von Angriffen. Zur gleichen Zeit entschlossen sich Großbritannien und Frankreich endlich, Finnland mit Truppen zu Hilfe zu kommen, die durch das nördliche Norwegen an ihren Einsatzort gelangen sollten. Für Hilfe war es jedoch zu spät. Die Kräfte der finnischen Truppen begannen unter dem Druck der sowjetischen Angreifer nachzulassen und im März wurde eine Abordnung nach Moskau entsandt. Im Interesse der weiteren Unabhängigkeit ihres Landes waren die finnischen Unterhändler gezwungen über die ursprünglichen sowjetischen Forderungen hinausgehende Zugeständnisse zu machen, was in ihren Reihen für Erbitterung sorgte. Aufseiten der Sowjetunion waren die Schwierigkeiten, mit denen die Rote Armee in Finnland zu kämpfen gehabt hatte, Anlass zu einer gründlichen Überholung der Streitkräfte.

Westeuropa erlebte 1939/40 einen kalten Winter, der für die deutsche Generalität ein weiterer Grund war ihre Offensive aufzuschieben. Einige Befehlshaber begannen Hitlers Operationsplan in Frage zu stellen. Am deutlichsten wurde Erich von Manstein, der Stabschef der Heeresgruppe A. Er hielt Hitlers Ziele – die Nordsee- und die Kanalküste – für zu begrenzt; eine Beschränkung darauf würde einen

Der Plan für den „Fall Gelb"
(September 1939 – April 1940)
ursprünglicher Plan
überarbeiteter Plan
Plan D der Alliierten
deutsche Frontlinien
Hauptverteidigungslinie der Alliierten
Nebenverteidigungslinie der Alliierten
0 50 km
0 50 Meilen
N
Nordsee
Ijsselmeer
NIEDERLANDE
DEUTSCHLAND
BELGIEN
LUXEMBURG
FRANKREICH
Maginotlinie
Wilhelmshaven
Emden
Groningen
Leeuwarden
Oldenburg
Emmen
XXXX 18 KÜCHLER
Osnabrück
XXXXX B BOCK
Haarlem
Amsterdam
Enschede
Utrecht
Arnhem
Den Haag
Nijmegen
Münster
Rotterdam
Dortmund
Vlissingen
Eindhoven
Hagen
Ruhr
Zeebrugge
Ostende
Brügge
Antwerpen
Mol
Roermond
Düsseldorf
Lenne
Dünkirchen
Calais
Dixmuiden
Gent
XXXX 6 REICHENAU
Erft
XXXX 7 GIRAUD
Leuven
Hasselt
Maastricht
Köln
Siegen
Sieg
Brüssel
Eben Emael
St-Omer
Ypern
Lys
Schelde
Aachen
XXXX 4 KLUGE
XXXXX A RUNDSTEDT
Boulogne
Lille
Tournai
Liège
Béthune
XXXX 12 LIST
Lahn
XXXX Brit. Exped.-korps GORT
Charleroi
Namur
Malmedy
Büllingen
Koblenz
XXXX 1 BLANCHARD
Arras
Sambre
Beaumont
XXXX 16 BUSCH
Mosel
Dinant
Ourthe
Pronsfeld
Abbeville
Doullens
Cambrai
Avesnes
Chimay
XXXX KLEIST
Bingen
XXXXX 1 BILLOTTE
XXXX 9 CORAP
Sauer
St-Quentin
Mézières
XXXXX C LEEB
Trier
La Fère
Sedan
Montdidier
Laon
Luxemburg
XXXX 1 WITZLEBEN
Beauvais
Compiègne
Soissons
Dun-sur-Meuse
XXXX 2 HUNTZIGER
Saarbrücken
Senlis
Reims
Aisne
Verdun
Metz
XXXX 3 CONDÉ
Seine
Château-Thierry
Châlons-sur-Marne
XXXX 4 RÉQUIN
Paris
Lagny-sur-Marne
Haguenau
Esternay
Vitry-le-François
Nancy
Strasbourg
XXXXX 2 PRÉTELAT
Corbeil
Aube
Marne
XXXX 5 BOURRET
Chartres
Meuse
Épinal
1500
1000
500
200
0 m
XXXX 8 GARCHERY
Freiburg
Montargis
Armançon
Yonne
Seine
Langres
XXXXX 3 BESSON
Mulhouse
Saône
Basel

Französische Gebirgsjäger im April 1940 in Norwegen. Zu dem französischen Kontingent gehörten auch polnische Soldaten. Nach der Niederlage Polens wurden dessen Streitkräfte in Frankreich reorganisiert und von dort später nach Großbritannien verlegt.

beachtlichen Teil der französischen Truppen unversehrt lassen. Außerdem sei ein Vorstoß durch den luxemburgisch-belgischen Raum zu nahe liegend und wiederhole in mancher Hinsicht den Schlieffen-Plan von 1914. Stattdessen solle die Heeresgruppe A mit dem Großteil der Panzer durch die schwer zugänglichen Ardennen in Südbelgien zum Hauptstoß ansetzen und die gegnerischen Kräfte in einem nun viel umfassenderen Schnitt an die Kanalküste drängen. Die Heeresgruppe B solle nach der Besetzung der Niederlande und Belgiens nach Süden schwenken und die französischen Streitkräfte zerschlagen. Gerd von Rundstedt, Oberbefehlshaber der Heeresgruppe A, unterstützte Manstein, doch seine Vorschläge stießen zunächst nur auf wenig Begeisterung.

Am 10. Januar musste ein deutsches Kurierflugzeug vom Typ Me 210 in Belgien notlanden. Der Verbindungsoffizier an Bord hatte detaillierte Pläne für den Angriff im Westen bei sich, die er nur teilweise vernichten konnte, ehe die Überreste in

die Hände des belgischen Militärs fielen. Belgien schwieg zwar über den Vorfall, doch die Wahrscheinlichkeit, dass sie den Angriffsplan aufgedeckt hatten, war groß. Hitler verfügte daher eine Verschiebung der Offensive auf das Frühjahr. Das verschaffte Manstein eine Gelegenheit seine alternative Idee wieder ins Gespräch zu bringen. Nachdem er sie in einem Planspiel vorgestellt hatte, erklärte sich Hitler schließlich damit einverstanden. Der Plan für die Operation „Sichelschnitt“ wurde am 6. März offiziell angenommen. Als Nächstes drängte Hitler Mussolini zur Unterzeichnung des Stahlpaktes mit Deutschland. Die Diktatoren kamen am Brenner nahe der italienisch-österreichischen Grenze zusammen und Mussolini sicherte seinem Verbündeten die Teilnahme am Angriff auf den Westen zu.

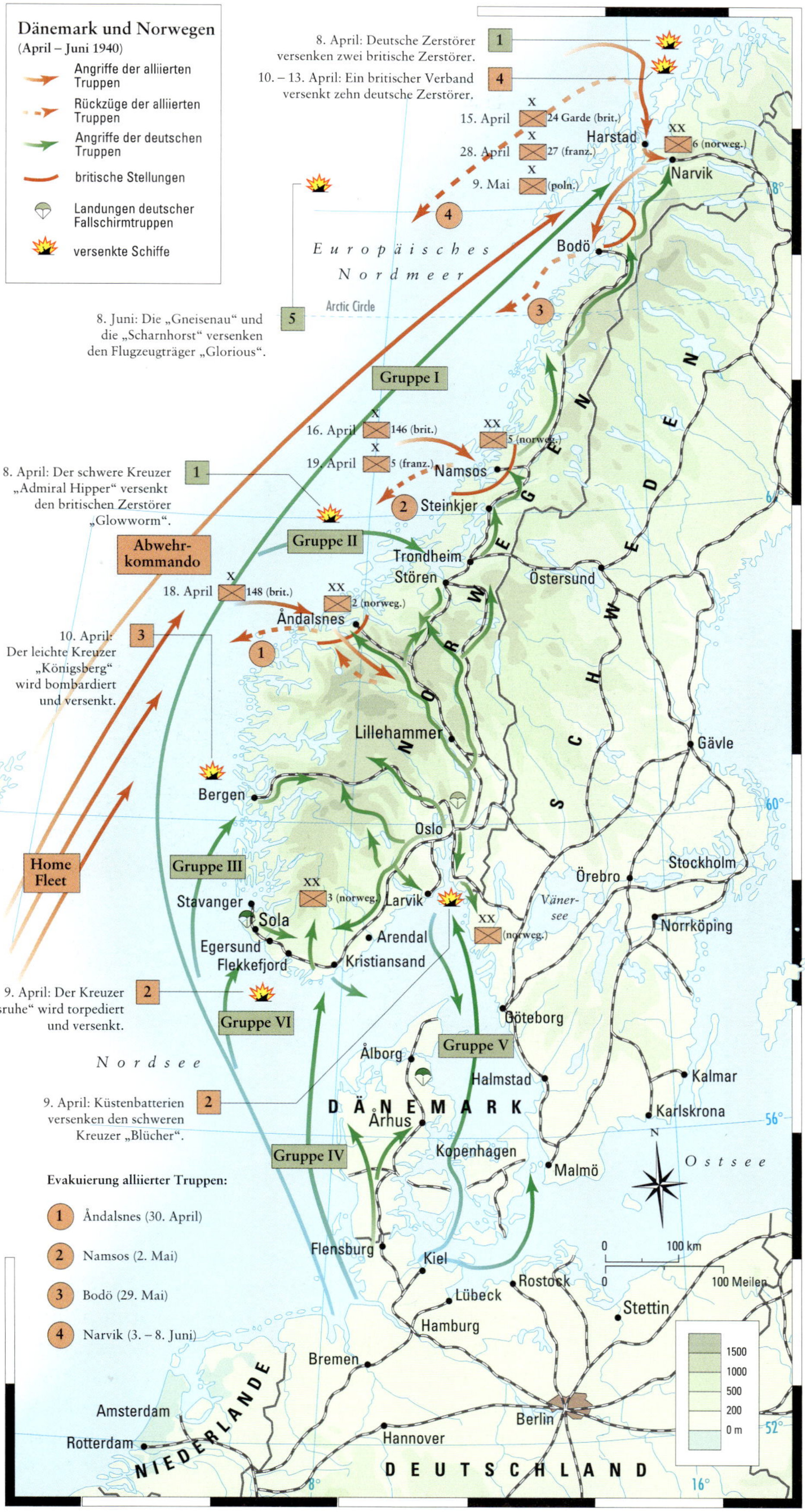
Dänemark und Norwegen
(April – Juni 1940)
Angriffe der alliierten Truppen
Rückzüge der alliierten Truppen
Angriffe der deutschen Truppen
britische Stellungen
Landungen deutscher Fallschirmtruppen
versenkte Schiffe
8. April: Deutsche Zerstörer versenken zwei britische Zerstörer.
10. – 13. April: Ein britischer Verband versenkt zehn deutsche Zerstörer.
15. April 24 Garde (brit.)
28. April 27 (franz.)
9. Mai (poln.)
6 (norweg.)
Harstad
Narvik
Bodö
Europäisches Nordmeer
Arctic Circle
8. Juni: Die „Gneisenau“ und die „Scharnhorst“ versenken den Flugzeugträger „Glorious“.
Gruppe I
16. April 146 (brit.)
19. April 5 (franz.)
5 (norweg.)
Namsos
Steinkjer
8. April: Der schwere Kreuzer „Admiral Hipper“ versenkt den britischen Zerstörer „Glowworm“.
Abwehr-kommando
Gruppe II
Trondheim
Stören
Östersund
18. April 148 (brit.)
2 (norweg.)
Åndalsnes
10. April: Der leichte Kreuzer „Königsberg“ wird bombardiert und versenkt.
NORWEGEN
SCHWEDEN
Lillehammer
Gävle
Bergen
Oslo
Home Fleet
Gruppe III
3 (norweg.)
Stavanger
Sola
Larvik
Egersund
Flekkefjord
Arendal
Kristiansand
(norweg.)
Örebro
Stockholm
Väner-see
Norrköping
9. April: Der Kreuzer „Karlsruhe“ wird torpediert und versenkt.
Gruppe VI
Göteborg
Nordsee
Ålborg
Gruppe V
Halmstad
Kalmar
Karlskrona
9. April: Küstenbatterien versenken den schweren Kreuzer „Blücher“.
DÄNEMARK
Århus
Kopenhagen
Malmö
Ostsee
Gruppe IV
Evakuierung alliierter Truppen:
1 Åndalsnes (30. April)
2 Namsos (2. Mai)
3 Bodö (29. Mai)
4 Narvik (3. – 8. Juni)
Flensburg
Kiel
Rostock
Lübeck
Stettin
Hamburg
Bremen
0 100 km
0 100 Meilen
1500
1000
500
200
0 m
Amsterdam
Rotterdam
NIEDERLANDE
Hannover
Berlin
DEUTSCHLAND
8°
16°
52°
56°
60°
64°
68°

Deutsche Truppen auf dem Vormarsch durch ein norwegisches Dorf, das von der Luftwaffe in Brand geschossen wurde. Abgesehen von der schlecht koordinierten Kommando- und Kontrollstruktur befanden sich die französischen und britischen Truppen durch die fast vollständige Luftherrschaft der Deutschen in einer sehr ungünstigen Lage.

Auch im Lager der Alliierten gab es Veränderungen. In Großbritannien war Chamberlain noch immer Premierminister, doch der französische Ministerpräsident Édouard Daladier, der wie sein britischer Amtskollege gegenüber Deutschland eine Politik der Beschwichtigung vertreten hatte, wurde Ende März durch Paul Reynard und dessen neues Kabinett abgelöst. Reynard war einer der wenigen, die de Gaulles Konzeption von einer regulären Panzerkernarmee des französischen Heeres unterstützten. Er war sich mit Chamberlain darüber einig, dass weder Großbritannien noch Frankreich einen Separatfrieden mit Deutschland schließen sollten.

Es wurde April und von deutscher Seite fand noch immer kein Angriff statt. Erleichtert darüber, äußerte Chamberlain seinen Landsleuten gegenüber: „Hitler hat die Gelegenheit verpasst." Es sollte nur wenig länger als einen Monat dauern, dass er seine Worte würde zurücknehmen müssen.

In den ersten Monaten des Jahres 1940 hatten sich beide Seiten mit wachsender Aufmerksamkeit Norwegen zugewandt. Großbritannien und Frankreich gedachten nicht nur durch dessen Territorium Truppen und Nachschub nach Finnland zu transportieren, sondern waren auch über die schwedischen Erzlieferungen an Deutschland besorgt, die in den Wintermonaten über den norwegischen Hafen Narvik abgewickelt wurden. Auch die deutsche Marine sah in Norwegen eine ideale Basis im hohen Norden, von der Überfälle auf die Routen der britischen Handelsschifffahrt im Nordatlantik starten konnten. Hitler wies daher an Pläne für eine Invasion in Norwegen aufzustellen. Ähnliche Pläne Großbritanniens und Frankreichs wurden jedoch durch die Kapitulation Finnlands vereitelt, die beiden Staaten den Vorwand zum Handeln nahm. Ende März beschlossen sie, stattdessen die norwegischen Hoheitsgewässer zu verminen und Truppen in Bereitschaft zu halten, die nach Norden geschickt werden könnten, wenn Deutschland in Norwegen eindringen sollte.

Nachdem die Regierungen Schwedens und Norwegens verständigt worden waren, stachen am 5. April die Minenschiffe in See. Hitler hatte jedoch bereits den Befehl zur Invasion gegeben. Während ein Teil der Verbände Jütland und die dänischen Inseln besetzte, sollten die Expeditionsverbände in sechs Gruppen an verschiedenen Punkten der langen norwegischen Küste anlanden. Die beiden Gruppen mit Kurs auf Narvik bzw. Trondheim wurden am 7. April von Flugzeugen der Royal Air Force ausgemacht, doch ein Sturm hinderte die Royal Navy daran, die feindlichen Schiffe abzufangen. Der deutsche Angriff fand am 9. April statt. Dänemark war nach weniger als 24 Stunden besetzt. Fallschirmtruppen nahmen wichtige norwegische Flugplätze ein, die der deutschen Luftwaffe als Stützpunkte dienen sollten. Die Hauptstadt Oslo war rasch genommen. Der einzige norwegische Erfolg an diesem Tag war die Versenkung des Kreuzers „Blücher“ durch eine Küstenbatterie im Oslofjord.

Das erste britische Truppenkontingent stach am 11. April in See. Das geschah allerdings in ziemlichem Chaos; die Truppen gingen an Bord, um ihre Schiffe kurz darauf wieder zu verlassen, und verloren dabei einen großen Teil ihrer schweren Ausrüstung. Der Feldzug sollte in der Tat von Verwirrung und Durcheinander beherrscht werden, die durch die fehlende Abgrenzung der Befehls- und Kontrollbereiche auf den höheren Kommandoebenen hervorgerufen wurden. Der Plan der Alliierten sah vor die Truppen an der norwegischen Küste anzulanden. Sie sollten dann mit den örtlichen norwegischen Verbänden zusammenarbeiten um den deutschen Vorstoß nach Norden aufzuhalten und die in Trondheim und Narvik gelandeten Gruppen zu zerschlagen. Allerdings hatten die Deutschen die fast vollständige Luftherrschaft inne und waren auch in der Lage die alliierten Truppen zu umgehen. Die alliierten Verbände mussten daher einer nach dem anderen evakuiert werden. Nur in Narvik hatten sie Erfolg; sie schnitten die dort operierenden Deutschen ab und nahmen Ende Mai schließlich den Hafen ein. Der deutschen Garnison gelang es dabei, über die Grenze nach Schweden zu entkommen. Zu dieser Zeit stand den Alliierten viele hundert Meilen südwärts eine Katastrophe ins Haus und Anfang Juni wurde die Narvik-Streitmacht, die sich nun in einer gefährlichen Lage befand, zurückgezogen. Damit war Norwegen vollständig unter deutscher Kontrolle.

Am 10. Mai 1940 begann der lang erwartete deutsche Überfall auf den Westen. Am selben Tag wurde der britische Premierminister Neville Chamberlain von Winston Churchill abgelöst. Theoretisch schienen die Alliierten gut gerüstet und ein ernst zu nehmender Gegner zu sein. Die Niederlande konnten zehn Divisionen ins Feld schicken; ihre zahlreichen Wasserwege bildeten zudem gute natürliche Hindernisse. Die belgische Armee verfügte über 22 Divisionen. In Belgien gab es nun anstelle der alten Forts der Festung Lüttich (Liège) von 1914 moderne Verteidigungsanlagen. Frankreich hatte nicht weniger als 104 Divisionen mobil gemacht und das Britische Expeditionskorps war bis Mai 1940 auf zehn Divisionen angewachsen. Ihnen standen mehr als 135 deutsche Divisionen gegenüber. Diese nüchternen Zahlen sagten allerdings nicht viel über die Situation der jeweiligen Streitmacht.

Das niederländische Heer war schlecht ausgerüstet und seine Kampfmoral von pazifistischem Gedankengut beeinflusst – das Ergebnis von mehr als hundert Jahren strikter Neutralität. Auch der belgischen Armee fehlte es an moderner Kampftechnik; besonders betroffen war hier die Flakartillerie. Das Britische Expeditionskorps machte einen modernen Eindruck, denn es war die einzige Streitmacht, die das Pferd gänzlich durch motorisierte Transportmittel ersetzt hatte. Einige seiner kurz zuvor eingetroffenen Divisionen waren jedoch nur teilweise ausgerüstet und unvollständig ausgebildet. Die französischen Armeen ganz im Norden zeigten sich im Allgemeinen in gutem Zustand, doch im Zentrum standen Verbände, die sich zum größten Teil aus Soldaten niederer Dienstgrade zusammensetzten.

Die französische Artillerie war der deutschen zwar im Verhältnis von 10 : 7 überlegen, doch stammte ein Großteil der Bewaffnung noch aus den Jahren 1914–1918 und wurde noch immer von Pferden transportiert. Was die Panzer betraf, so besaßen die Niederlande keinen einzigen und Belgien nur zehn. Frankreich und Großbritannien dagegen verfügten über 3370 Stück, Deutschland über 2445. Die deutschen Panzerkräfte waren allerdings konzentriert; der Hauptteil war der Heeresgruppe A angegliedert, die den entscheidenden Stoß durch die Ardennen führen sollte. Frankreich hatte zu jener Zeit bereits drei Panzerdivisionen aufgestellt; die schweren Tanks vom Typ Char B und die schnellen Somua-Panzer sahen zwar eindrucksvoll aus, doch sie waren nicht mit Funk ausgerüstet, und so fehlte ihnen die Beweglichkeit der deutschen Panzerdivisionen. Außerdem war der Großteil der französischen Panzerwaffe für die Unterstützung der Infanterie vorgesehen und somit in viele kleine Einheiten aufgesplittert. Die britische Panzerdivision war für den Transport nach Frankreich noch nicht bereit; bei den verfügbaren 310 Tanks handelte es sich hauptsächlich um leichtere Aufklärungsfahrzeuge, die auf die Infanteriedivisionen aufgeteilt waren.

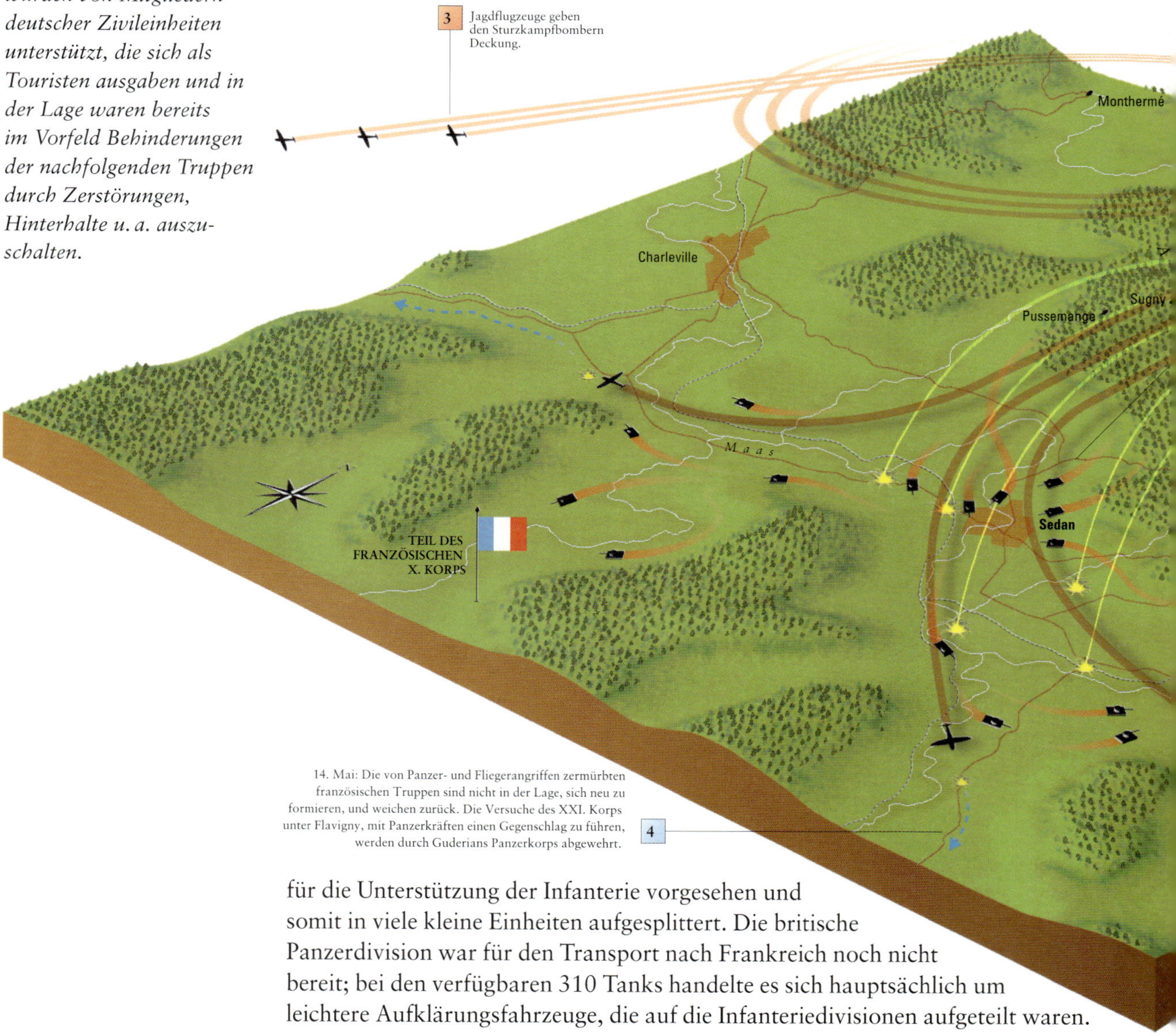

Der entscheidende Vorstoß des von Guderian befehligten XIX. Panzerkorps im Mai 1940 durch die dicht bewaldeten und unwegsamen Ardennen. In der Annahme, dass die Deutschen ihre Panzerverbände nicht durch dieses Gebiet schicken würden, hatten die Alliierten hier nur leichte Kräfte zur Verteidigung der Region eingesetzt. Guderian und die Befehlshaber des XV. und des XXXXI. Panzerkorps, Hoth und Reinhardt, wurden von Mitgliedern deutscher Zivileinheiten unterstützt, die sich als Touristen ausgaben und in der Lage waren bereits im Vorfeld Behinderungen der nachfolgenden Truppen durch Zerstörungen, Hinterhalte u. a. auszuschalten.

Was die Situation der Fliegerkräfte betraf, war die Überlegenheit der Deutschen gar noch deutlicher. Die Luftwaffe hatte über 4000 Maschinen im Einsatz, bei denen es sich fast ausschließlich um moderne Typen handelte. Die Alliierten besaßen nur rund 3000 Flugzeuge, die zum Teil jedoch veraltet waren. Hinzu kam, dass die Deutschen den Winter genutzt hatten, die Erfahrungen aus dem Polenfeldzug umzusetzen und das Zusammenwirken von Luft- und Bodentruppen bis ins Einzelne zu verbessern. Die Alliierten gaben derweil noch immer nur Lippenbekenntnisse zur diesem lebenswichtigen Aspekt der modernen Kriegführung ab.

Die größte Schwäche der Alliierten war jedoch ihre Ausrichtung auf einen starren Verteidigungskrieg. Sie widerspiegelte sich in der schwerfälligen Befehlskette insbesondere in dem wichtigen Gebiet im Norden Frankreichs. Der Oberbefehlshaber der französischen und der alliierten Streitkräfte in Frankreich, Maurice Gamelin, der völlig auf das zivile Telefonnetz vertraute, hatte die Leitung der Operationen dem untergeordneten Hauptquartier des Oberkommandierenden der Nordostfront, des Generals Alphonse Georges, übertragen – und das, obwohl Gamelin den Operationsplan selbst aufgestellt hatte und er und Georges persönlich

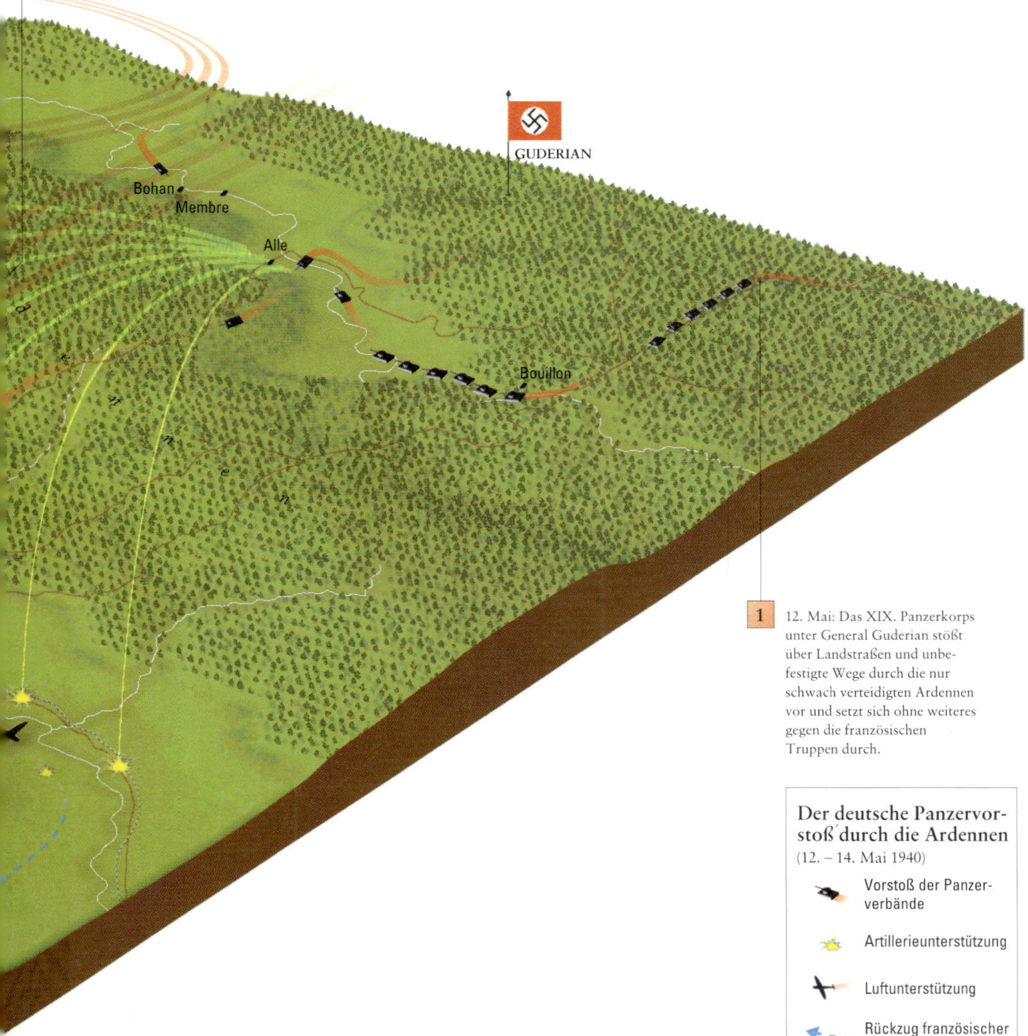

2 13. Mai: Guderian startet vier Angriffe über die Maas; unter dem Schutz von Stukas werden am Westufer der Maas drei Brückenköpfe errichtet.

1 12. Mai: Das XIX. Panzerkorps unter General Guderian stößt über Landstraßen und unbefestigte Wege durch die nur schwach verteidigten Ardennen vor und setzt sich ohne weiteres gegen die französischen Truppen durch.

Der deutsche Panzervorstoß durch die Ardennen
(12. – 14. Mai 1940)

- Vorstoß der Panzerverbände
- Artillerieunterstützung
- Luftunterstützung
- Rückzug französischer Truppen

Von Pferden gezogene deutsche 105-mm-Haubitze im Mai 1940 in Frankreich beim Übergang über eine Pontonbrücke.

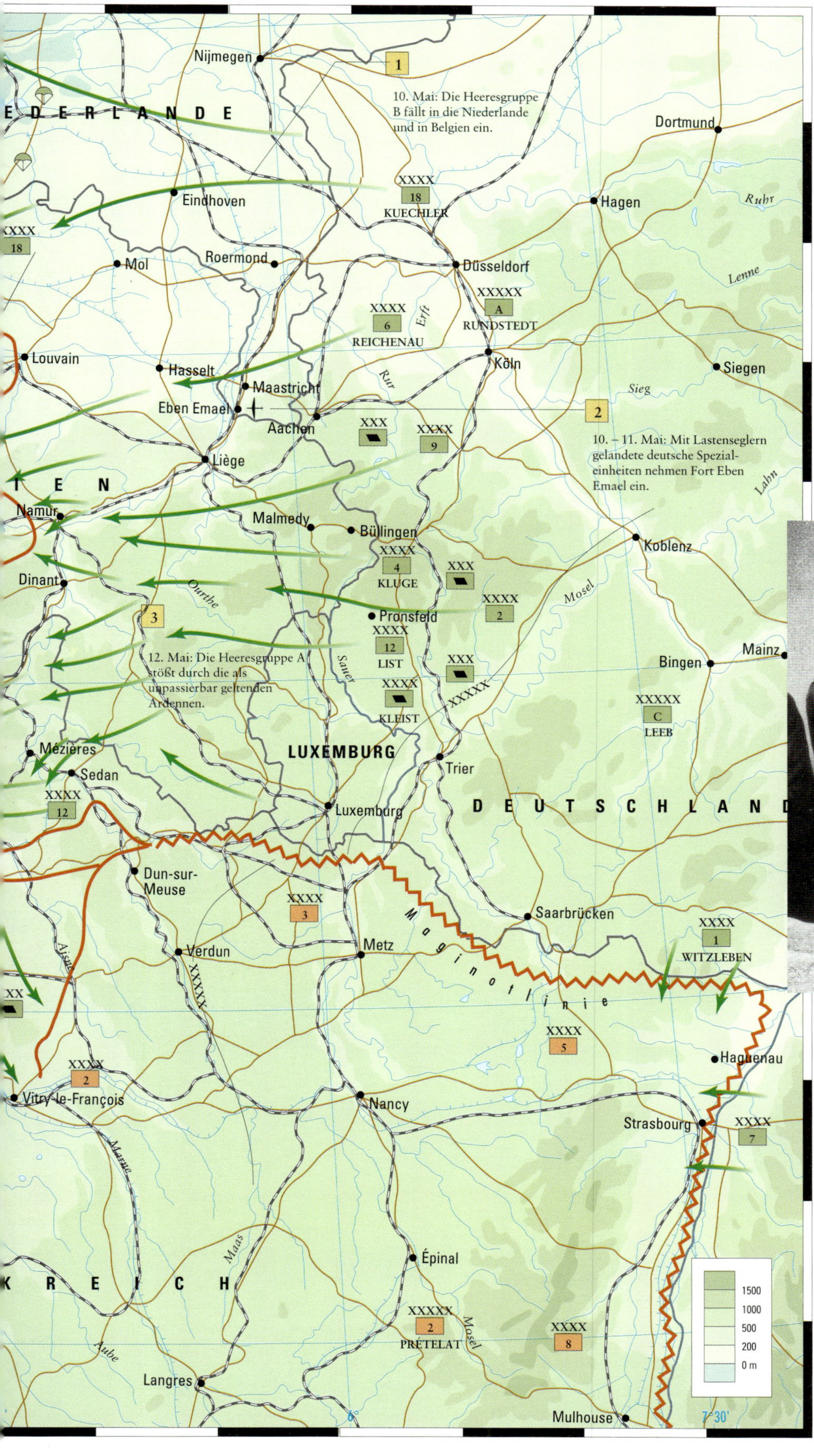

Hitler mit Alfred Jodl (links), dem Chef des Wehrmachtsführungsstabes und Keitel, dem Chef des OKW. Der Feldzug im Westen war das erste militärische Unternehmen, bei dem Hitler in die Operationsführung eingriff. Mit dem Fortschreiten des Krieges sollten sich seine diesbezüglichen Aktivitäten verstärken.

nicht gut miteinander auskamen. Georges führte zwei französische Armeegruppen sowie das Britische Expeditionskorps, dessen Oberbefehlshaber sich in seinen Entscheidungen auf die britische Regierung berufen durfte. Gamelin befehligte sämtliche Bodentruppen, hatte jedoch keine direkte Kontrolle über die französische Luftwaffe, deren zwei Hauptquartiere mitunter gegensätzliche Befehle ausgaben.

Den deutschen Angriff eröffnete die Luftwaffe, die wie immer entschlossen war, die alliierten Fliegerkräfte noch am Boden zu vernichten. Außerdem wurde eine Reihe von Luftlandeoperationen durchgeführt, deren Ziel die Sicherung wichtiger Brücken und eines Flugplatzes in den Niederlanden war, wo die per Lufttransport ankommenden Verstärkungen landen konnten. In Belgien nahm eine deutsche Luftlandeabteilung im Handstreich die Schlüsselstellung der belgischen Verteidigungswerke ein, das als uneinnehmbar geltende Fort Eben Emael. Diesen Angriffen folgten die deutschen Panzerspitzen. Inzwischen marschierten die alliierten Armeen laut Plan aus dem nördlichen Frankreich in Nordbelgien ein ohne bis ins Letzte zu begreifen, welche Gefahr von Süden her drohte.

Zu der von Rundstedt befehligten Heeresgruppe A gehörte eine Panzergruppe von sieben Divisionen, die in drei Korps zusammengefasst waren. Ihnen folgten fünf motorisierte Infanteriedivisionen und dann der Hauptteil der Infanterie, der noch zu Fuß marschierte. Die Panzerdivisionen stürmten in die Ardennenwälder und fegten die leichten belgischen Verbände – die einzigen Verteidigungskräfte, die hier standen – hinweg. Nach zwei Tagen erreichten sie die Maas und bereiteten sich angesichts der Verteidigungen auf dem fernen jenseitigen Ufer auf die Überquerung des Flusses vor.

Die überrumpelten Niederländer hatten nur geringe Chancen den Eindringlingen zu widerstehen. Sie mussten bereits nach fünf Tagen kapitulieren. Ein wichtiger Teil des Hafens von Rotterdam wurde durch Luftangriffe zerstört, als die Garnison der Stadt zögerte sich den Deutschen zu ergeben. Die Anstrengungen der Alliierten, den deutschen Vormarsch in Belgien durch Luftangriffe auf die Brücken aufzuhalten, schlugen fehl und forderten unter den Fliegerkräften große Opfer. Die Dylelinie hielt dennoch.

Mit Unterstützung der Luftwaffe kamen die Panzer in weniger als einem Tag zügig über die Maas. Die Ju 87 selbst erwies sich in der Tat als eine hocheffektive fliegende Artilleriewaffe, deren Sirene, vor dem Stürzen eingeschaltet, eine stark demoralisierende Wirkung auf die französischen Verteidiger hatte. Die Franzosen versuchten nun einen Gegenangriff mit dem von Flavigny befehligten XXI. Korps, zu dem auch eine Panzerdivision gehörte. Da die Befehle zu langsam übermittelt wurden und das Betanken der Panzer zu lange dauerte, traf diese Division zu spät ein, so dass der Angriff nicht stattfinden konnte. Die Alliierten versuchten dann, die Brücken, die die Deutschen

Panzergrenadiere sitzen von Halbkettenfahrzeugen des Typs SdKfz 251 ab. Diese Fahrzeuge leisteten dem deutschen Heer gute Dienste. Gegen Ende des Krieges gab es davon 21 Varianten, die vom Kommandeurswagen bis zu mobilen Fla-Geschützen reichten. Während des Feldzuges in Frankreich wurde die Mehrzahl der Panzergrenadiere jedoch mit Lastwagen transportiert. Erst 1941 waren diese Verbände voll mit den gepanzerten Mannschaftswagen ausgerüstet.

über die Maas geschlagen hatten, durch Luftangriffe zu zerstören. Wie in Belgien, so schlugen die Anstrengungen auch hier fehl und brachten den Fliegerkräften sogar noch höhere Verluste als im Nachbarland ein.

Die Panzer brachen nun aus ihren Brückenköpfen aus und stießen nach Westen vor. Da die Alliierten jetzt die Gefahr erkannten, die ihren Truppen am Dyle drohte, erging der Befehl zum Rückzug nach Frankreich. Die Situation wirkte ernüchternd auf die Soldaten, die der Meinung waren ihre Sache gut gemacht zu haben. Ihre Enttäuschung steigerte sich noch durch die wachsende Zahl der Flüchtlinge, die wie sie nach Westen zogen. Auch begannen Gerüchte über eine deutsche Fünfte Kolonne umzugehen, die hinter den Linien operieren sollte. Diese Vorstellungen waren teilweise auf die Wirkung der deutschen Luftlandungen am ersten Tag des Feldzuges zurückzuführen.

In den folgenden zwei Wochen schlug die Panzergruppe Kleist eine tiefe Schneise von der Maas bis an die Kanalküste. Die Versuche der Alliierten, mit ihren Panzerkräften Schläge gegen die deutschen Flanken zu führen, scheiterten zum großen Teil, da das alliierte Oberkommando nicht in der Lage war schnell genug zu reagieren. Ein Angriff zeigte jedoch, was man vielleicht hätte erreichen können. Zwei britische Infanteriebataillone und eine Panzerbrigade führten am 21. Mai im Raum Arras einen Schlag gegen die Flanke der von Generalmajor Erich Rommel geführ-

ten 7. Panzerdivision und gegen die SS-Panzergrenadierdivision „Totenkopf“ und warfen die gegnerischen Verbände einige Kilometer zurück. Doch der Angriff war in seinem Umfang zu unbedeutend, als dass er mehr als nur zeitweilige Wirkung haben konnte. Dennoch fürchtete das Oberkommando wie bereits in Polen, die Panzer könnten zu weit vorpreschen, was Guderian, ein energischer Panzergeneral, sehr verdross. Doch mit der Zeit wuchs der Verschleiß bei Mannschaften und Material und die Verbände mussten anhalten, damit die Besatzungen ausruhen und der Nachschub, insbesondere die Tankfahrzeuge, herankommen konnten.

Am 22. Mai erreichten die Panzerdivisionen die Kanalküste und schwenkten nun nach Norden um die Häfen Boulogne und Calais einzunehmen. Unter dem wachsenden Druck der Heeresgruppe B, abgeschnitten von den französischen Truppen südlich der Somme, wurden die im Norden stehenden alliierten Armeen, darunter

Deutsche 88-mm-Panzerabwehrkanone und zwei französische Somua-Panzer, die soeben außer Gefecht gesetzt worden sind. Die 88er war im Zweiten Weltkrieg zweifellos die stärkste Pak, mit ihr wurden später die PzKw VI „Tiger“ bestückt. Ursprünglich als Fliegerabwehrwaffe entwickelt, stellte sie eine der wichtigsten Waffen der Flak-Truppe dar.

auch die belgische Armee, eingeschlossen; hinter ihnen befand sich nur noch die Kanalküste. Am folgenden Tag gab Rundstedt, besorgt über den Zustand der Panzerdivisionen, den Befehl zu einem 24-stündigen Halt. Das verschaffte den alliierten Truppen in der immer enger werdenden Verteidigungszone eine Ruhepause. Am 25. Mai jedoch kündigte das belgische Oberkommando an, dass seine neben dem Britischen Expeditionskorps kämpfenden Truppen nicht mehr viel länger aushalten könnten, da jetzt praktisch das ganze Land überrannt sei.

Für Lord Gort war das eine bedenkliche Nachricht, denn eine Kapitulation Belgiens würde das Britische Expeditionskorps praktisch in der Luft hängen lassen. Er glaubte, dass es für sein Land wichtiger sei einen möglichst großen Teil der Truppen und Ausrüstungen zu retten, als den Kampf an der Seite der Alliierten fortzusetzen und die Vernichtung der Verbände zu riskieren. Churchill stimmte ihm zu, und so begann am 26. Mai die Evakuierung des Britischen Expeditionskorps aus Dünkirchen. Unterdessen erklärte Göring, seine Luftwaffe könne die Vernichtung der eingekesselten alliierten Truppen vollenden. Hitler willigte ein und verlängerte den Haltebefehl für die Panzer, damit diese sich auf die zweite Phase der Operation, die Besetzung des restlichen Frankreich, vorbereiten konnten.

Belgien kapitulierte am 27. Mai, während die Räumung Dünkirchens in vollem Gange war. In der darauf folgenden Woche pendelten Schiffe aller Größen und Bauarten zwischen der englischen und der französischen Kanalküste. Jäger der Royal Air Force mühten sich die Luftwaffe von ihnen fern zu halten. Dennoch gingen viele Schiffe verloren. Immerhin gelang es aber, nicht weniger als 220 000 britische und 120 000 französische und belgische Soldaten von den Stränden des Dünkirchener Raumes aufzunehmen und nach Großbritannien zu bringen. Damit hatten sich Görings Prahlereien als leere Worte erwiesen.

Am 5. Juni schwenkten die deutschen Armeen nach Süden und bestürmten die eilig aufgebauten französischen Verteidigungen an der Somme und der Aisne. Innerhalb von 24 Stunden hatten sie die Verteidigung durchbrochen und die Panzer wüteten ein weiteres Mal. Viele französische Soldaten kehrten nach der Evakuierung

Französische und britische Soldaten, unter ihnen auch einige Verwundete, die es nicht geschafft hatten, vom Strand auf die Evakuierungsschiffe zu kommen. Sie erwartete die Kriegsgefangenschaft, die fünf Jahre dauern sollte.

in ihre Heimat zurück, wo sie in das wachsende Durcheinander verwickelt wurden. Großbritannien versuchte ein zweites Expeditionskorps zu entsenden um seinem heimgesuchten Verbündeten zu helfen, doch nach der Landung der Vorausabteilungen bei Cherbourg stellte sich heraus, dass die Lage hoffnungslos war.

Am 10. Juni kündigte Mussolini an, er werde Großbritannien und Frankreich am nächsten Tag den Krieg erklären. Damit erfüllte er das Versprechen, das er Monate zuvor Hitler gegeben hatte. Frankreich erklärte Paris zur offenen Stadt, um seiner Hauptstadt das Schicksal Warschaus zu ersparen, und am 14. Juni marschierten deutsche Truppen ein. Zu dieser Zeit hatte der Angriff der Heeresgruppe C auf die Maginotlinie, die nun vom Westwall in ihrem Rücken bedroht wurde, bereits begonnen. Am 16. Juni trat Reynaud zurück und die Franzosen legten ihr Schicksal in die Hände von Marschall Henri Pétain. Der neue Ministerpräsident bemühte sich unmittelbar nach seinem Regierungsantritt um einen Waffenstillstand mit Deutschland. Am 20. Juni drangen italienische Truppen in Südfrankreich ein. Zwei Tage darauf wurde in demselben Salonwagen, in dem im November 1918 der Krieg beendet wurde, ein französisch-deutscher Waffenstillstandsvertrag unterzeichnet. Der Waffenstillstandsvertrag mit Italien trat am 24. Juni in Kraft.

Deutsche Besatzer verhaften verdächtige polnische Juden. Anfangs wurden die meisten in Ghettos eingesperrt, wo sie langsam verhungerten. Ab 1942 verfolgten die Nazis gegenüber den Juden eine Politik der Massenvernichtung, deren Ergebnis beispielsweise die Todeslager in Auschwitz und Treblinka waren.

Im Verlauf von nur sechs Wochen hatten die Deutschen Westeuropa überrannt; die Zahl der Opfer auf ihrer Seite belief sich auf 40 000 Gefallene und Vermisste. Der Rest der Welt war wie betäubt, doch das Geheimnis, das sich hinter dem deutschen Erfolg verbarg, war simpel: Die Geschwindigkeit der Operationen ermöglichte es ihnen, die Initiative zu ergreifen und bis zum Schluss nicht wieder abzugeben. Das alliierte Kommando, die Kontroll- und Kommunikationssysteme waren nicht in der Lage gewesen die Situation zu meistern, und eine rechtzeitige Reaktion auf die deutschen Manöver erwies sich immer mehr als unmöglich.

Großbritannien stand nun allein und die meisten meinten, das Land werde ohne Friedensschluss mit Hitler nicht lange überleben. Der gleichen Auffassung war Hitler. Doch Churchill hatte unmittelbar nach der Evakuierung seiner Truppen aus Dünkirchen klargestellt, dass Großbritannien und sein Weltreich den Kampf fortzusetzen gedachten. Doch die Mittel dafür waren begrenzt. Genügend Truppen mit Mannschaften aufzufüllen war kein Problem. Tatsächlich warteten viele Männer noch immer darauf, zum Wehrdienst einberufen zu werden, denn die Regierung wollte nicht den Fehler von 1914 wiederholen, als es für viele Tausende von Freiwilligen keine Waffen und Ausrüstungen gab. Auch wurde nun stärker darauf geachtet, dass Männer aus kriegswichtigen Industriezweigen nicht zum Militär kamen. In der Zeit von 1914 bis 1918 war das Gegenteil eingetreten, so dass schließlich Arbeiter für die Bergwerke verpflichtet werden mussten, damit die Kohleproduktion gesteigert werden konnte. Auch von den Frauen erwartete man, dass sie in irgendeiner Weise für den Krieg tätig wurden – ganz gleich, ob bei den Streitkräften, in der Industrie, in der Landwirtschaft oder im Staatsdienst. Nur Mütter mit kleinen Kindern waren davon ausgenommen.

Diese Maßnahmen und der bereits vor dem Krieg in Angriff genommene Aufbau von „Schatten"fabriken, die schnell auf die Rüstungsproduktion umgestellt werden konnten, reichten nicht aus, um die verlorene Zeit der zwanziger und frühen dreißiger Jahre auszugleichen. In Wahrheit mangelte es insbesondere dem Heer an modernen Waffen, nicht zuletzt weil das Britische Expeditionskorps gezwungen gewesen war, seine schwere Ausrüstung in Frankreich zurückzulassen. Auch die Royal Air Force hatte besonders über Dünkirchen schwere Verluste an Jagdflugzeugen hinnehmen müssen. Dennoch waren die Briten – fast erleichtert darüber, dass sie von ihren Verbündeten auf dem Kontinent nicht behindert wurden, und angespornt durch Churchills Reden – entschlossen Widerstand zu leisten.

Während Großbritannien eine totale Mobilisierung des Landes für den Krieg anstrebte, befand sich Deutschland in vieler Hinsicht noch in einem Zustand des Friedens. Zwar gab es genau wie in Großbritannien auch hier Lebensmittelrationierungen, doch seine Wirtschaft erlebte kein so spürbares Ankurbeln, wie es notwendig war um einen langen Zermürbungskrieg führen zu können. Stattdessen kam es zu einem nur allmählichen Anwachsen der Rüstungsproduktion. Dennoch glaubten die meisten Deutschen im Mittsommer des Jahres 1940, dass die Feindseligkeiten nun beendet seien und das Land die Früchte seines Sieges genießen könne. Dass Hitler nach dem Fall Frankreichs auch wirklich 17 Heeresdivisionen auflöste, schien diese Ansicht nur zu bestätigen. Gleichzeitig musste er jedoch etwas bezüglich Großbritanniens unternehmen, das sich weigerte die Fakten anzuerkennen.

Am 1. Juli 1940 befahl Hitler Pläne für eine Landungsoperation in Großbritannien auszuarbeiten, setzte dafür jedoch keinen bestimmten Zeitpunkt fest. Die Entscheidung wurde durch eine Weisung bestätigt, die er über zwei Wochen später erließ, und die als voraussichtliches Angriffsdatum den 15. August nannte. Die Deutschen besaßen praktisch keinerlei Erfahrungen in der amphibischen Kriegführung, und so behandelten die Planer das Vorhaben lediglich als eine Flussüberquerung größeren Maßstabs. Damit wurde der Ruf des Kanals als widerspenstiges, launisches Gewässer völlig außer Acht gelassen. Die an der Operationsplanung beteiligten Militärs forderten eine Invasion auf breiter Front, doch die deutsche Marine machte starke Bedenken geltend. Sie müsste in diesem Falle den Kanal gegen die Royal Navy sichern, sah sich aber außerstande diese Aufgabe zu erfüllen. Folglich wurde die Frontlinie verkürzt; sie war aber trotzdem noch länger als die der Alliierten, die vier Jahre später in der Normandie landeten. Deutschland besaß keine Landungsschiffe zum Übersetzen der Heeresverbände an die englische Küste und so wurde eine gewaltige Operation in die Wege geleitet, mit dem Ziel auf den Wasserwegen Westeuropas Lastkähne, Barkassen und andere Schiffe einzusammeln. Es waren sich jedoch alle einig, dass eine Invasion erst dann möglich sei, wenn die deutschen Fliegerkräfte die Luftherrschaft über Südengland errungen hätten.

ABB. GEGENÜBER:
Ein Werbeplakat der Waffen-SS. Während der Feldzüge gegen Polen und Frankreich kam es bei der Waffen-SS zu Disziplinschwierigkeiten und die Verbände begingen Kriegsverbrechen. Später wurden sie im Feld zu einer hocheffektiven Truppe.

Mitte Juli begann Göring mit seinen Operationen. Fliegerkräfte der Luftwaffe versuchten durch Angriffe auf britische Geleitzüge die Jäger der Royal Air Force über den Kanal zu locken. Die Schiffe mussten zwar umgeleitet werden, doch die RAF ließ sich nicht überlisten. Zur gleichen Zeit unternahm Hitler einen letzten Versuch, mit Großbritannien zu einem Kompromissfrieden zu gelangen; sein Angebot wurde sofort zurückgewiesen. Ende Juli erkannte er, dass der 15. August ein zu ehrgeiziger Angriffstermin sei. Hitler verschob das geplante Landungsunternehmen, das die Tarnbezeichnung „Seelöwe" trug, auf den 15. September und betonte, dass die Operation vom Erfolg der Luftwaffe abhänge. Diese verstärkte ihre Anstrengungen in der „Luftschlacht um England". Nun kam auf britischer Seite die Vorkriegsentwicklung des Radar zu ihrem Recht. Damit konnten die Jäger der Royal Air Force vor dem anfliegenden Feind gewarnt werden und so rechtzeitig

Ein deutsches U-Boot vom Typ VII. Nach der Kapitulation Frankreichs glaubte Hitler irrtümlich, dass eine zweifache Bedrohung durch diese U-Boote und die deutsche Luftwaffe genügen würden Großbritannien um Frieden bitten zu lassen.

aufsteigen. Dieses Warnsystem, die Eigenschaften der Hurricane und der Spitfire und die begrenzte Reichweite des Hauptfeindes, der Me 109, erschwerten den Kampf der Luftwaffe. Unterdessen begannen britische Bomber die in den Häfen an der Kanalküste und an der Nordsee zusammengezogenen Übersetzmittel anzugreifen. Aus dem Sommer wurde Herbst und die RAF setzte sich noch immer zur Wehr. Hitler war gezwungen die Landungsoperation ein ums andere Mal zu verschieben. Am 17. September stellte er das Unternehmen „Seelöwe" auf unbestimmte Zeit zurück und wandte sich nun ostwärts. Seinen Gegner ließ er mit massiven nächtlichen Bombenangriffen auf dessen Städte büßen. Im Gegensatz zu Napoleon im Jahre 1805 ließ Hitler sein Heer nicht sofort von der Kanalküste abrücken. So blieb die Drohung einer Invasion für Großbritannien den ganzen Winter über bestehen.

Großbritannien hatte überlebt und Churchill glaubte, dass das Land gegen Hitler unbegrenzt aushalten könne. Großbritannien war von sich aus allerdings nicht stark genug Hitler zu schlagen, insbesondere da das Inselreich jetzt im Mittelmeer-

ANTON
WAFFEN-SS
EINTRITT NACH VOLLENDETEM 17. LEBENSJAHR

raum und in Nordafrika in einen Krieg gegen Italien verwickelt war und es sich angesichts der Aufrüstung in Japan nicht leisten konnte, seine Kräfte im Fernen Osten zu verringern. Großbritannien brauchte einen mächtigen Verbündeten, und das konnten nur die Vereinigten Staaten sein.

Der US-amerikanische Präsident Franklin Roosevelt zeigte viel Anteilnahme an der misslichen Lage Großbritanniens, doch die öffentliche Meinung in den Vereinigten Staaten war im Spätsommer 1940 noch fest gegen einen Kriegseintritt eingestellt; Meinungsumfragen zeigten, dass nur acht Prozent der Amerikaner bereit waren in den Krieg zu ziehen. Roosevelt war jedoch Realist und wusste, dass sein Land früher oder später in den Konflikt hineingezogen würde. Dann sollten die USA nicht so schlecht vorbereitet sein wie 1917. Folglich leitete Roosevelt einen massiven Ausbau der Rüstungsindustrie ein und rief ein umfangreiches Schiffbauprogramm ins Leben. Auch erlangte er die Zustimmung des Kongresses zu dem

Mitglieder einer Einsatzgruppe begleiten polnische Juden in ein Konzentrationslager. 1939 hatte Polen den größten jüdischen Bevölkerungsanteil in Europa. Mehr als die Hälfte der jüdischen Bürger wurde von den Nazis ermordet.

Vorschlag, National Guard und Reservisten zu einem einjährigen aktiven Dienst einzuberufen und eine begrenzte Wehrpflicht einzuführen.

Was seine Beziehungen zu Großbritannien betraf, so war Roosevelt vorsichtiger, da im November wieder Präsidentschaftswahlen stattfinden würden. Im August jedoch einigte er sich mit Churchill, dass die US-amerikanische Marine Großbritannien im Austausch für die Überlassung britischer Flottenstützpunkte in der Karibik 50 Zerstörer älterer Bauart übergeben sollte. Diese Schiffe wurden dringend als Geleitschutz für die Schiffskonvois gebraucht, da die deutschen U-Boote, die jetzt von den französischen Atlantikhäfen aus operierten, die für die Briten lebenswichtige Schifffahrtsroute über den Atlantischen Ozean ernsthaft bedrohten. Das war der einzige aktive Schritt, den Roosevelt unternahm, obwohl die Berichte amerikanischer Korrespondenten über die Großangriffe der deutschen Luftwaffe auf britische Städte langsam die Auffassung der amerikanischen Öffentlichkeit änderten.

Roosevelts Vorsicht zahlte sich aus; der Präsident wurde für eine weitere Amtsperiode gewählt. Zu jenem Weihnachtsfest ließ er das amerikanische Volk wissen, dass der Krieg um vier bedeutende Freiheiten geführt wurde: um die Freiheit der Rede und der Religion und um die Freiheit von Angst und von Not. Um diese Freiheiten zu unterstützen, müssten die USA „das Arsenal der Demokratien" werden. Dieser Linie folgend, stellte er im Januar 1941 seinen Gesetzentwurf zu einem Leih-Pacht-System vor, der zwei Monate später vom Kongress bestätigt wurde. Das Prinzip dieses Systems bestand darin, dass Amerika kriegswichtige Güter an die Demokratien lieferte, die dafür nach dem Krieg mit Gegenlieferungen bezahlten. Roosevelt verglich die Kredite mit dem Verleihen eines Gartenschlauches an den Nachbarn, der damit ein Feuer löschen wolle. Die ersten Nutznießer des Leih-Pacht-Gesetzes waren Großbritannien und China.

Zur selben Zeit fanden in Washington, D. C., Geheimgespräche zwischen Vertretern der USA, Großbritanniens und Kanadas (ABC-Gespräche) statt. Ihr Ziel war der Entwurf einer gemeinsamen Strategie, die im Falle eines Kriegseintrittes der USA befolgt werden sollte. Die wichtigste Entscheidung bei der Zusammenkunft war die, dem Sieg über Deutschland den Vorrang zu geben, selbst wenn es mit Japan zu Feindseligkeiten käme. Obwohl keines der drei Länder formal durch diese Politik gebunden war, verschaffte sie den Vereinigten Staaten doch zumindest einen realistischen strategischen Rahmen, in dem sie ihre militärischen Pläne entwerfen konnten.

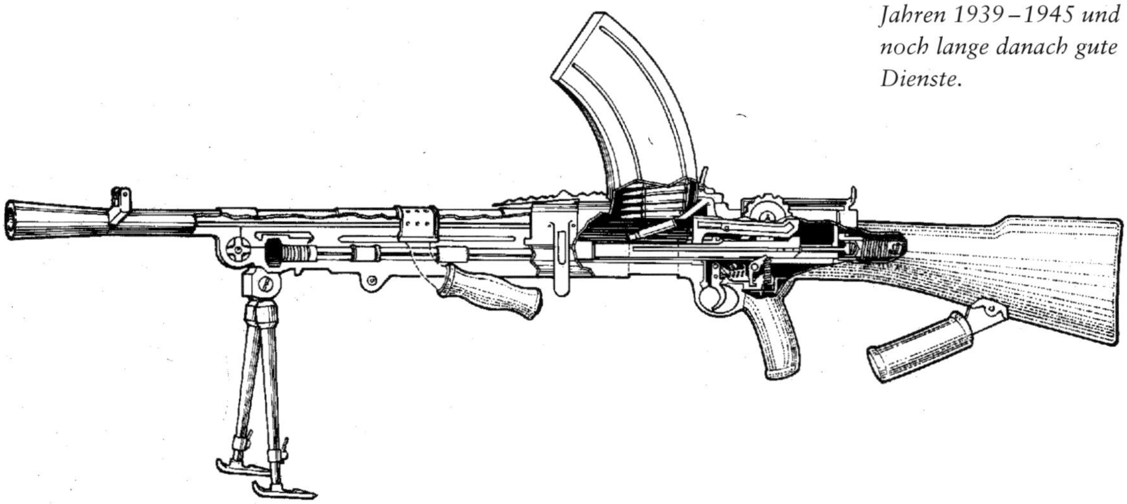

Ein britisches Bren-Modell, eines der erfolgreichsten leichten Maschinengewehre des Zweiten Weltkrieges. Die Waffe stammt eigentlich aus der Tschechoslowakei, ihre Bezeichnung „Bren" ist von der tschechischen Stadt Brno abgeleitet, deren Waffenfabrik das MG entwickelte. Das 1938 beim Militär eingeführte Maschinengewehr leistete dem britischen Heer in den Jahren 1939–1945 und noch lange danach gute Dienste.

Großbritannien unterstützte inzwischen mehrere Exilregierungen der von Deutschland okkupierten Länder. Dazu gehörten auch die Ausrüstung und Bewaffnung der Freiwilligenverbände – der so genannten Free Forces –, die es geschafft hatten, sich nach dem Inselreich durchzuschlagen. Im besetzten Europa hatten die Deutschen eine Reihe von Regierungen eingesetzt, die zumindest nach außen hin meist Zivilregierungen waren. Belgien und Nordfrankreich hingegen hatten wegen ihrer geografischen Nähe zu Großbritannien Militärregierungen. Frankreich war ein Sonderfall: Dem unbesetzten Süden des Landes wurde unter dem Vichy-Regime Pétains, das auch die französischen Gebiete in Afrika und im Fernen Osten kontrollierte, Autonomie zugestanden. Die Regierung Pétains hatte allerdings nur wenig Einfluss auf die Außenpolitik.

In den okkupierten Ländern traf man allgemein drei Haltungen gegenüber den Besatzern an. Auf der einen Seite waren jene wie beispielsweise Vidkun Quisling in Norwegen, die stark rechtsgerichtete Ansichten vertraten und die Besetzung durch die Deutschen als das Heraufdämmern eines neuen Europa ansahen. Nach Hitlers Überfall auf die Sowjetunion ließen sich einige Bürger, die diesen Einmarsch als

ABB. GEGENÜBER: *Deutsche Truppen auf den Pariser Champs-Élysées. Dass die 1. Armee 1914 kurz vor der französischen Hauptstadt aufgegeben hatte, machte den Einmarsch in Paris im Juni 1940 umso befriedigender.*

Kreuzzug gegen den Bolschewismus verstanden, sogar für die Fremdenlegionen der Waffen-SS anwerben. Auch der Antisemitismus veranlasste viele über die deutschen Judenverfolgungen hinwegzusehen, und manche halfen gar dabei. Die breite Masse des Volkes konzentrierte sich jedoch darauf, unter den Beschränkungen der Besatzer so gut wie möglich mit ihrem Leben zurechtzukommen. War damit ein gewisser Grad passiver Kollaboration verbunden, dann sollte es eben so sein.

Am anderen Ende des Spektrums standen jene, die zum Widerstand gegen die Deutschen entschlossen waren. Dieser Widerstand konnte passiv oder aktiv sein. Letzterer wurde in Form von Industriestreiks, Demonstrationen, Propaganda durch Untergrundzeitungen, Flugblättern oder an Mauern geschriebenen Losungen praktiziert. Zum aktiven Widerstand gehörte auch das Sammeln von Informationen, Hilfe für geflohene alliierte Kriegsgefangene und die Besatzungen abgeschossener Flugzeuge, Sabotage sowie direkte bewaffnete Aktionen gegen die Deutschen. Der Widerstand war zu keiner Zeit das Ressort einer einzelnen sozialen Klasse oder politischen Gruppierung; er schloss vielmehr alle Gruppierungen, Schichten und Klassen eines jeden Landes ein. Obwohl die Mehrheit der Bevölkerung, die versuchte ein so weit wie möglich normales Leben zu führen, einen schützenden Mantel über die Aktivitäten des Widerstands legte, waren dessen Mitglieder stets vom deutschen Nachrichtendienst, von Kollaborateuren und Informanten bedroht; enttarnte und verhaftete Mitglieder der Widerstandsorganisationen erwarteten häufig Folter und der Tod.

Deutsche Soldaten bei der Überprüfung der Ausweise französischer Zivilisten. Die Besetzung brachte eine ernsthafte Einschränkung der persönlichen Freiheiten mit sich. Um mit der Situation zurechtzukommen war die breite Masse zu einem gewissen Grad passiver Kollaboration gezwungen.

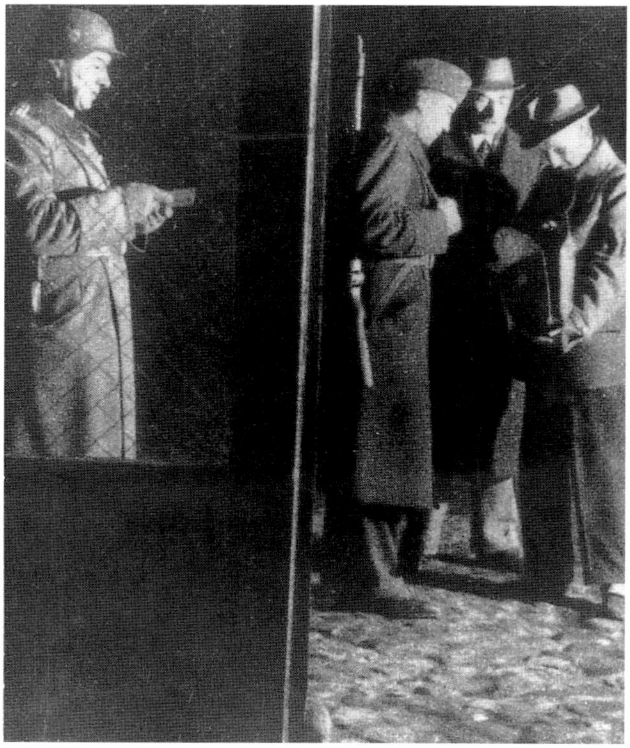

Die Widerstandsbewegungen hätten ohne Hilfe von außen niemals überleben, geschweige denn aufgebaut werden können. Deshalb ordnete Churchill im Juli 1940 den Aufbau einer Special Operations Executive (SOE) an. Ihre Mission war, mit seinen Worten ausgedrückt, „Europa in Brand zu stecken“. Verwirklicht werden sollte die Aufgabe, indem die SOE in den besetzten Ländern funktionierende Widerstandsnetze schuf, deren Operationen koordinierte und dafür sorgte, dass die Aktionen nicht dem Gesamtplan der Alliierten zuwiderliefen. Diese Mission wurde zum großen Teil durch die Einschleusung von Agenten erfüllt, die auch die Lieferung von Waffen und Sprengstoffen – meist auf dem Luftweg – organisierten. Von großer Bedeutung war, dass sich die Widerstandskämpfer den Glauben an eine letztendliche Befreiung zu Eigen machten. Die Rolle, die die britische Rundfunkanstalt BBC dabei spielte, kann nicht genug hervorgehoben werden; Ende 1943 wurden von hier Sendungen in 45 Sprachen ausgestrahlt.

Ein weiterer Faktor, der den Völkern des besetzten Europa Hoffnung gab, war die Royal Air Force. Die einzige Möglichkeit für Großbritannien direkt gegen die Deutschen zurückzuschlagen, war der Luftangriff. Der Lärm der RAF-Bomber am nächtlichen Himmel und die BBC-Berichte über deren Angriffe verschaffte den unter dem Nazijoch leidenden Menschen etwas Trost. Dennoch schien im Winter 1941 die Aussicht auf Befreiung noch sehr fern zu sein. Zudem standen die britischen Bodentruppen, die im Krieg eine aktive Rolle spielten, nicht in Europa, sondern jenseits des Mittelmeeres.

KAPITEL DREI

Mussolinis Traum: Der Kriegsschauplatz im Mittelmeerraum (1940–1941)

Italienische Infanterie im Sommer 1940 in einem ihrer befestigten Lager in Ägypten. Der Krieg in Nord- und Ostafrika war ursprünglich nur ein Konflikt zwischen Großbritannien und Italien. Die italienischen Truppen waren zwar zahlenmäßig überlegen, doch der allgemeine Ausbildungsstand und die Qualität der Waffen lagen unter dem Niveau ihrer Gegner. Als Rommel mit seinem kampfgestählten Afrikakorps auf dem Kriegsschauplatz erschien, mussten die Briten erkennen, dass dieser Feind viel ernster zu nehmen war. Erschwerend für die britischen Truppen kam hinzu, dass sie gezwungen waren in mehreren gleichzeitig stattfindenden Feldzügen zu kämpfen.

Der Kriegsschauplatz im Mittelmeerraum

Die Wüste war mit außer Gefecht gesetzten und brennenden Panzern übersät und voller Rauch und Staub; die Brigade war schwerem Beschuss ausgesetzt. So tobte die Schlacht: Abwehr und Vorstoß, ohne Hoffnung auf Verstärkung, da jede Einheit mit ihrem eigenen Kampf um Leben und Tod beschäftigt war und alle zu weit voneinander entfernt standen um einem anderen helfen zu können ... Das Granatfeuer verursachte Erscheinungen, die ich nur als gewaltige Staubfontänen beschreiben kann, und dazwischen sah ich die Infanterie in auseinander gezogener Formation vorrücken, während hier und da ein Panzer und einige Bren-Transporter sichtbar wurden. Es dauerte nicht lange, da beherrschte die ganze Wucht des feindlichen Artilleriefeuers die Szene und man konnte sich nur fragen, ob aus solch einem Inferno überhaupt jemand lebend herauskommen würde.

EIN BRITISCHER PANZERFAHRER AM 22. NOVEMBER 1941

Mussolinis Gesamtstrategie bis zu der Zeit, da der italienische Diktator sein Land im Juni 1940 in den Krieg führte, ist bis heute Diskussionsgegenstand unter den Historikern. In den dreißiger Jahren liebäugelte der Führer der italienischen Faschisten mit den westlichen Demokratien fast ebenso wie mit Hitler. Seine Anwesenheit in München während der tschechoslowakischen Krise und die Rolle, die er in jenen letzten Augusttagen des Jahres 1939 spielte, ließen ihn als internationalen Vermittler erscheinen. Dann wiederum zeigten seine Winkelzüge in den ersten neun Monaten des Krieges, dass er vielleicht einfach nur auf der Seite des Siegers stehen wollte. In Anbetracht der Ähnlichkeiten zwischen Faschismus und Nationalsozialismus und Mussolinis strategischer Ambitionen musste es wahrscheinlich so kommen, dass er sich zur Unterzeichnung des Stahlpaktes überreden ließ.

Der gewaltige Plan des italienischen Diktators verfolgte zwei Ziele. Mussolini wollte in Nordostafrika ein großes Kolonialreich schaffen. Dazu hatte er mit der Unterwerfung Äthiopiens zwar einen bedeutsamen Anfang gemacht, doch musste er zur Festigung seines Imperiums eine territoriale Verbindung zwischen Äthiopien und Eritrea auf der einen und Libyen auf der anderen Seite herstellen sowie das gesamte Horn von Afrika einnehmen. Ägypten, der Sudan und Britisch-Somaliland – fest gefügt unter britischem Schutz – standen seinem Vorhaben jedoch im Weg. Großbritannien blockierte Mussolini außerdem im Mittelmeer, das dieser als „Mare nostrum" betrachtete. Dabei erwies sich die mächtige britische Mittelmeerflotte als ernst zu nehmender Gegner für die italienische Marine.

Im Juni 1940 hatte es zumindest auf dem Papier den Anschein, als habe Mussolini eine relativ unkomplizierte Aufgabe vor sich. Großbritannien stand nach der Niederlage Frankreichs allein und war von einer offenbar kurz bevorstehenden Invasion bedroht. Das Land würde also kaum Verstärkungen in den Mittelmeerraum entsenden können. Der Hauptstützpunkt der britischen Mittelmeerflotte befand sich auf der Insel Malta, gegen die von Sizilien aus ohne weiteres Luftschläge geführt werden konnten. Im Fall eines Rückzuges hätte sich die Royal Navy auf die Peripherie beschränken und von Gibraltar oder Alexandria aus operieren müssen, während Italien dann das zentrale Mittelmeer beherrscht hätte. Zu Lande war die Situation für Italien noch günstiger. Der britische Oberkommandierende für den Nahen Osten, General Sir Archibald Wavell, hatte in Ägypten, in Palästina und im Irak 63 000 Soldaten stehen, die diese Gebiete nicht nur gegen eine äußere Bedrohung verteidigen sollten, welche nun auch von dem von Vichy-Frankreich beherrschten Syrien ausging, sondern sie mussten sie auch überwachen. In Palästina hatten die Araber bei ihren Protesten gegen den Zustrom jüdischer Flüchtlinge zur Gewalt gegriffen und die Situation konnte erst am Vorabend des Krieges, nach einem drei Jahre dauernden Feldzug gegen die Aufständischen, unter Kontrolle gebracht werden. Dagegen standen allein in Libyen 250 000 italienische und einheimische Soldaten. Im Süden, am Horn von Afrika, konnte Italien weitere 300 000 Mann aufstellen, während die britischen Garnisonen im Sudan, in Britisch-Somaliland und in Kenia lediglich 10 000 Mann stark waren. Bei den Fliegerkräften herrschte die gleiche Situation. Die italienische Luftwaffe verfügte in Afrika über fast 500 Flugzeuge und besaß weitere 1200 Maschinen, die von Italien aus eingesetzt werden konnten. Die Royal Air Force dagegen hatte in Ägypten, Palästina und Ostafrika zusammen nur 370 Flugzeuge, die zudem fast alle veraltet waren.

Dennoch startete Mussolini im Gegensatz zu Hitler keinen sofortigen Blitzkrieg. Der Krieg im Mittelmeerraum begann stattdessen mit vereinzelten Luftangriffen von beiden Seiten. Der Duce hatte jedoch Pläne zum Einmarsch der in Libyen stehenden Truppen in Ägypten, deren Umsetzung aber durch den Tod seines Befehlshabers in Libyen, des international bekannten Fliegers General Italo Balbo,

Italienischer Versorgungskonvoi in Libyen. Die Wüste bot gute Möglichkeiten für rasche Vorstöße, mit denen der Nachschubtransport allerdings nicht Schritt halten konnte, so dass die vorrückenden Verbände häufig angehalten werden mussten. Das war der hauptsächliche Grund für die Unstetigkeit des Kriegsglücks während des Feldzuges in Ägypten und Libyen.

einstweilig verhindert wurde. Der Mangel an Aktivität von italienischer Seite ermunterte die Briten ihre Taktik der Stoßtruppeinsätze beizubehalten, bei denen sie auch zwei italienische Grenzbefestigungen einnehmen konnten. Als Vergeltung eroberten italienische Verbände Grenzposten im Südsudan, drangen jedoch nicht weiter vor. Auf See erlebten die beiden Kriegsflotten am 9. Juli ihren ersten großen Zusammenstoß. Nachdem ihr Flaggschiff getroffen worden war, blieb die italienische Marine in den darauf folgenden Wochen im Hafen liegen.

Im August spitzte sich der Konflikt zu. Die italienischen Truppen besetzten in kurzer Zeit Britisch-Somaliland und bedrohten damit den Zugang zum Roten Meer. Zur gleichen Zeit organisierte der ins Exil gegangene Kaiser Haile Selassie I. in Äthiopien einen Aufstand. Auch Churchill hatte eine wichtige Entscheidung getroffen. Er hatte der Verstärkung der Mittelmeerflotte bereits zugestimmt und ließ nun 150 Panzer von Großbritannien nach Ägypten bringen. Um nicht etwa den Verlust der wertvollen Fracht im Mittelmeer zu riskieren wählte man für den Transport eine Route über Südafrika. Die Panzer hatten ihr Ziel allerdings noch nicht erreicht, als am 13. September der schon lange erwartete italienische Einmarsch in Ägypten begann.

Der britische Plan sah vor, jeglicher Feindberührung auszuweichen und sich dem Kampf erst dann zu stellen, wenn der italienische Vorstoß Marsa Matruch erreicht hatte, wo bereits Befestigungsanlagen vorbereitet worden waren. Der Grund dafür sollte das militärische Denken während des gesamten Wüstenfeldzuges bestimmen: Östlich von Marsa Matruch würde es stets eine offene Südflanke geben, die der Gegner ohne weiteres aufrollen könne. Bei Marsa Matruch indessen konnte sich jede Verteidigungsstellung im Süden auf die unpassierbare Qattara-Senke stützen. Zur Überraschung der Briten ging der italienische Vorstoß von Anfang an nur stockend voran und kam schon nach drei Tagen zum Stehen. Jetzt errichteten die Italiener etwa 100 Kilometer hinter der ägyptischen Grenze eine Reihe befestigter Lager und brachten Nachschub heran.

Einige Tage darauf trafen schließlich die Panzerverstärkungen aus Großbritannien ein und Wavell gab den Befehl zur Vorbereitung eines Gegenangriffs. Der ita-

lienische Oberkommandierende in Nordafrika, Marschall Rodolfo Graziani, erkannte, dass die britischen Panzer den italienischen nun in Anzahl und Qualität überlegen waren. Er beschloss trotz Mussolinis Drängen, keinen weiteren Vorstoß zu riskieren, und ließ seine Truppen in den befestigten Lagern.

Das Zentrum der Aufmerksamkeit verlagerte sich nun auf den Balkan. Mussolini, der Hitler den Erfolg in Nordeuropa neidete, musste feststellen, dass dieser seinen Blick nach Südosten gewandt hatte. Anzeichen dafür waren die Affinität zwischen Deutschland und dem Horthy-Regime in Ungarn sowie die deutschen Wirtschaftsinteressen in Rumänien, insbesondere das Interesse an den Ölfeldern von Ploeşti. Rumänien war im Juni 1940 gezwungen worden Territorium an die Sowjetunion abzutreten. Das ermunterte Bulgarien und Ungarn, nun ebenfalls Forderungen an Rumänien zu stellen. Besorgt, dass sie die Öllieferungen aus Ploeşti blockieren könnten, zwang Hitler Rumänien, Siebenbürgen zurückzugeben, das es nach dem ersten Weltkrieg von Ungarn gewonnen hatte. Dafür garantierte er die Sicherheit des restlichen rumänischen Territoriums. Das unmittelbare Ergebnis war ein Staatsstreich in Rumänien. König Karl II. wurde zum Abdanken gezwungen, und an die Macht kam ein weiterer „starker Mann“: General Ion Antonescu, der sein Land noch fester an Berlin anschloss.

Angesichts der Pattsituation in Afrika entschloss sich Mussolini, mit seinen in Albanien stationierten Truppen Griechenland anzugreifen. Seine Generäle beschwerten sich zwar, dass es dafür bereits zu spät im Jahr sei und dass die Verbände nicht ausreichend vorbereitet seien, doch er weigerte sich den Generälen Gehör zu schenken. Am 28. Oktober traf er am Brenner mit Hitler zusammen und teilte ihm mit, er habe seine Truppen an jenem Tag in Griechenland einmarschieren lassen. Hitler reagierte wütend über diese einseitige Entscheidung, musste sich jedoch mit der Situation abfinden. Die italienischen Verbände drangen durch das Gebirge vor, wurden jedoch von den griechischen Truppen ungeachtet der schlechten Vorbereitung auf den Überfall bald nach Albanien zurückgeworfen. Der einsetzende Winter verschlimmerte die missliche Lage der Italiener.

Ankunft italienischer Truppen in Libyen. Die meisten Verstärkungen und Nachschublieferungen wurden von Italien aus zwar auf dem Seeweg transportiert, waren dabei aber von der britischen Mittelmeerflotte bedroht. Großbritannien, das seine Nachschubtransporte nach Ägypten von den Italienern bedroht sah, mied den Weg durch das Mittelmeer und benutzte dafür die viel längere Route rund um Südafrika.

Jetzt traten Churchills Balkanambitionen aus der Zeit von 1914–1918 wieder auf den Plan. Der britische Premierminister erbot sich, Griechenland britische Truppen zu Hilfe zu schicken. Die Griechen indes zeigten sich zurückhaltend, da sie Sorge hatten, Großbritannien wolle sie in den Krieg gegen Deutschland hineinziehen. Sie akzeptierten dann doch die Entsendung von fünf Staffeln der Royal Air Force und erklärten sich auch einverstanden die auf Kreta stationierten Truppen von einer britischen Infanteriebrigade entlasten zu lassen. Diese Verbände und die Fliegerkräfte sollten Wavells ohnehin schon überdehntem Kommandobereich unterstellt werden.

Mussolinis selbstverschuldete Schlappe auf dem Balkan war eine zusätzliche Hoffnung für Wavells geplante Gegenoffensive in Ägypten, die in den frühen Morgenstunden des 9. Dezember unter strengster Geheimhaltung startete: Die daran beteiligten Soldaten glaubten, sie würden lediglich eine Truppenübung durchführen. Wavell konnte nur zwei Divisionen entfalten – die 7. Panzerdivision, die am Vorabend des Krieges in Ägypten aufgestellt worden war, und die indische 4. Division. Letztere musste er nach Eritrea schicken, wo sie Angriffsoperationen in Ostafrika eröffnen sollte. Folglich betrachtete er die Operation „Compass“ in Ägypten als ein nur fünf Tage dauerndes Überfallunternehmen. Sein anfänglicher Erfolg war glänzend. Die italienischen Verbände wurden völlig überrascht und ihre befestigten Lager waren schnell überrannt.

Wavell befahl die indische 4. Division nun nach Eritrea, doch traf gerade eine australische Division ein, die deren Platz einnahm. Deshalb ließ Wavell die Offensive fortsetzen. Unterstützt von den Geschützen der Royal Navy begann die Western Desert Force entlang der Küstenstraße vorzustoßen, drang nach Libyen vor und schloss Bardia ein. Die Hafenstadt kapitulierte am 5. Januar vor den australischen Truppen.

Der Faktor Balkan machte sich ein weiteres Mal störend bemerkbar. Churchill war zu einem festen Bündnis mit Griechenland entschlossen und legte Wavell nahe, dass der Einsatz weiterer britischer Truppen auf griechischem Boden den Vorstößen in Nordafrika gegenüber Vorrang besäße. Churchills Sorge wurde im Laufe des Januar durch Geheiminformationen über eine zunehmende deutsche Präsenz in

Die italienischen Truppen in Äthiopien kapitulierten am 27. November 1941 in Gondar vor den ostafrikanischen Verbänden. Sie erhielten die Erlaubnis, mit Fahne und Waffen abzumarschieren – eine traditionelle Art dem besiegten Feind gegenüber Respekt zu erweisen.

Rumänien und Bulgarien noch verstärkt. Diese Nachrichten waren größtenteils der Entzifferung des streng geheimen, mit der Verschlüsselungsmaschine Enigma kodierten deutschen Funkverkehrs durch die Ultra-Gruppe zu verdanken. Die Grundlagen für die Entzifferung waren von polnischen Wissenschaftlern entwickelt und nach der Kapitulation Polens nach Frankreich gebracht worden. Später, in Großbritannien, stand die Arbeit der Ultra-Gruppe im Mittelpunkt der Arbeit an der staatlichen Code and Cypher School in Bletchley Park. Mit zunehmender Erfahrung der Dechiffrierer spielte diese Gruppe eine immer wichtigere Rolle in der Kriegführung.

Griechenland leistete Churchills Druck weiterhin Widerstand. Dennoch war sich Wavell bewusst, dass er wahrscheinlich nur einen begrenzten Zeitraum zur Verfügung hatte um seine Operationen in Libyen zu beenden. Deshalb trug er seinen Angriff energisch vor. Am 22. Januar wurde Tobruk eingenommen, und Wavell benutzte diese bedeutende Hafenstadt um seine schnell länger werdenden Nachschublinien vom Nildelta durch die Wüste zu kompensieren. Sein Befehlshaber in Libyen, General Richard O'Connor, startete nun eine kühne Operation, mit der die italienische

10. Armee in Libyen völlig vernichtet wurde. Während die australische 6. Division entlang der Küstenstraße weiter vorstieß, sollte die 7. Panzerdivision über die Basis des „Frontvorsprungs" in der Cyrenaika, den Djebel el-Achdar, vorrücken und den italienischen Rückzug blockieren. Es war ein Rennen mit knappem Ausgang. Die britischen Panzer erreichten am 6. Februar die Küstenstraße südlich von Benghasi und gerieten dort mitten in die italienischen Verbände hinein, die sich auf dem Rückzug aus der Stadt befanden, welche die australischen Truppen am selben Tag eingenommen hatten. Nach zweitägigen Kämpfen kapitulierten die Italiener. Damit war die Cyrenaika nun vollständig in britischer Hand. Während des zweimonatigen Feld-

Der Feldzug in Ostafrika
(Juni 1940 – November 1941)
Angriffe italienischer Truppen
Gegenangriffe äthiopischer Truppen
Angriffe der Alliierten
Rückzug der Alliierten
ENGLISCH-ÄGYPTISCHER SUDAN
SAUDI-ARABIEN
JEMEN
Sana
Rotes Meer
ADEN-PROTEKTORAT
Haura
Mocha
Aden
Golf von Aden
ERITREA
Keren
Massaua
Asmara
Kassala
XXX
NORTHERN FORCE PLATT
XX
5 (ind.)
4 (ind.)
X
Gideon Force
Tigre
Gallabat
Gondar
Amba Alagi
Tana-see
Amhara
Dessie
FRANZ.-SOMALILAND
Djibouti
Karin
Berbera
BRITISCH-SOMALILAND
Diredawa
Harar
Jijiga
Addis Abeba
Ghimba
ÄTHIOPIEN (ABESSINIEN)
Djimma
Soddu
Walwal
Galladi
ENGL.-ÄGYPTISCHER SUDAN
Neghelli
Yabelo
Obbia
Belet Uen
Mega
Rudolf-see
Lugh Ferrandi
Moyale
1 (südafrik.)
Villagio Ducas degli Abruzzi
ITALIENISCH-SOMALILAND
0 100 km
0 100 Meilen
UGANDA
KENIA
Wajir
Mogadischu
Juba
Brava
FORCE F Unterstützungsgruppe der Royal Navy
SOUTHERN FORCE CUNNINGHAM
Tanaland
Victoria-see
Kismayu
1 (südafrik.)
11 (afrik.)
12 (afrik.)
Nairobi
3000
2000
1000
500
200
100
0 m
INDISCHER OZEAN
TANGANJIKA
1 4. Juli 1940: Einmarsch italienischer Truppen in den Sudan.
2 Juli – August 1940: Einmarsch italienischer Truppen in Britisch-Somaliland.
3 5. August 1940: Loyalität Französisch-Somalilands gegenüber Vichy-Frankreich.
4 19. August 1940: Evakuierung britischer Truppen.
5 Januar – Februar 1941: Rückeroberung Kassalas und Gallabats durch britische Truppen.
6 11. Februar 1941: Britischer Angriff auf Italienisch-Somaliland.
7 25. Februar 1941: Einnahme Mogadischus durch britische Truppen.
8 28. März 1941: Besetzung Diredawas durch britische Truppen.
9 6. April 1941: Befreiung Addis Abebas durch britische Truppen.

zuges waren 150 000 Italiener gefallen oder in Gefangenschaft geraten und 400 Panzer und 800 Geschütze verloren. Die Briten hatten 2000 Opfer zu beklagen.

Zur gleichen Zeit war Wavell auch mit der Offensive in Ostafrika beschäftigt. Am 19. Januar marschierten britische Truppen in Eritrea ein. Am darauf folgenden Tag überschritt Haile Selassie I. an der Spitze seiner Patrioten die sudanesisch-äthiopische Grenze. Kurze Zeit später drangen afrikanische Truppen von Kenia aus auf das Territorium Italienisch-Somalilands vor. Die Offensive im Süden entwickelte sich rasch und bereits am 25. Februar fiel die Hafenstadt Mogadischu, bevor der Vorstoß nordwestwärts nach Äthiopien schwenkte. Im Norden blockierte die Festung Keren das bergige Gelände von Eritrea. Die hier stehenden italienischen Verbände hielten die Briten zwei Monate lang mit einer erbitterten Schlacht auf, die sich unter fast unerträglicher Hitze und Wasserknappheit hinzog. Im März überquerte ein weiterer britischer Verband das Rote Meer, marschierte in das italienisch besetzte Britisch-Somaliland ein und befreite es rasch. Anfang April rückten Truppen von der Offensive im Süden in Addis Abeba ein und einen Monat später kehrte Kaiser Haile Selassie I. im Triumph in seine Hauptstadt zurück. Keren wurde Ende März schließlich eingenommen und der Vorstoß in Richtung Süden festgesetzt, auf die letzte wichtige Stellung der Italiener bei Amba Alagi, die am 18. Mai aufgegeben wurde. Das stellte praktisch das Ende des Feldzuges in Ostafrika dar, wenngleich der letzte italienische Widerstand in Äthiopien erst im November 1941 überwunden wurde. Dem britischen Erfolg in diesem Feldzug standen zur gleichen Zeit allerdings Krisen an den Küsten des Mittelmeeres gegenüber.

Britische Infanterie in der Westlichen Wüste unter Artilleriefeuer.

Kaum hatte Wavell die Eroberung der Cyrenaika abgeschlossen, traf auch schon der erwartete Befehl Churchills ein, Truppen nach Griechenland zu entsenden. Angesichts zunehmender Anzeichen einer deutschen Präsenz auf dem Balkan hatte sich Griechenland letzten Endes dem britischen Druck doch gebeugt. Unter General Maitland Wilson wurde der Kampfverband Force W zusammengestellt, dessen Stärke vier Divisionen entsprach. Die ersten Einheiten wurden Anfang März nach Griechenland gebracht, was einen positiven Nebeneffekt hatte: Der Truppentransport lockte die italienische Flotte aus ihren Häfen und verschaffte damit der Royal Navy Gelegenheit die feindlichen Schiffe vor Kap Matapán in eine Seeschlacht zu verwickeln, bei der die Briten einen entscheidenden Sieg errangen. Ansonsten brachte die Ablenkung durch Griechenland Wavell besonders in der Cyrenaika in eine prekäre Lage. Hier mussten sich die inzwischen kampferprobte 7. Panzerarmee und die australische 6. Division zurückziehen um sich nach der Härte des letzten Feldzuges neu ausrüsten zu lassen. Ihre Stelle wurde zwar von der 2. Panzerdivision und der australischen 9. Division eingenommen, die neu eingetroffen waren, doch musste Letztere eine Brigade an den Kampfverband Force W abgeben. Die Knappheit an kampftüchtigen Panzern war so groß, dass einige der verbliebenen Einheiten mit minderwertigen italienischen Beutefahrzeugen ausgerüstet werden mussten. Das war umso schwerwiegender, als Hitler nun den Entschluss gefasst hatte auf dem mediterranen Kriegsschauplatz aktiv zu werden.

Bereits im Herbst 1940 hatte Hitler erste Versuche unternommen den spanischen Diktator General Franco zu einem Beitritt zur Achse zu bewegen. Er hatte dabei die Kontrolle über das für die britischen Flottenoperationen im Mittelmeer so wichtige Gibraltar im Blick. In Anbetracht der schwierigen Situation seines Landes nach dem verheerenden Bürgerkrieg, zeigte sich Franco unzugänglich und es gelang ihm, Hitlers Angebot zu widerstehen. Zu diesem Misserfolg kamen die italienischen Niederlagen am Ende des Jahres. Hitler beschloss Mussolini in Nordafrika wie auch in Albanien aus der Not zu helfen. Außerdem wurden Einheiten der deutschen Luftwaffe nach Sizilien entsandt, die die Vernichtung der Seefestung Malta unterstützen sollten und die Anfang Januar die ersten Angriffe auf britische Schiffe flogen.

Mussolini lehnte das Hilfeangebot für Albanien ab, akzeptierte jedoch eine deutsche Beteiligung in Libyen. Also traf dort am 12. Februar 1941 Erwin Rommel als Kommandeur des Deutschen Afrikakorps (DAK) ein. Er verfügte über zwei erst kurz zuvor aufgestellte Divisionen – die 5. leichte Division und die 15. Panzerdivision, deren Besatzungen zu einem großen Teil bereits an den Feldzügen gegen Polen und Frankreich teilgenommen hatten. Das Deutsche Afrikakorps wurde unter

Panzer vom Typ „Crusader" im Sommer 1941. Dieser Panzer war mit einer 40-mm-Kanone bestückt. Er war zwar schnell, hatte jedoch nur eine dünne Panzerung. Als Erkennungssignal waren an den Funkantennen Wimpel aufgezogen, deren Anordnung täglich geändert wurde.

italienischen Befehl gestellt, doch Rommel hatte das Recht sich im Fall von Unstimmigkeiten an Berlin zu wenden. Nach ihrer jüngsten Niederlage in der Cyrenaika brauchten die Italiener Zeit um ihre Kräfte zu sammeln, und so beabsichtigten sie, zumindest so lange in der Defensive zu bleiben, bis das gesamte Deutsche Afrikakorps den Kriegsschauplatz erreicht hatte. Durch die Ultra-Gruppe erhielt die britische Führung Kenntnis davon und schloss daraus, dass in der Cyrenaika keine unmittelbare Gefahr drohe. Mit diesen Informationen gelang es Churchill, Wavell in seiner Sorge über die Entsendung der Force W nach Griechenland zu beschwichtigen. Doch sowohl die Briten wie auch die Italiener hatten nicht mit Rommel gerechnet.

Von Hause aus Infanterist, hatte Rommel als Befehlshaber der 7. Panzerdivision während des Feldzuges in Frankreich (wo der Verband wegen seines schnellen Vorrückens „Gespensterdivision" hieß) den raschen Angriff als Schlüssel zum Erfolg erkannt. Je länger also die Truppen der Achsenmächte warteten, desto stärker wären dann die britischen Verteidigungsanlagen in der Cyrenaika. Er erhielt daher von

Maschinengewehr von Vickers. Es wurde 1912 im britischen Heer in Dienst gestellt und erst 1968 für veraltet erklärt. Sein Lauf war von einem Mantel umgeben, durch den Kühlwasser floss. Es hatte einen guten Ruf als zuverlässige Waffe, an der nur selten mechanische Probleme auftraten.

deutscher wie von italienischer Seite die Zustimmung zu einer begrenzten Offensive, deren erstes Ziel Agedabia sein sollte und der, wenn alles gut ging, vielleicht ein Vorstoß bis nach Benghasi folgen würde.

Am 24. März, knapp zwei Wochen nach dem Eintreffen der letzten Einheiten der 5. leichten Division in Tripolis, schlug Rommel zu. Zu seiner Unterstützung waren Einheiten der Luftwaffe von Sizilien nach Nordafrika verlegt worden. Er drängte die britischen Verteidigungstruppen rasch zurück und stieß dann auf die britische 2. Panzerdivision. Die folgende, zwei Tage dauernde Schlacht zeigte, dass die Panzer der Briten und die italienischen Beutestücke den PzKpfw III und IV unterlegen waren; auch die deutsche Taktik erwies sich als besser. Die britischen Verbände zogen sich zurück und Agedabia fiel am 2. April in die Hände der Achsentruppen. Rommel hatte die Briten mit solch einer Leichtigkeit zurückgetrieben, dass er beschloss deren Verwirrung auszunutzen und bis an die ägyptische Grenze vorzugehen. Er erreichte sein Ziel mit einem Vorstoß, der noch spektakulärer war als der, den die Briten einige Monate zuvor unternommen hatten. Rommels Aktion hatte nur einen Makel – es war ihm nicht gelungen, Tobruk zu besetzen, das nun zwar isoliert, aber noch immer in britischer Hand war.

Der Verlust der Cyrenaika war für die Briten im Mittelmeerraum ein schwerer Schlag – umso mehr, als Malta nun außerhalb der Reichweite der in Nordafrika stationierten Kampfflugzeuge lag und die Insel der Gnade der Achsenmächte ausgeliefert war. Folglich musste ein großer Teil der Aktivitäten der britischen Marine im Mittelmeer auf die ausreichende Versorgung Maltas gerichtet werden, damit sich die Insel gegen die ständigen Bombenangriffe behaupten konnte.

Die Lage im östlichen Mittelmeerraum spitzte sich nun ebenfalls zu. Hitlers wachsendes Interesse am Balkan war vor allem durch die Notwendigkeit angeregt worden, die deutsche Südflanke für das Unternehmen zu sichern, das er als seinen letzten Feldzug ansah – für den Einmarsch in die Sowjetunion. Es bereitete ihm keine Schwierigkeiten, Ungarn und Rumänien für den Beitritt zum Dreimächtepakt zu gewinnen, den Deutschland, Italien und Japan im September 1940 unterzeichnet hatten. Bulgarien machte kurzzeitig Ausflüchte und trat trotz britischer Einsprüche schließlich auch bei. Hitler begann nun auf Jugoslawien Druck auszuüben und forderte das Transitrecht für seine Truppen im Gegenzug zur Überlassung der Hafenstadt Saloniki und eines Teils von Mazedonien nach der Unterwerfung Griechenlands. Die jugoslawische Regierung gab am 25. März klein bei, doch zwei Tage darauf unternahm eine Gruppe von Luftwaffenoffizieren einen Staatsstreich, stürzte den Ministerpräsidenten und setzte eine Regierung der nationalen Einheit ein, die die Mitgliedschaft Jugoslawiens im Dreimächtepakt umgehend annullierte.

Hitler reagierte wütend und befahl den sofortigen Beginn des Unternehmens „Marita", bei dem deutsche, italienische und ungarische Truppen von mehreren Seiten in Jugoslawien und Griechenland einmarschieren sollten. Am 6. April war es so weit. Die langen Grenzen Jugoslawiens schlossen eine zusammenhängende Verteidigung praktisch aus und das Land wurde in einem verheerenden, auch hier blitzkriegartigen Feldzug innerhalb von nur drei Wochen besetzt. Griechenland leistete mehr Widerstand. Im Osten des Landes, an der bulgarischen Grenze, hatten britische und griechische Truppen Verteidigungsanlagen – die Aliakmonlinie – aufgebaut, die aus politischen Gründen aber nicht die Grenze zu Jugoslawien abdeckte. Somit waren die griechischen Truppen im Westen weniger gut darauf vorbereitet, dem Eröffnungsangriff entgegenzutreten, der durch den äußersten Südosten Jugoslawiens vorgetragen wurde. Außerdem war ihre Flanke durch eine italienische Gegenoffensive von Albanien her bedroht. Der Druck vonseiten der Angreifer wurde zwangsläufig zu stark; er zwang die griechischen Verbände sich zurückzuziehen und damit die Flanke der Aliakmonlinie zu entblößen. Das Ergebnis war unvermeidlich. Am 22. April trafen Schiffe der Royal Navy ein um mit der zwei Wochen dauernden Evakuierung der Force W zu beginnen. Ein Teil der Truppen wurde nach Ägypten, andere zur Verstärkung der britischen Garnison nach Kreta gebracht. Ende April kapitulierte Griechenland schließlich; damit blieb Kreta der einzige britische Brückenkopf im nordöstlichen Teil des Mittelmeers.

Die Niederlagen im April 1941 in Libyen und Griechenland wurden durch eine Revolte im Irak noch verschärft. Dort hatte eine mit den Deutschen sympathisierende Gruppe die Macht übernommen; die neue Regierung beabsichtigte, die Stationierung von Fliegerkräften der deutschen Luftwaffe auf irakischem Territorium zu genehmigen. Aus Indien wurde eine britisch-indische Division hierher verlegt. Nachdem deren Vorausabteilungen Basra besetzt hatten, schlossen irakische Truppen den wichtigen RAF-Stützpunkt von Habbaniyah ein. Anfang Mai schickte Wavell einen operativen Kampfverband von Palästina in den Irak. Dieser Verband durchbrach die Belagerung Habbaniyahs und konnte die Lage Ende Mai unter Kontrolle bringen. Der Anführer des Aufstandes, Raschid Ali al-Gailani, floh in den Iran.

Obwohl Wavell bereits genügend Probleme hatte, wurde er von Churchill gedrängt Rommel zurückzuschlagen. Also startete er am 15. Mai die Operation „Brevity", die ihrem Namen alle Ehre machte. Bereits am ersten Tag wurden der Halfaya-Pass, Sollum und Capuzzo eingenommen, doch Rommel ging zu einem Gegenangriff über, der die britischen Truppen zu ihrem Ausgangspunkt zurückdrängte. Wavells Sorgen mehrten sich durch Informationen der Ultra-Gruppe, die

Abschuss einer deutschen Ju 52 am 20. Mai über Kreta. Die Verluste an Transportflugzeugen, die die Deutschen während der Landung auf der Insel erlitten, hielten sie künftig von weiteren großen Luftlandeoperationen ab.

er Ende April erhielt und denen zufolge das nächste Ziel der Deutschen die Insel Kreta sein sollte. Außerdem beabsichtigten nun auch die Vichy-Franzosen in Syrien, der deutschen Luftwaffe die Benutzung ihrer Flugplätze zu gestatten. Churchill drängte zu einem Einmarsch in Syrien, doch Wavell konnte aufgrund all seiner anderen Verpflichtungen einfach keine Truppen dafür entbehren.

Wavell war entschlossen, Kreta zu verteidigen, und ernannte den neuseeländischen General Bernard Freyberg zum Kommandeur der Garnison, die nun durch die vom griechischen Festland evakuierten Truppen beträchtlich verstärkt war. Um den größtmöglichen Überraschungseffekt zu sichern hatten die Deutschen geplant, Kreta zunächst mit Luftlandetruppen anzugreifen und dann Verstärkungen und schwere Waffen auf dem Seeweg auf die Insel zu schaffen. Obwohl die Ultra-Gruppe genaue Informationen über das deutsche Vorhaben geliefert hatte, war Freyberg überzeugt, der Hauptangriff werde von See her erfolgen, und betrachtete daher die Verteidigung der Flugplätze als zweitrangig. Zudem war die Royal Air Force der Ansicht, dass Kreta die Opferung wertvoller, an anderer Stelle des Kriegsschauplatzes benötigter Jagdflugzeuge nicht wert sei. Folglich zog die RAF nach den ersten Tagen deutscher Luftangriffe ihre verbliebenen Fliegerkräfte zurück und überließ dem Gegner damit die vollständige Luftherrschaft.

Als am 20. Mai der Angriff begann, erlitten die Deutschen dennoch schwere Verluste. Die Zahl ihrer Gefallenen war unverhältnismäßig groß und durch das Flakfeuer der Bodentruppen ging eine bedeutende Anzahl ihrer Transportflugzeuge verloren. Die Operation wurde nur nicht abgebrochen, weil General Kurt Student, der

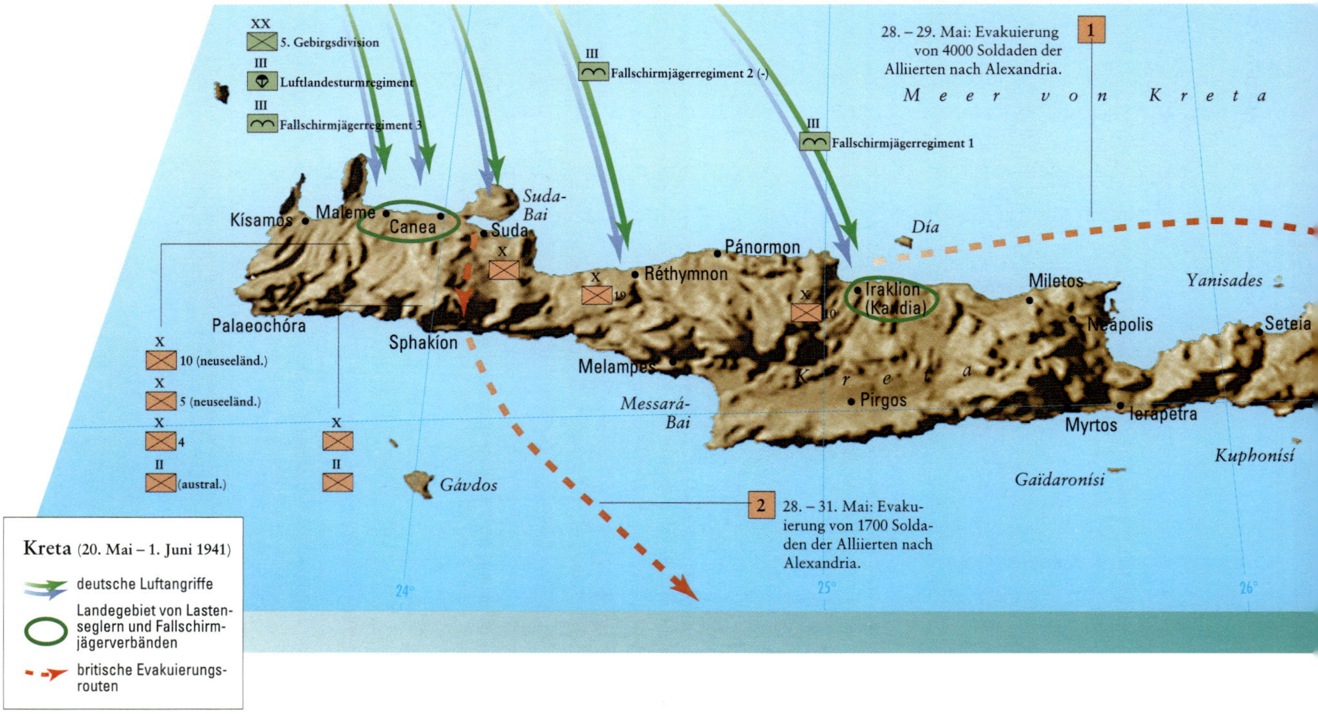

Der Balkan
6. – 30. April 1941
Angriffe deutscher Verbände
Evakuierung alliierter Truppen
deutsche Frontlinie
befestigte Linie der Alliierten
ÖSTERREICH
UNGARN
RUMÄNIEN
JUGOSLAWIEN
BULGARIEN
ALBANIEN
ITALIEN
GRIECHENLAND
TÜRKEI
Budapest
Graz
Szeged
Zagreb
Karlovac
Banja Luka
Travnik
Belgrad
Sarajevo
Užice
Dubrovnik
Niš
Sofia
Bukarest
Plovdiv
Edirne
Skopje
Bitolj (Monastir)
Berat
Brindisi
Edessa
Kosáni
Sérrae
Kilkís
Dráma
Xanthe
Komotini
Alexandrupolis
Saloniki
Kateríni
Larisa
Trikkala
Ionnena
Árta
Lamía
Chalkis
Marathon
Athen
Mesolóngion
Pátrae
Kórinthos
Pýrgos
Trípolis
Kalámae
Monemvasía
Carpathians
Donau
Sava
Adriatisches Meer
Ionisches Meer
Ägäisches Meer
Korfu
Thásos
Samothráki
Limnos
Lesbos
Chios
Ándros
Tínos
Náxos
Crete
XXXX 2 WEICHS
XXX XLVI
XXX XLIX
XXX LI
XXXX 3 (UNGAR.)
XX 8
XX 14
XX 16
XX XLI
XXXX 2 (ITALIEN.) AMBROSIO
XX 11
XXX L
XXXX 12 LIST
XXX XI
XXXX 1 Panzer KLEIST
XXX XIV
XX 5
XX 16
XXX XL
XXX XVIII
XXX XXX
XXXX 9 (ITALIEN.)
XXXX 11 (ITALIEN.)
XXXX 2 (GRIECH.)
XXXX W WILSON
XX 2
XX 5
XXXX 1 (GRIECH.)
18°
22°
46°
38°
35°
N
0 100 km
0 100 Meilen
2000
1500
1000
500
200
0 m
1 deutsche Frontlinine am 16. April
2 deutsche Frontlinine am 20. April
3 deutsche Frontlinine am 23. April
4 Evakuierung britischer Truppen vom 22. – 28. April

Eine Kolonne von PzKpfw III der 15. Panzerdivision im Sommer 1941 in Libyen unterwegs an die Front. Sie gehörte zusammen mit der 5. leichten Division (später 21. Panzerdivision) zum Deutschen Afrikakorps, das von General Rommel befehligt wurde.

sie geplant hatte, das OKW von der Weiterführung überzeugen konnte. Am folgenden Tag gelang es den deutschen Fallschirmtruppen vor allem dank des Zusammenbruchs der britischen Nachrichtenverbindungen, den Flugplatz Maleme einzunehmen, so dass nun die deutschen Verstärkungen eingeflogen werden konnten. Freyberg, der mit seinen Soldaten noch immer die Nordküste der Insel verteidigte, war nicht in der Lage einen wirksamen Gegenangriff zu unternehmen. Die ungünstige Luftsituation verschärfte seine Probleme noch, und so kam er nach dreitägigen Kämpfen zu dem Schluss, dass Kreta nicht zu halten sei. Die Royal Navy, die bereits deutsche Seelandungseinheiten zerschlagen hatte, wurde ein weiteres Mal zur Evakuierung von Heeresverbänden eingesetzt. Die Räumung endete am 1. Juni, doch ging dabei eine große Anzahl Schiffe durch Luftangriffe verloren, und es mussten mehr als 10 000 Mann zurückgelassen werden.

Trotz dieser zusätzlichen Schlappe bestand Churchill in seinen Forderungen darauf, dass Wavell in die Offensive gehen solle um Tobruk zu entsetzen und das syrische Problem zu lösen. Wavell kam Churchills Drängen nach und startete am 15. Juni einen Angriff gegen Syrien, an dem auch freifranzösische Truppen teilnahmen. Die

Vichy-Franzosen waren über das „perfide Albion" erbittert, das sie nicht nur im Juni 1940 im Stich gelassen, sondern dann auch noch die französische Flotte in den nordafrikanischen Häfen bombardiert hatte, wohin sie sich nach der Unterzeichnung eines Waffenstillstandsvertrages zurückgezogen hatte um nicht in die Hände der Deutschen zu fallen. Auch Charles de Gaulle, den Führer des Freien Frankreich, der noch vor der Unterzeichnung des Waffenstillstandsvertrages mit Deutschland sein Banner in Großbritannien gehisst hatte, betrachteten sie als Verräter. Deshalb leisteten sie stellenweise heftigen Widerstand, so dass die Kämpfe erst Mitte Juli endeten. Doch selbst dann zogen es viele Vichy-Anhänger vor, nach Frankreich zurückzukehren, anstatt in die Reihen der Bewegung Freies Frankreich einzutreten.

Eine Woche nach dem Schlag gegen Syrien startete Wavell in der Westlichen Wüste das Unternehmen „Battleaxe". Das Ziel der Operation bestand darin, die von den deutschen und italienischen Truppen errichteten Befestigungen an der ägyptischen Grenze zu durchbrechen, Tobruk zu entsetzen und in den Frontvorsprung in der Cyrenaika vorzustoßen. Die Offensive scheiterte praktisch aber schon an der ersten Hürde. Obwohl die britischen Truppen ein weiteres Mal Capuzzo eroberten, konnte Rommel mit dem durch die 15. Panzerdivision verstärkten Deutschen Afrikakorps den Angriff ohne große Schwierigkeiten zurückschlagen. Das hatte in erster Linie der Einsatz einer bestimmten Waffe – der 88-mm-Panzerabwehrkanone – ermöglicht. Diese übertraf bei weitem die britischen Panzerkanonen, die zudem nur Vollgeschosse abfeuerten. Folglich war die britische Panzerwaffe darauf angewiesen, dass die Artillerie die deutschen Panzerabwehrkanonen unschädlich machte. Der Einsatz gegen solche Punktziele war allerdings eine beschwerliche und oftmals unwirksame Methode. Nach dem ersten Tag der Operation „Battleaxe“ hatten die Briten 91 Panzer verloren, von den deutschen Panzern hingegen waren nur zwölf zerstört. Zudem waren Wavells Truppen am Ende des Tages bis zu ihrem Ausgangspunkt zurückgedrängt worden.

Das Scheitern des Unternehmens „Battleaxe“ war Anlass für Churchill, General Wavell durch Sir Claude Auchinleck zu ersetzen, der bereits in Indien gedient hatte und dessen aktiver Einsatz in diesem Krieg sich bis dahin auf den misslungenen Feldzug in Norwegen beschränkt hatte. Wavell hatte während des Kriegsjahres im Nahen Osten einer nahezu aussichtslosen Lage gegenübergestanden. Er war ge-

Außer Gefecht gesetzte 88-mm-Panzerabwehrkanone 1941 in der Westlichen Wüste. Aus dieser Kanone verschossene Munition konnte auf rund 2 km Entfernung 83 mm starke Panzerungen durchschlagen – mehr, als irgendein britischer Panzer dieser Zeit leisten konnte. Mit ihren Panzern lockten die Deutschen oftmals britische Panzer vor die Rohre ihrer 88-mm-Pak.

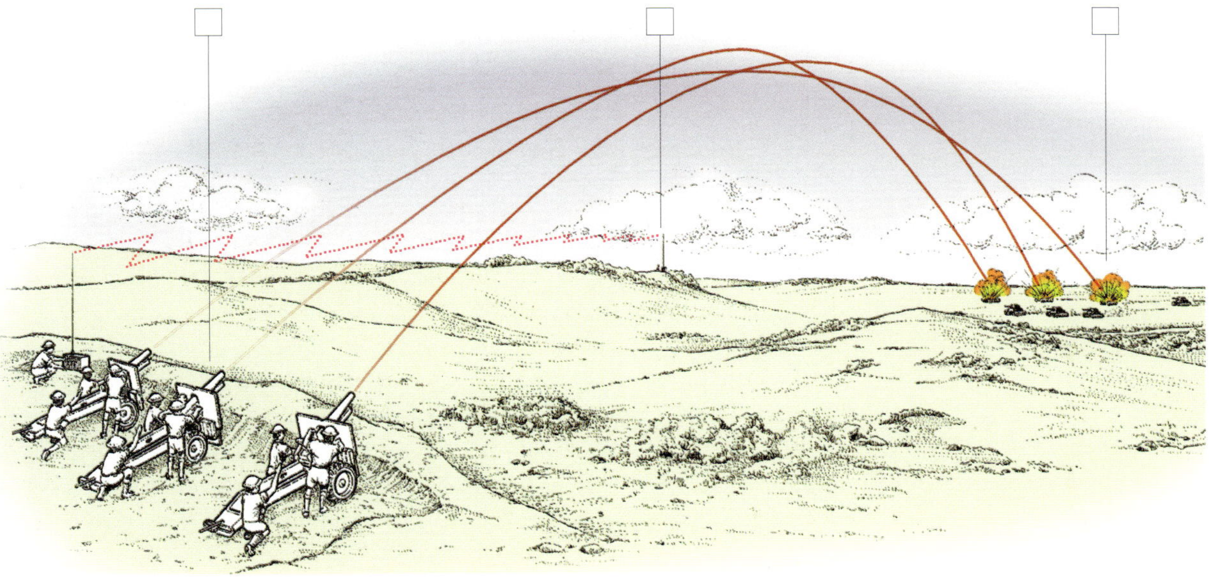

ABB. UNTEN: *Für gewöhnlich konnten die Bedienungsmannschaften der Artillerie (2) das Objekt (3), auf das sie zielten, nicht sehen. Das Geschützfeuer wurde deshalb von einem mit Funkgerät ausgerüsteten Aufklärungsoffizier (1) gelenkt, der sich an einer Vorausposition befand. Das Ziel wurde eingegabelt, und anschließend korrigierte die Geschützbedienung die Schussweite um das Feuer direkt auf das Ziel zu lenken. Die Funktechnik verschaffte der Artillerie eine viel größere Flexibilität als das Feldtelefon im Ersten Weltkrieg.*

Operation „Crusader" im November 1941. Hier passiert ein Panzer vom Typ Crusader einen brennenden PzKpfw IV. Feuer im Fahrzeug war und ist die größte Befürchtung einer Panzerbesatzung. Für gewöhnlich war das Verlassen des Panzers im Falle der Gefahr für den Richtschützen, der im Fahrzeugrumpf saß, und für den Fahrer am schwierigsten.

zwungen gewesen, mit stets nur unzureichenden Mitteln an verschiedenen Schauplätzen des Krieges gleichzeitig Feldzüge zu unternehmen. Obwohl sein anfänglicher Erfolg in Libyen negiert worden war und die Briten auf dem griechischen Festland und auf Kreta gescheitert waren, hatte Wavell doch Mussolinis ostafrikanisches Reich vernichtet, die Revolte im Irak niedergeschlagen und war gegen die Zusammenarbeit der Vichy-Franzosen in Syrien mit den Deutschen vorgegangen.

Am 22. Juni 1941 fielen deutsche Truppen in die Sowjetunion ein. Von da an wurden all die anderen Kriegsschauplätze, auf denen sie eingesetzt waren, als nebensächlich betrachtet – nicht zuletzt Nordafrika, die einzige Region, in der die Wehrmacht zu der Zeit ebenfalls aktiv war. Für Großbritannien hingegen blieb der Nordafrika-Feldzug der einzige mit Bodentruppen geführte. Der ägyptische Hochsommer sorgte jedoch für eine Pause bei den militärischen Operationen. Tobruk, das ausschließlich von See her versorgt wurde, hielt sich noch immer, obwohl die australischen Verbände, die die Festung behaupteten, auf Verlangen ihrer Regierung entsetzt werden mussten und durch eine gemischte Division ersetzt wurden. Churchill wiederholte seine Forderung nach baldiger Entsetzung Tobruks, doch Auchinleck weigerte sich etwas zu unternehmen, ehe er nicht seine Truppen aufgebaut hatte.

Inzwischen entwickelte sich der Nahe Osten – insbesondere auf britischer Seite – zu einem Tummelplatz der Special Forces. Churchill selbst hatte die Anregung dazu gegeben, als er im Juni 1940 die Aufstellung von Einsatzkommandos forderte, die die deutschen Verteidigungsanlagen an den Küsten des besetzten Europa verwüsten sollten. Kurz darauf wurden die Nahostkommandos gebildet. Die lange, ungeschützte Wüstenflanke lud regelrecht zur Unterwanderung ein, und so wurde die Long Range Desert Group geschaffen, ein kleiner Kommandotrupp für Ferneinsätze in der Wüste, der tief im Hinterland der deutsch-italienischen Linien Aufklärung betreiben sollte. Als Gegenstück dazu existierte die italienische Sahara-

Gruppe, die für die Verteidigung des südlichen Libyen verantwortlich war. Es wurden weitere britische Einheiten der Special Force aufgestellt, die zu einem Sammelbecken für jene wurden, die der herkömmliche Soldatendienst inzwischen langweilte. Zu diesen Einheiten gehörte auch der Special Air Service (SAS), das Geistesprodukt eines jungen Offiziers der Fallschirmtruppen, der sich im Lazarett von einer Verletzung erholte. Die ursprüngliche Aufgabe dieses Kommandos waren Überfälle auf die Flugplätze der Achsenmächte. Ebenfalls im Nahen Osten wurde die Special Operations Executive (SOE) geschaffen. Die Koordinierung der Operationen der zahlreichen Sondereinheiten war zumindest am Anfang nur mangelhaft und oftmals nicht dem allgemeinen Operationsplan angepasst.

Im August 1941 fand ein kurzer und praktisch unblutiger Feldzug statt, der für die Achsenmächte eine weitere Hintertür im Nahen Osten schließen sollte. Im Iran beschäftigte der antibritisch eingestellte Schah deutsche Militärberater, obwohl er die Neutralität seines Landes nachdrücklich betonte. Angesichts des erfolgreichen deutschen Vorstoßes in der Sowjetunion konnte in der Zukunft eine vom Kaukasus ausgehende, gegen den Nahen Osten gerichtete Offensive der Deutschen nicht ausgeschlossen werden. Daher beschloss Großbritannien das Land von Süden her

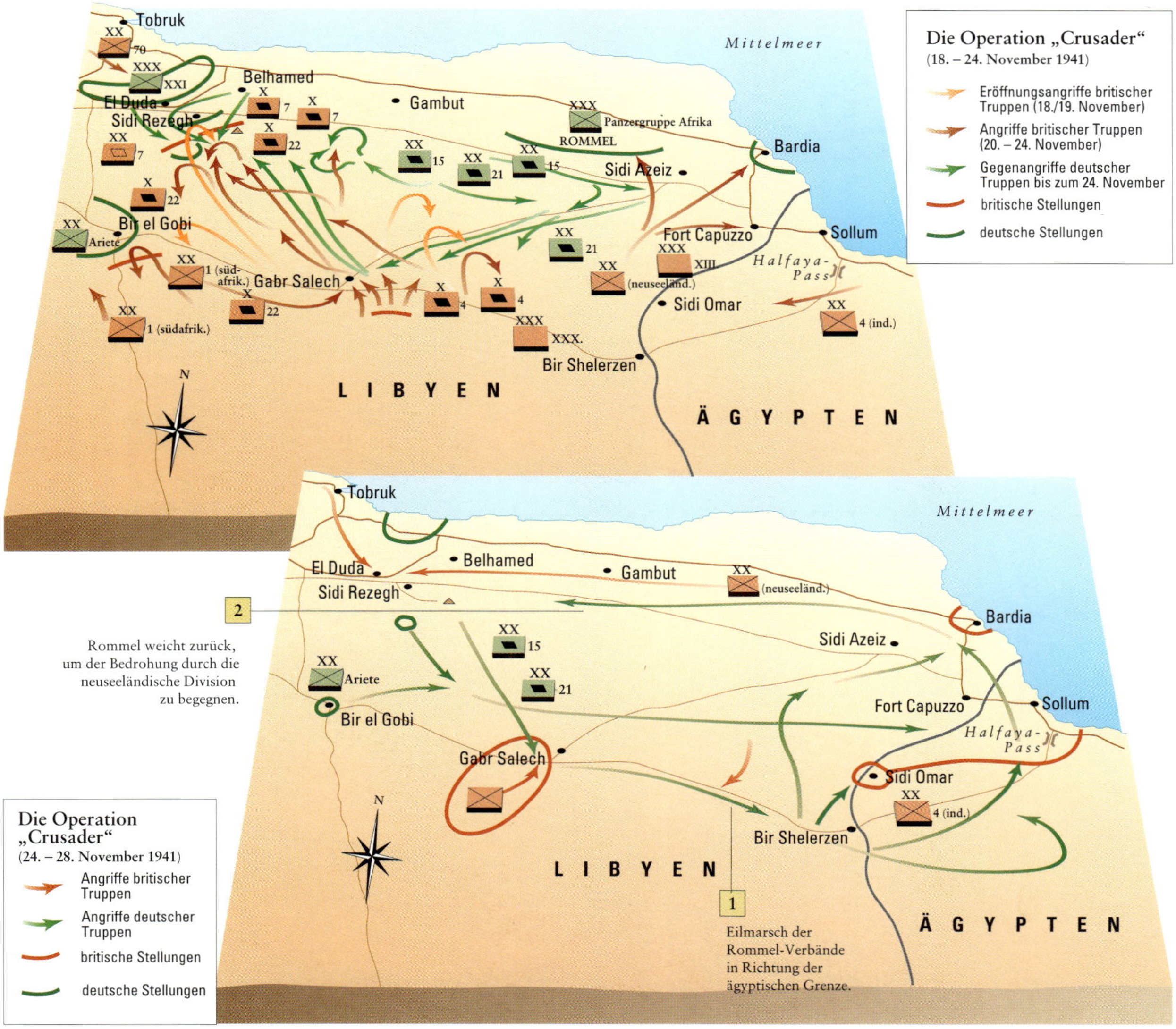

zu okkupieren. Von Norden ließ die Sowjetunion Truppen einrücken, da sie über die potenzielle Bedrohung im Süden ebenfalls besorgt war. Diese Operation sicherte Großbritannien nicht nur die Ölfelder von Abadan, sondern schuf auch eine physische Verbindung zu dessen neuem Verbündeten. Auch durch den Iran sollte später eine lebenswichtige Route für den Nachschubtransport im Rahmen der amerikanischen Leih-Pacht-Lieferungen in die Sowjetunion führen.

Nach dieser Vorsichtsmaßnahme im Iran konnte Auchinleck seine volle Aufmerksamkeit auf die geplante Offensive in der Westlichen Wüste richten. Er hatte beträchtliche Verstärkungen erhalten, und Ende September wurde die Western Desert Force in 8. Armee umbenannt. Auch die Truppen der Achsenmächte waren mit Mannschaften und Kampftechnik aufgefüllt worden. Rommel hatte nun die beweglichen Verbände, die aus der 21. Panzerdivision (der ehemaligen 5. leichten Divi-

Erwin Rommel erwägt sein nächstes Manöver. Von Ungeduld getrieben, verließ er oftmals sein Hauptquartier und hielt sich stattdessen bei den vordersten Einheiten auf. So konnte er zwar den Schlachtverlauf besser verfolgen, brachte aber mitunter seinen Stab in Schwierigkeiten, wenn es galt, rasche Entscheidungen zu treffen.

sion) und der frisch eingetroffenen 90. leichten Division bestanden, sowie das italienische XXI. Korps unter seinem Befehl.

Die detaillierte Planung der Operation „Crusader“, wie die britische Offensive mit ihrem Decknamen hieß, oblag Sir Alan Cunningham, dem Oberbefehlshaber der 8. Armee. Der Plan sah vor das XXX. Korps, zu dessen Bestand der Großteil der britischen Panzerwaffe gehörte, die Panzerverbände der Achsenmächte angreifen und vernichten zu lassen, während das XIII. Korps in Richtung Küste auf Tobruk vorstieß, dessen Garnison zu gegebener Zeit ausbrechen sollte.

Der Angriff überraschte die deutsch-italienischen Truppen im Morgengrauen des 18. November. Rommel, der die britischen Absichten falsch deutete, verlegte das Panzerkorps Afrika in Richtung Bardia und verschaffte dem XXX. Korps so die Möglichkeit auf das nur etwa 16 km südöstlich von Tobruk liegende Sidi Rezegh vorzustoßen. Auch das britische XIII. Korps war erfolgreich und am 20. November erhielt die Garnison in Tobruk den Befehl zum Ausbruch. Der Zeitpunkt war allerdings zu früh angesetzt, da Rommel, der seinen Fehler erkannt hatte, nun sein Panzerkorps Afrika und die italienischen Panzerverbände nach Sidi Rezegh zurückbrachte. Zwei Tage lang tobte hier ein verzweifelter Kampf der Panzertruppen rund um den Flugplatz, der mit den Trümmern deutscher und italienischer Flugzeuge übersät war. Am Ende der Schlacht war es Rommel gelungen, das britische XXX. Korps zu stoppen. Rommel, der stets alle Möglichkeiten nutzte um das Blatt zu seinen Gunsten zu wenden, führte nun selbst die Panzergruppe Afrika in einem Eilmarsch auf die ägyptische Grenze zu um die britische 8. Armee von ihren Nachschubdepots abzuschneiden. Inzwischen hatte das XIII. Korps seinen stetigen Vormarsch fortgesetzt.

Rommels eiliges Manöver hatte die 8. Armee in Verwirrung gestürzt. Besorgt, mit seinen Truppen abgeschnitten zu werden, wollte Cunningham die Operation „Crusader“ abbrechen und sich zurückziehen, doch Auchinleck setzte sich über die Bedenken hinweg und übergab Stabschef Neil Ritchie den Oberbefehl. Doch auch Rommel stand vor Problemen. Aufgrund der dürftigen Funkverbindungen hatte er so gut wie keinen Kontakt zu seinem Hauptquartier und folglich keine genauen Informationen über die allgemeine Lage. Sein Vorstoß ging ins Leere und wurde zudem durch die Desert Air Force bedrängt. Hinzu kam der Mangel an Treibstoff, so dass er sich gezwungen sah, kehrt zu machen.

Inzwischen hatte das XIII. Korps Tobruk erreicht. Rommel versuchte nun – allerdings erfolglos – die Belagerung der Festung zu verstärken. Am 7. Dezember zogen sich die deutsch-italienischen Truppen mit der Absicht, die 8. Armee bei El Gasala aufzuhalten, von Tobruk zurück. Angesichts der Gefahr, dass Rommels Verbände von gegnerischen Truppen umgangen werden könnten, war das jedoch nicht empfehlenswert. Um seine Verluste möglichst gering zu halten und seine Nachschubwege zu verkürzen, beschloss Rommel sich in Richtung Westen aus der Cyrenaika zurückzuziehen. Damit waren die Briten wieder an dem Punkt, an dem sie im Februar des Vorjahres gestanden hatten. Doch ihre Truppen waren – genau wie damals – durch die letzte Angriffsoperation verschlissen und ihre Versorgungslinien stark überdehnt.

Das Kriegsglück hatte im Verlauf des Jahres 1941 auf dem mediterranen Kriegsschauplatz häufig gewechselt, doch nun hielt das Jahresende auf viel größerer Bühne eine dramatische Entwicklung bereit. Der überraschende japanische Angriff auf Pearl Harbor, den Stützpunkt der US-amerikanischen Pazifikflotte, zog schließlich auch die Vereinigten Staaten in den Krieg hinein. In der Hoffnung, Japan zum Kriegseintritt gegen die Sowjetunion überreden zu können, erklärte Hitler den USA den Krieg. Somit hatte Großbritannien nun den Verbündeten, den es sich bereits seit langem an seiner Seite gewünscht hatte.

KAPITEL VIER

Hitler wendet sich nach Osten: Der Krieg in der Sowjetunion (1941–1943)

Von Panzern unterstützte deutsche Infanterie erkämpft sich während des Unternehmens „Barbarossa", des Überfalls auf die UdSSR, ihren Weg in eine sowjetische Stadt. Nach den Erfolgen in Polen, Norwegen, Frankreich, den Beneluxstaaten und auf dem Balkan funktionierte die deutsche Blitzkriegsstrategie bis Mitte 1941 weiterhin reibungslos. Der Umstand, dass der Einmarsch die Sowjetunion nahezu unvorbereitet traf, verstärkte die deutschen Erfolgsaussichten noch. Doch nicht zuletzt die unvorstellbare Weite des Landes und die unterschätzten Witterungsbedingungen sollten den Endsieg Deutschlands verhindern.

DER KRIEG IN DER SOWJETUNION (1941–1943)

Sowjetische Bäuerinnen beobachten eine vorüberziehende deutsche Wagenkolonne mit Nachschub. Je tiefer die deutschen Truppen in die Sowjetunion vorstießen, desto größer wurden ihre logistischen Probleme. Die relativ geringe Zahl guter Straßen und Eisenbahnlinien, deren Spurweite sich von der in Polen und Deutschland unterschied, verschärfte die Situation noch.

Angriffe in unverminderter Härte ...

FUNKMITTEILUNG DES HQ DER IN STALINGRAD EINGESCHLOSSENEN 6. ARMEE AN DAS HQ DER HEERESGRUPPE DON, 24. JANUAR 1943

Hitlers höchstes und letztes Ziel war stets der Osten gewesen. Abgesehen von seinem Abscheu gegen den sowjetischen Bolschewismus sah der „Führer" im Westen der UdSSR zusätzlichen Lebensraum für das deutsche Volk, der die Deutschen in die Lage versetzen würde, ihre Herrschaft über Europa zu festigen. Das Abkommen, welches er im August 1939 dennoch mit Moskau geschlossen hatte, sollte seine nächsten Ziele leichter erreichbar machen. Das einzige unmittelbare Ziel, das er nicht verwirklichen konnte, war ein Friedensschluss mit Großbritannien. Doch das Inselreich vor der Küste des europäischen Kontinents konnte seine Pläne bezüglich der Sowjetunion wohl kaum behindern.

Obwohl Hitler seine Gedanken in den vorangegangenen Wochen bereits mehreren Befehlshabern angedeutet hatte, gab er seine Absichten im Großen und Ganzen

erst auf einer Zusammenkunft mit seinen Generälen am 31. Juli 1940 bekannt. Die Entscheidung darüber, ob ein Angriff auf Großbritannien noch im September erfolgen oder bis 1941 verschoben werden sollte, war abhängig vom Erfolg der deutschen Fliegerkräfte, die die Luftherrschaft über Südengland erringen mussten. Ungeachtet dessen erklärte Hitler auf dem Treffen, er sehe die Sowjetunion als Großbritanniens letzte Hoffnung auf Rettung. Die Zerschlagung der Sowjetunion werde Großbritannien sicherlich zusammenbrechen lassen. Dann stellte er seinen Planentwurf vor, dem zufolge 120 Divisionen benötigt wurden, von denen ein Teil durch die Ukraine zum Dnepr vordringen, der Rest durch die baltischen Staaten und dann auf Moskau vorstoßen sollte. Nach seiner Schätzung würde es fünf Monate dauern um diese Ziele zu erreichen; auch sollte der Feldzug noch vor Einbruch des russischen Winters abgeschlossen sein.

Gefangene Rotarmisten auf dem Marsch von der Front nach Westen. In den ersten 18 Tagen nach dem deutschen Einmarsch verlor allein die sowjetische Westfront 420 000 Mann; die Gesamtzahl der Soldaten hatte 625 000 betragen. Den größten Teil der Mannschaftsverluste machten Kriegsgefangene aus.

Die wichtigste Aufmarschbasis für das Unternehmen „Barbarossa" sollte Polen bilden, doch musste zuvor unbedingt die Balkanflanke gesichert werden. Daher befahl Hitler gegen Ende August 1940 die Verlegung von zwei Panzer- und zehn Infanteriedivisionen aus dem Westen nach Polen. Sie hatten Anweisung sich auf die Sicherung der rumänischen Ölfelder vorzubereiten. Dann startete Hitler seinen diplomatischen Sturmangriff auf die Balkanstaaten (siehe Kapitel 3). Mit einem Ab-

kommen, das er im September 1940 mit Finnland schloss und das Deutschland berechtigte, Nachschublieferungen für die deutschen Truppen in Nordnorwegen durch finnisches Territorium zu transportieren, sicherte er auch seine Nordflanke. Das Abkommen ermöglichte zudem die Stationierung deutscher Truppen in Finnland – ein Umstand, der Moskau beunruhigte.

Im November 1940 besuchte der sowjetische Außenminister Wjatscheslaw M. Molotow Berlin um das Thema der deutschen Präsenz in Finnland zur Sprache zu bringen. Hitler versuchte ihn mit dem Vorschlag abzuspeisen, die Sowjetunion möge dem Dreimächtepakt beitreten. Moskau wollte einen solchen Schritt erst in Erwägung ziehen, wenn die deutschen Truppen aus Finnland abgezogen und Bulgarien, die Dardanellen sowie der Persische Golf in die sowjetische Interessen-

sphäre eingegliedert würden – Bedingungen, die für Berlin unannehmbar waren. Dennoch unterzeichneten die beiden Länder im Januar 1941 einen neuen Vertrag, der die bestehenden Einflusssphären anerkannte und auch die Handelsabkommen erneuerte, auf deren Grundlage deutsche Werkzeugmaschinen gegen Nahrungsmittel aus der Sowjetunion, insbesondere Getreide, ausgetauscht wurden.

Der inzwischen detaillierter ausgearbeitete „Barbarossa"-Plan war im Dezember 1940 Gegenstand von Hitlers Weisung Nr. 21. Als Schlüssel zum Erfolg des Unternehmens wurde nun die Zerschlagung der sowjetischen Streitkräfte betrachtet. Dazu waren nicht mehr wie bisher zwei, sondern drei Stoßrichtungen vorgesehen. Die nördliche Achse sollte durch die baltischen Staaten und dann bis Leningrad

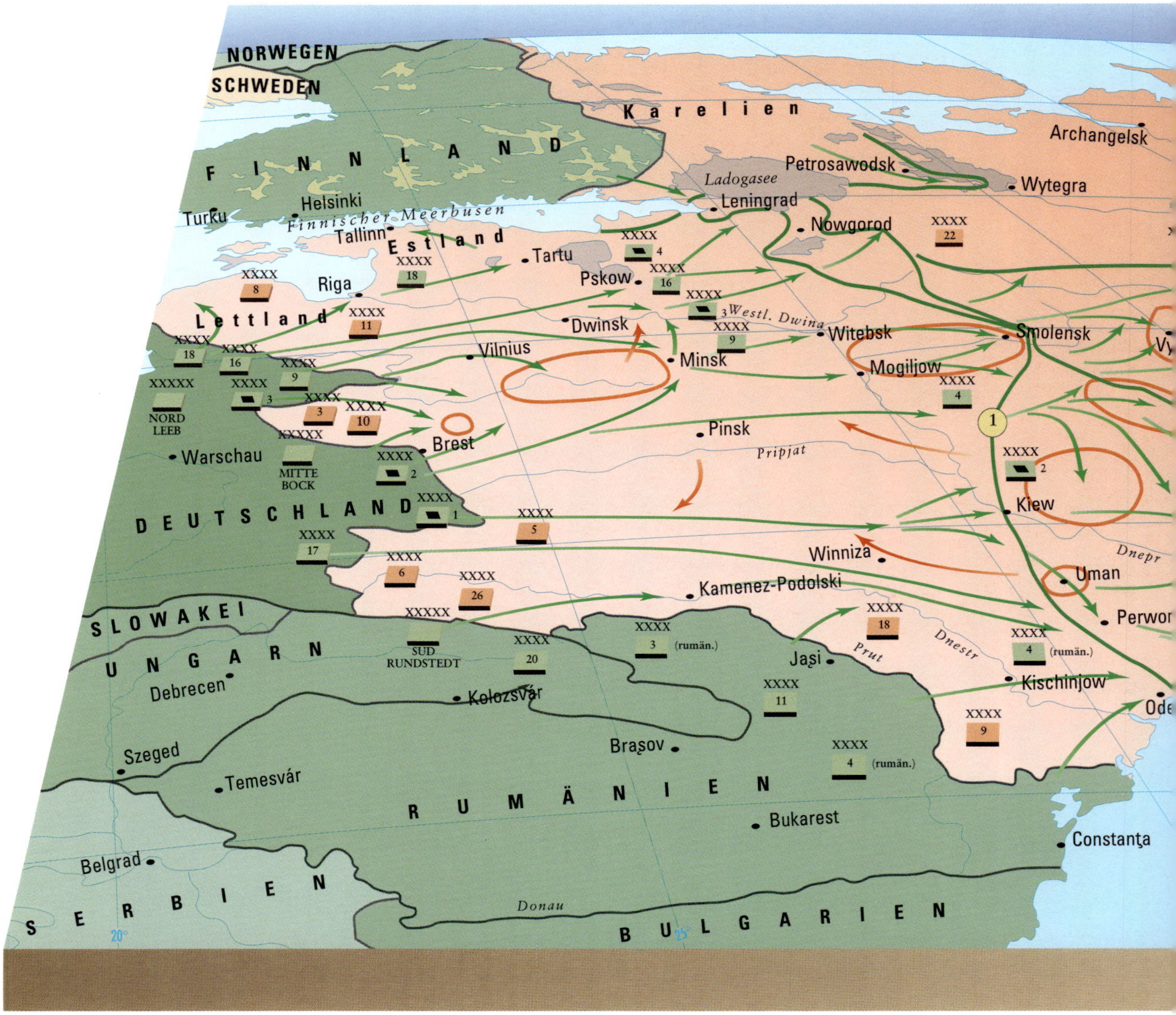

verlaufen, bei dessen Einnahme Finnland, dem viel daran lag, sein im März 1940 verlorenes Territorium zurückzugewinnen, mit den Deutschen zusammenarbeiten würde. Der zentrale Vorstoß sollte die Hauptrolle bei der Vernichtung der sowjetischen Streitkräfte spielen. Deshalb waren für diese Angriffsrichtung zwei Panzergruppen vorgesehen; die im Norden und im Süden agierenden Truppen hatten in ihrem Bestand jeweils nur eine Panzergruppe. Die zentralen Panzerkräfte hatten die Aufgabe die sowjetischen Streitkräfte mit gewaltigen Umgehungsmanövern einzuschließen.

Gleichzeitig sollte der südliche Vorstoß wie ursprünglich geplant die Ukraine, die Kornkammer der Sowjetunion, sichern. Als Zeitpunkt für den Angriff war der Mai 1941 vorgesehen.

ABB. GEGENÜBER: Diese eindrucksvolle Aufnahme von einem deutschen Infanteristen erschien auf der Titelseite von „Signal", der Propagandazeitschrift der Wehrmacht. Trotz der raschen deutschen Erfolge waren nicht alle Einheiten der Roten Armee bereit zu kapitulieren. Hier (ABB. OBEN) gibt ein verwundeter sowjetischer Offizier Anweisungen zur Verteidigung einer Stellung.

Die weiten russischen Steppen waren ein ideales Terrain für Panzer, doch die Karten, nach denen die deutschen Truppen vorrückten, zeigten nur wenige Einzelheiten und waren oftmals ungenau. Das erschwerte die Orientierung im fremden Gelände.

Die fast 3,6 Millionen Mann, 3600 Panzer und 2700 Flugzeuge für das Unternehmen „Barbarossa" unter größtmöglicher Geheimhaltung bereitzustellen war eine enorme Herausforderung. Hier verdienten vor allem die deutschen Stäbe Anerkennung, da diese Aufgabe ohne größere Probleme gelöst wurde. Zwei wichtige Faktoren verhinderten jedoch, dass der Angriff zur geplanten Zeit stattfand. Das war zum einen die Entscheidung in Jugoslawien und Griechenland einzumarschieren. Manche Historiker argumentieren allerdings, dass dieser Umstand den Zeitplan für das Unternehmen „Barbarossa" nicht beeinflusst habe, da die beteiligten deutschen Verbände nachgeführte Truppen gewesen seien. Zum anderen hätte die Umleitung des Nachschubs auf den Balkan als Hemmschuh gewirkt. Bedeutsamer indes war die Tatsache, dass das Tauwetter und damit die Schlammperiode im Frühjahr 1941 erst spät einsetzte. Da der Angriff erst eröffnet werden konnte, als der Boden abgetrocknet war, wurde das Codewort „Dortmund" erst am 21. Juni an die drei beteiligten Heeresgruppen ausgegeben. Das hieß, dass der Einmarsch am frühen Morgen des Folgetages beginnen sollte.

Die sowjetische Haltung angesichts des Sturmes, der nun gegen das riesige Land entfesselt wurde, ist bis heute verwirrend und Gegenstand einander widersprechender Theorien. Moskau war sicherlich vor dem Angriff gewarnt worden. Der Aufmarsch der Streitkräfte in Polen konnte nicht gänzlich verborgen geblieben sein. Großbritannien hatte dank der Ultra-Gruppe und anderer Quellen genügend Informationen über Hitlers Absichten besessen und diese an Moskau weitergeleitet. Die Sowjets wussten von dem bevorstehenden Überfall auch aus ihren eigenen Quellen. Eine besondere Rolle spielte hier Richard Sorge, der Presseattaché an der deutschen Botschaft in Tokio war und zu den erfolgreichsten Spionen des Zweiten Weltkrieges gehörte. Durch die deutschen Versuche, Japan von dessen fünf Jahre geltendem Nichtangriffspakt mit der UdSSR vom April 1941 abzubringen und das Land von der Mandschurei her anzugreifen, erhielt er Kenntnis von Hitlers Invasionsabsicht. Doch die japanischen Ambitionen lagen im Süden und ließen sich nicht in eine andere Richtung lenken. Trotz all der Hinweise unternahm die Sowjetunion keine erkennbaren Schritte zur Vorbereitung auf den drohenden Angriff. Mitunter wird behauptet, Stalin habe einen Präventivschlag gegen Deutschland vorbereiten lassen und eine Defensivhaltung hätte dazu im Widerspruch gestanden. Eine ganz andere und allgemein stärker anerkannte Theorie besagt, dass die sowjetischen Streitkräfte auf einen neuerlichen Konflikt nicht vorbereitet gewesen seien und Stalin nichts habe unternehmen wollen, was Hitler provoziert hätte. Gewiss befanden sich die sowjetischen Streitkräfte gerade inmitten der Reorganisierung nach ihrem schlechten Abschneiden im Krieg gegen Finnland. Erst nachdem ein deutscher Überläufer am Vorabend der Offensive die sowjetische Seite darauf aufmerksam gemacht hatte, dass der Angriff am folgenden Morgen stattfinden sollte, ließ Stalin seine Truppen in Alarmbereitschaft versetzen.

Am 22. Juni 1941, 2 Uhr morgens, überquerte ein aus Belorussland kommender Getreidezug bei Brest den Fluss Bug. Er war einer der vielen Güterzüge, die im Rahmen des sowjetisch-deutschen Handelsabkommens schon seit einigen Monaten diese Strecke befuhren. Nur 75 Minuten später setzte von deutscher Seite kurzes, heftiges Artilleriefeuer ein. Am Himmel dröhnten unablässig deutsche Flugzeuge, da die Luftwaffe zur Erfüllung ihrer vorrangigen Aufgabe, der Zerstörung der Fliegerkräfte der Roten Armee, unterwegs war. Dann griffen die deutschen Truppen auf einer etwa 800 km breiten Front an.

Die ersten zwei Wochen des Feldzuges brachten den Deutschen glänzende Erfolge. Die von Wilhelm Ritter von Leeb befehligte Heeresgruppe Nord besetzte rasch die baltischen Staaten. Im Zentrum schuf Fedor von Bock mit seinen beiden Panzergruppen einen riesigen Kessel im Raum Belostok (Białystok). Als dieser am 3. Juli schließlich vernichtet wurde, gerieten nicht weniger als 290 000 Soldaten der Roten Armee in Gefangenschaft und den Deutschen fielen 2500 Panzer und 1500 Geschütze in die Hände. Nur die Heeresgruppe Süd unter Gerd von Rundstedt, die

Eine Nachschubkolonne fährt an erschöpften deutschen Infanteristen vorbei, die sich eine kurze Pause gönnen, ehe sie ihren Marsch fortsetzen. Ihre Standhaftigkeit und Ausdauer wurden auf eine schwere Probe gestellt, als sie versuchten ihre Panzerverbände einzuholen.

von den beiden anderen Heeresgruppen durch die Pripjatsümpfe getrennt war, stieß auf merklichen Widerstand. Das lag vor allem daran, dass Generaloberst M. P. Kirponos, der die Südwestfront befehligte, seine Truppen in höherer Alarmbereitschaft gehalten hatte als andere. Auch setzte er auf eine entschiedenere Verteidigung und startete eine Reihe von Angriffen gegen die Flanken des deutschen Vorstoßes, die eine zeitweilige Verrückung zur Folge hatten. Während dieser Angriffe trafen die Deutschen erstmals auf den gewaltigen T-34. Doch Kirponos' Attacken wurden zunehmend zusammenhanglos und der Vorstoß der Heeresgruppe Süd kam rascher voran.

Von Stalin kam in den ersten Tagen nach dem deutschen Angriff keinerlei öffentliche Äußerung. Erst am 3. Juli wandte er sich über den Rundfunk an das sowjetische Volk und forderte seine Landsleute auf die Heimat bis zum Letzten zu vertei-

Truppen der Heeresgruppe Nord beim Einrücken in eine lettische Stadt. Die baltischen Staaten waren im Sommer 1940 von der Sowjetunion annektiert worden. Die von Moskau eingeleiteten skrupellosen Säuberungsaktionen veranlassten die Mehrzahl der Bevölkerung dieser drei Staaten den Einmarsch der Deutschen zu begrüßen.

digen. Zu dieser Zeit waren die im Westen der UdSSR stationierten Fliegerkräfte der Roten Armee praktisch schon vernichtet und die Bodentruppen hatten mehr als 600 000 Mann verloren. Das war fast ein Drittel der Gesamtstärke der Truppen auf diesem Kriegsschauplatz. Die Katastrophe spitzte sich zu, als die Panzerdivisionen durch die offene Steppe immer tiefer ins Land vordrangen. In dem häufig eintönigen Terrain erwiesen sich die Karten mitunter als nahezu nutzlos, und die Panzerkommandeure folgten einfach den Explosionen der von Stukas abgeworfenen Bomben, die in die gegnerischen Stellungen vor ihnen einschlugen. Das Tempo des Vormarsches war so hoch, dass die Panzerverbände der zu Fuß marschierenden Infanterie manchmal sogar zehn Tagesmärsche voraus waren. Hatten die Panzer sowjetische Verbände eingeschlossen, mussten sie auf die Ankunft der Hauptstreitmacht warten, die den Kessel dann vernichteten. Diese Wartezeiten hatten auch einen positiven Effekt: Sie ließen die Panzerverbände zu Atem kommen und die Logistik zu den Spitzen aufschließen.

Im Verlauf des Juli begannen die beiden gegnerischen Diktatoren, sich immer häufiger an der Operationsplanung zu beteiligen. Hitler hatte sich bereits vor dem Krieg zum obersten Befehlshaber der Wehrmacht ernannt; das von Stabschef General Wilhelm Keitel geleitete Oberkommando der Wehrmacht (OKW) war sein militärischer Arbeitsstab. Zu Beginn des Ostfeldzuges richtete Hitler das OKW in einem Wald bei Rastenburg in Ostpreußen ein und verbrachte seine Zeit fast ausschließlich in der „Wolfsschanze". Er setzte sich zunehmend über Walther von Brauchitsch hinweg, der bis Ende 1941 als Oberbefehlshaber an der Spitze des Oberkommandos des Heeres (OKH) stand und für die Durchführung der militärischen Operationen verantwortlich war. Hitlers Einmischung begann Brauchitsch und dessen Heeresgruppenführer zu verwirren. Brauchitsch war der Meinung, dass das wichtigste Ziel Moskau sein müsse, da Stalin wohl bereit wäre viel für die Verteidigung der Hauptstadt zu opfern; das sei die beste Möglichkeit zur Vernichtung der Roten Armee. Am 19. Juli legte Hitler jedoch fest, dass nun Leningrad und die Ukraine Vorrang hätten; also erhielt die Heeresgruppe Mitte den Befehl ihre beiden

Panzergruppen nach der Zerschlagung des riesigen Kessels bei Smolensk abzugeben. Moskau sollte bis zur Unterwerfung lediglich bombardiert werden.

Abgesehen von der Tatsache, dass die Luftwaffe, die keine schweren Bomber besaß, zu schlecht ausgerüstet war um eine strategische Bomberoffensive gegen die sowjetische Hauptstadt starten zu können, hatte die Heeresgruppe Mitte bis dahin die besten Ergebnisse erzielt. Sie ihrer Panzergruppen zu berauben hieß, die militärische Grundlehre von der Untermauerung des Erfolges zu ignorieren. Doch es war schwierig für Brauchitsch, gegen Hitler zu disputieren, da dieser auf zahlreiche Beispiele aus den früheren Feldzügen verweisen konnte, in denen sich seine Generäle zu Unrecht als Zweifler gezeigt hatten.

Stalin war sich bewusst, dass immer mehr seiner Armeen vernichtet wurden. Er beschloss daher ebenfalls, die direkte Kontrolle über die Operationen zu übernehmen, und ernannte sich zum Volkskommissar für Verteidigung. Seit den Säuberungsaktionen hatte die Kommunistische Partei der Sowjetunion die Streitkräfte unter ihrer Kontrolle; so wurden beispielsweise den Befehlshabern, ganz gleich auf welcher Kommandoebene, Politoffiziere zur Seite gestellt. Nun verstärkte die KPdSU ihren Zugriff auf alle Bereiche des Lebens in der Sowjetunion. Stalin gründete die Stawka, das Hauptquartier des Oberkommandos (später HQ des Obersten Kommandos, dann HQ des Kommandos des Obersten Befehlshabers), das sämtliche militärische Operationen leiten sollte. Anstatt die nachgeordneten Hauptquartiere aufzusuchen, wie es Hitler tat, stützte sich Stalin auf Vertreter, verlässliche und erfahrene Offiziere der Stawka, die er an Krisenstellen entsandte, wo sie die Sache in ihre Hände nahmen. Er setzte zudem eine Reihe drakonischer Maßnahmen durch. Viele der Generäle, die den Anfang des deutschen Blitzkrieges erlebt hatten, wurden von ihren Pflichten entbunden und exekutiert. Dieses Vorgehen brachte allmählich hartnäckige und skrupellose Befehlshaber hervor, die zuverlässig ihre Weisungen erfüllten, ganz gleich, wie viele menschliche Opfer es auch kosten mochte. So erließ Stalin auch einen Befehl, nach dem die Truppen bis zum letzten Mann kämpfen mussten und den Familien der Soldaten, die sich erge-

In der ersten Hälfte des Krieges rüsteten die Deutschen einige ihrer Panzerdivisionen teilweise mit tschechischen PzKpfw 38 (t) aus, da die einheimische Produktion nicht mit dem raschen Ausbau der Panzerwaffe Schritt halten konnte.

ABB. GEGENÜBER: Ein deutsches 210-mm-Eisenbahngeschütz in Aktion. Deutschland entwickelte verschiedene Typen von Eisenbahngeschützen, deren größtes Kaliber 520 mm betrug. Sie wurden zum Beschuss Großbritanniens von Frankreich aus sowie bei der Belagerung Leningrads und Sewastopols eingesetzt. Das abgebildete Modell hatte eine Reichweite von rund 110 km.

ben hatten, alle Rechte entzogen wurden. Selbst jene Rotarmisten, denen die Flucht aus der Gefangenschaft gelungen war oder die man aus der deutschen Gefangenschaft befreit hatte, fanden sich oftmals in Strafbataillonen wieder.

Die Deutschen gingen mit Härte gegen die Russen und die anderen Völker der Sowjetunion vor, die Hitler als Untermenschen betrachtete. Die Behandlung der sowjetischen Kriegsgefangenen widersprach – anders als die der alliierten Gefangenen – den Bestimmungen der Genfer Konvention. Das mochte in den ersten Tagen nach einer Kapitulation verständlich sein, da die deutschen Armeen nicht sofort über ausreichend Lebensmittel und Unterkünfte verfügten um die mitunter Hunderttausende, die in den großen Kesseln gefangenen genommen worden waren, zu versorgen. Doch auch später, als sie in ordnungsgemäßen Kriegsgefangenenlagern untergebracht waren, änderte sich die Situation für die sowjetischen Soldaten nicht. Sie verschlimmerte sich noch, denn man zog die meisten gefangenen Rotarmisten zu Sklavenarbeit heran.

Hitler ließ unter der Bevölkerung der Sowjetunion zwei besondere Zielgruppen verfolgen: Das waren zum einen die Mitglieder der KPdSU, über deren Schicksal sein berüchtigter Kommissarbefehl entschied, der bereits vor dem Einmarsch in die UdSSR ausgegeben worden war und der die Erschießung aller Politoffiziere verlangte. Hitlers zweites Ziel waren die sowjetischen Juden, die ebenfalls liquidiert werden sollten. Diese Aufgabe wurde den mobilen Einsatzgruppen der Sicherheitspolizei und des SD übertragen, die im Gefolge der vorrückenden Truppen tätig waren und sich buchstäblich als Vernichtungskommandos erwiesen. Die Wehrmacht versuchte zwar sich von den Aktivitäten der Einsatzgruppen zu distanzieren, wurde aber dennoch hineingezogen, wenn auch mitunter nur als Augenzeuge der Massenerschießungen.

Die Besatzung einer 37-mm-PaK 36 beim Angriff auf sowjetische Panzer. Jedes deutsche Infanterieregiment (aus zwei oder drei Bataillonen bestehend) hatte eine Kompanie mit diesen Geschützen in ihrem Bestand.

Viele Sowjetbürger in den besetzten Gebieten, besonders in der Ukraine, wo der Wunsch nach völliger Autonomie schon immer stark gewesen war, hießen die deutschen Invasionstruppen willkommen. Sie glaubten, die Deutschen seien gekommen um sie von der Herrschaft der Kommunisten zu befreien. Als die Zahl ihrer Gefallenen stieg, rekrutierten die Deutschen ganz im Widerspruch zu der nazistischen Rassenlehre auch sowjetische Kriegsgefangene – so genannte Hiwis (Hilfswillige) – um ihre geschwächten Kampfverbände aufzufüllen. Bald jedoch wandten sich viele andere Bürger der UdSSR, die die wahre Natur ihrer Besatzer erkannt hatten, gegen die Deutschen. Sie traten in Partisanengruppen ein und wurde in den Wäldern und Sümpfen von Soldaten unterrichtet, die der Gefangenschaft entgangen waren. Die Partisanenverbände saßen bald wie ein Dorn im Fleisch der deutschen Verbindungslinien. Auch Stalin stärkte die Entschlossenheit zum Widerstand, indem er nicht mehr zur Verteidigung des Marxismus-Leninismus aufrief, sondern unmittelbar an den Patriotismus der Bevölkerung appellierte.

Während die UdSSR also ihre zivilen Kräfte mobilisierte, wurde die militärische Lage immer trostloser. Zwar konnte der Vormarsch der Heeresgruppe Nord dank der dichten Bewaldung des Terrains und der

Sowjetisches Plakat, das zu Ruhmestaten zum Schutz des Vaterlandes anspornen soll. Nicht der Appell zur Verteidigung des Marxismus-Leninismus, sondern der Aufruf zum Kampf um die Heimat aktivierte die meisten Sowjetbürger.

wachsenden Erschöpfung der Truppen verlangsamt werden. Dennoch erreichte Leeb Anfang September Leningrad. Inzwischen hatte Finnland der Sowjetunion den Krieg erklärt und auf der Karelischen Halbinsel eine Offensive in Richtung Süden gestartet, die Leningrad von Norden her bedrohte. Finnland weigerte sich zwar seine Truppen über die Grenzen von 1939 hinaus vorstoßen zu lassen, doch die Operationen reichten aus um Leningrad abzuschneiden; der einzige noch verbliebene Weg aus der Stadt heraus führte über den südlichen Teil des Ladogasees. Noch vor der Abgabe ihrer Panzerverbände hatte die Heeresgruppe Mitte im Raum Smolensk einen weiteren großen Kessel geschaffen und vernichtet. Dabei wurden 310 000 Rotarmisten gefangen genommen. Außerdem erlebte Moskau am 22. Juli seinen ersten Luftangriff, an dem 127 Flugzeuge teilnahmen. Bis zum Ende des Jahres sollte die Luftwaffe noch weitere 75 Angriffe auf die sowjetische Hauptstadt fliegen, doch der Bedarf der Bodentruppen an Luftunterstützung war so groß, dass an den Angriffen nie mehr als 60 Bomber teilnehmen konnten.

Mit Hilfe der Panzerkräfte, die von der Heeresgruppe Mitte abgezogen worden waren und nun unter dem Befehl Guderians standen, gelang es Rundstedt, einen riesigen Kessel rund um die ukrainische Hauptstadt Kiew zu bilden. Als dieser am 10. September schließlich vernichtet wurde, gerieten weitere 600 000 sowjetische Soldaten in deutsche Gefangenschaft. Der Hauptanteil dieser Verluste traf die Südwestfront, die in zwei Kriegsmonaten über 80 Prozent ihrer zahlenmäßigen Stärke verlor. Danach drängte die Heeresgruppe Süd weiter in Richtung Donez und stieß bis auf die Krim vor, wo der Stützpunkt der Schwarzmeerflotte belagert wurde.

Am 5. September 1941 änderte Hitler seinen Sinn. Moskau sollte noch einmal den Vorrang haben. Die Heeresgruppe Nord musste ihre Panzer- und Fliegerkräfte der Heeresgruppe Mitte zur Verfügung stellen und nach der Vernichtung des Kiewer Kessels hatte die Heeresgruppe Süd die Panzergruppe, die an sie ausgeliehen worden war, wieder abzugeben. Die Umgruppierung kostete Zeit und Bock war nicht bereit vor Monatsende mit dem Vorstoß auf Moskau zu beginnen. Am 27. September fiel der erste Herbstregen, der Vorbote des russischen Winters. Bis Moskau hatte die Heeresgruppe noch rund 320 km zurückzulegen. Die Stadt noch vor dem Einsetzen der Schneefälle einzunehmen würde einen weiteren blitzartigen Vorstoß erforderlich machen.

Am 30. September startete Bock seine Offensive, die den Tarnnamen „Taifun“ trug. In kurzer Zeit schufen seine Truppen zwei große Kessel, doch diesmal gelang es den meisten bei Brjansk eingeschlossenen Rotarmisten, auszubrechen und weiterzukämpfen. Ihnen war bewusst, welche Gefahr der Hauptstadt drohte. Anders als im Jahr 1812, als die Russen Napoleon ungehindert in die Stadt eindringen ließen, war Stalin 1941 entschlossen Moskau zu halten. Am 10. Oktober wies er seinen wichtigsten „Feuerwehrmann" G. K. Shukow an mit der neu geschaffenen Westfront die Verteidigung zu organisieren. Shukow ließ westlich der Stadt Panzergräben anlegen und traf Vorkehrungen für den Transport von Verstärkungen aus Sibirien in den Moskauer Raum. Obwohl sie wegen der anhaltenden Regenfälle langsamer vorankamen, näherten sich die deutschen Truppen der Hauptstadt und unter deren Bewohnern breitete sich Panik aus. Viele Moskauer verließen die Stadt und verschiedene Regierungsstellen und ausländische Botschaften wurden in Richtung Osten evakuiert. Stalin blieb in Moskau.

Hitler entschloss sich nun seine Truppen nicht direkt auf Moskau vorstoßen, sondern die Stadt durch eine doppelte Umfassung einschließen zu lassen. Allerdings forderte die herbstliche Schlammperiode ihren Tribut: Das Nachschubsystem brach zusammen und die Panzer blieben wegen Treibstoffmangels liegen. Die Zuführung von Ersatztruppen konnte mit den wachsenden Verlusten nicht Schritt halten, so

Finnische Scharfschützen in Aktion. Finnland beteiligte sich an dem Unternehmen „Barbarossa" um das nach dem Finnisch-Sowjetischen Winterkrieg (1939–1940) verlorene Territorium zurückzugewinnen. Seine Truppen halfen dabei, Leningrad von Norden her abzuschneiden. Nachdem sie auf der Karelischen Landenge die Grenze von 1939 erreicht hatten, stoppten sie ihre Offensive.

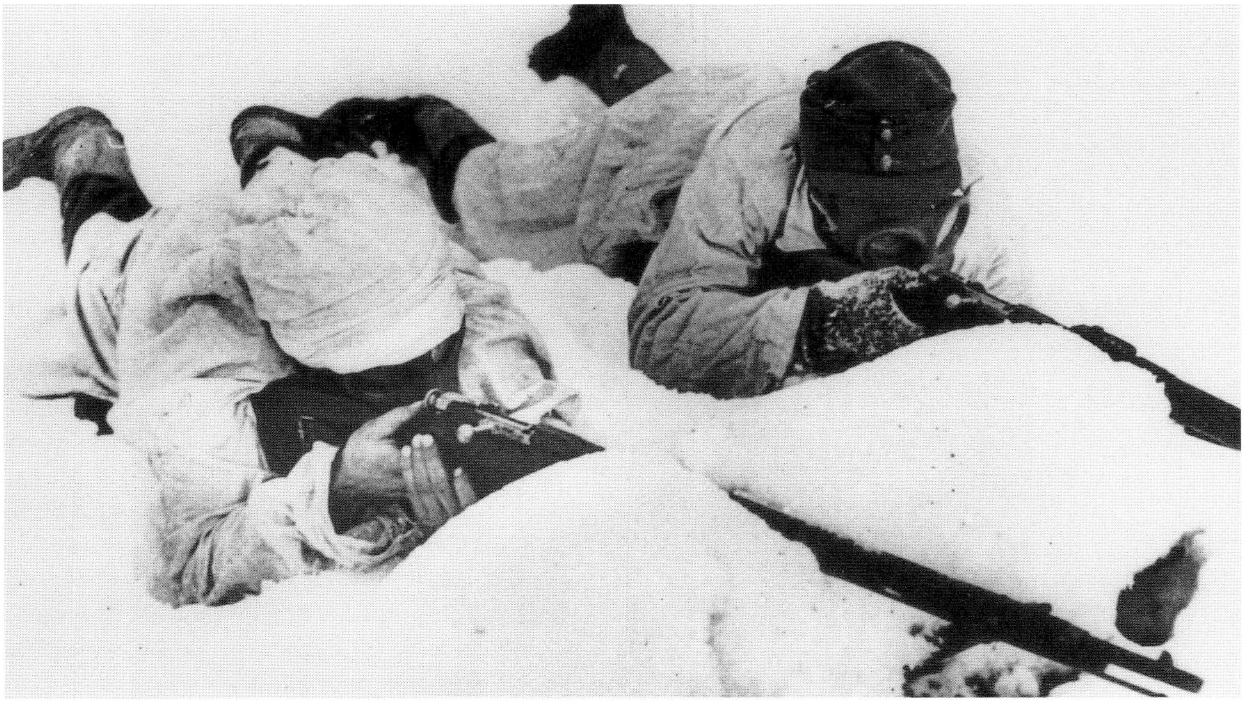

dass viele Einheiten auf die Hälfte ihrer Sollstärke reduziert waren. Ende Oktober musste ein zeitweiliger Haltebefehl gegeben werden, der den sowjetischen Truppen eine lebenswichtige Atempause verschaffte. Mitte November dann hatte Shukow 80 Divisionen – viele davon aus Sibirien – zur Verteidigung Moskaus zusammengezogen. Die Temperaturen waren gefallen, aus dem Dauerregen wurde Schnee und der Boden gefror. Die Deutschen konnten ihren Vorstoß zwar fortsetzen, doch die Truppen waren für den russischen Winter nur mangelhaft ausgerüstet; an die Versorgung der Soldaten mit warmer Bekleidung hatte man nicht gedacht.

Inzwischen hatte die Heeresgruppe Süd Charkow eingenommen und mit Ausnahme Sewastopols die gesamte Krim besetzt. Sie erreichte Ende November schließlich Rostow am Don, das Tor zum Kaukasus, und nahm die Stadt ein.

Der letzte Vorstoß auf Moskau. Hier nähern sich deutsche Infanteristen und Panzerkräfte vorsichtig einem russischen Dorf. Die deutschen Soldaten sollten unter den bald einsetzenden starken Frösten sehr zu leiden haben, denn bis zum Eintreffen warmer Bekleidung würde aufgrund der überdehnten Nachschublinien noch eine ganze Zeit vergehen.

Die Moskauer Operation wurde am 15. November wieder aufgenommen; nach acht Tagen hatte der nördliche Angriffskeil einen 48 km von der Hauptstadt entfernten Punkt erreicht. Nun begannen die Deutschen auf die Befestigungsanlagen vorzurücken, die Moskau schützen sollten. Doch in der Nacht vom 4. zum 5. Dezember fielen die Temperaturen plötzlich auf –35°C. Am Morgen darauf sprangen die Panzermotoren nicht an, waren die Waffen eingefroren, zeigte der Frost in den Reihen der Soldaten verheerende Wirkung. Moskau war gerettet.

Hitler genehmigte nur widerstrebend lokal begrenzte Rückzüge auf besser zu verteidigendes Terrain vor Moskau. Doch er war wütend auf Rundstedt, der seine Truppen von Rostow zurückgezogen hatte, als sie durch einen sowjetischen Gegenangriff in eine gefährliche Lage geraten waren. So entließ er den Oberbefehlshaber der Heeresgruppe Süd und an dessen Stelle trat Generalfeldmarschall Walter von Reichenau, der aber bald darauf einem Herzanfall erlag. Vor Moskau unternahm die Rote Armee nun eine Reihe von Gegenangriffen. Obwohl sie nur in begrenztem Rahmen vorrücken konnte, war der Druck auf den Gegner so groß, dass Brauchitsch weitere Rückzüge genehmigte. Hitler widerrief die Genehmigung, entließ den Oberbefehlshaber des Heeres und verkündete, dass er selbst dessen Stelle übernehmen werde. Zur gleichen Zeit meldete sich der von der Schlacht um Moskau erschöpfte Bock krank. Er wurde durch Generalfeldmarschall Günther von Kluge ersetzt.

Anfang Oktober hatte Hitler öffentlich damit geprahlt, dass die Sowjetunion gebrochen sei und sich nie mehr erheben werde. Jetzt, mehr als zwei Monate danach, begann das deutsche Volk zu begreifen, wie weit diese Behauptung von der Wahrheit entfernt war. Der Argwohn der Deutschen, dass an der Ostfront nicht alles zum Besten stand, wurde noch verstärkt, als der Reichsminister für Volksaufklärung und Propaganda Josef Goebbels kurz vor Weihnachten über den Rundfunk zum Spenden von Winterkleidung für die Soldaten aufrief. Dieser Appell verdeutlichte den Gegensatz zum Weihnachtsfest des Jahres 1940, als sich die deutschen Soldaten nicht unmittelbar im Kampf befanden. Jetzt, da auch Amerika in den Krieg eingetreten war, begriffen die Deutschen allmählich, dass sie einen langen Kampf zu erwarten hatten.

Obwohl die Deutschen schließlich gestoppt worden waren, war die Lage in der Sowjetunion nach wie vor schlimm. Praktisch der gesamte Westen der UdSSR befand sich unter der Herrschaft der Nazis. Die Lebensbedingungen in Leningrad verschlechterten sich zusehends und der Hunger ging in der Stadt um. Zwar war eine schwache Versorgungslinie über den inzwischen zugefrorenen Ladogasee eingerichtet worden, doch konnte auf diesem Wege nur ein Bruchteil der benötigten Nahrungsmittel in die Stadt geschafft werden. Die Anstrengungen der Roten Armee im Januar 1942, die Stadt zu entsetzen, schlugen fehl. Jetzt wurde die sowjetische Rüstungsindustrie an Standorte jenseits des Uralgebirges und damit außerhalb der Reichweite der deutschen Bombenflugzeuge verlagert. Mit dem Ausbau der kriegswichtigen Produktion im Jahr 1942 übertraf die Sowjetunion alle anderen Krieg führenden Staaten außer den USA. Das gelang zum Teil dadurch, dass man den Arbeitern in der Schwerindustrie höhere Lebensmittelrationen bot. Der Verlust der Ukraine beeinträchtigte jedoch die Nahrungsgüterproduktion schwer und die Rationierung wurde so streng, dass die für den Durchschnittsbürger verfügbare tägliche Kalorienmenge bedenklich sank.

In der Sowjetunion wurden in größerem Umfang als anderswo die Frauen mobilisiert. Im Gegensatz zu den anderen Krieg führenden Nationen setzte man sie hier auch an der Front ein – als Maschinengewehrschützen, als Scharfschützen und als

Mitglieder von Panzerbesatzungen. Es gab sogar einen Bomberverband mit ausschließlich weiblicher Besatzung.

In den ersten Monaten des Jahres 1942 fanden nahezu an der gesamten Front sowjetische Gegenangriffe statt. Obwohl diese Aktivitäten zeigten, dass die Rote Armee noch nicht für einen Übergang zur Offensive bereit war, verhinderte der Druck auf die gegnerischen Truppen, dass diese ihr Gleichgewicht wieder fanden. Trotz dieser Tatsache und der Härte des russischen Winters leisteten die deutschen Verbände heftigen Widerstand. Anfang Februar gelang es der Roten Armee erstmals in diesem Krieg, im Raum Demjansk südlich des Ilmensees einen Kessel zu schaffen, in dem 90 000 Deutsche eingeschlossen waren. Nun erhielt die deutsche Luftwaffe die Aufgabe die eingekesselten Soldaten bis zu deren Entsetzung zu versorgen. Hitler bestand darauf, dass es kein weiteres Zurückgehen gäbe und entließ Leeb, der um die Erlaubnis zum Rückzug gebeten hatte. Im März setzte Tauwetter ein, das die deutschen Truppen zum zeitweiligen Stoppen ihrer Operationen zwang.

Nun stellten beide Seiten neue Pläne auf. Stalins Strategie baute auf den aktiven Widerstand, mit dem er in den ersten Monaten des Jahres 1942 operiert hatte. Er erwartete einen weiteren Versuch der Deutschen, Moskau einzunehmen, und glaubte, dass Präventivangriffe die gegnerische Seite davon abhalten würden. Zur gleichen Zeit schickte er Molotow nach Großbritannien und in die Vereinigten Staaten; der Volkskommissar für Auswärtige Angelegenheiten sollte beide Staaten zur Eröffnung einer zweiten Front auf dem europäischen Kontinent auffordern. Stalin hatte nun auch eine neue Kommandoebene – die sogenannte Richtung – eingeführt. Die Westrichtung unter ihrem Oberbefehlshaber Shukow kontrollierte die nördliche

Deutsches Universal-Maschinengewehr Modell MG 34. Es hatte eine sehr hohe Feuergeschwindigkeit (850 S/min). Später wurde es teilweise durch das Modell MG 42 ersetzt, dessen Fertigungstechnologie eine Massenproduktion in ausreichender Stückzahl erlaubte.

Hälfte der rund 1900 km langen Front, für den Rest war die Südwestrichtung unter Timoschenko verantwortlich. Diese zusätzliche Befehlsebene erwies sich jedoch als hinderlich und wurde deshalb nach einigen Monaten wieder abgeschafft.

Stalin hatte sich mit seiner Meinung, dass die Deutschen die Offensive wieder aufnehmen würden, zwar nicht geirrt, doch Hitlers Aufmerksamkeit richtete sich nicht mehr auf Moskau. Der Hauptstoß sollte von der Heeresgruppe Süd geführt werden, wobei das strategische Ziel die Ölfelder des Kaukasus waren. Damit sollten nicht nur starke Kräfte der Roten Armee zur Verteidigung des lebenswichtigen Rohstoffes gebunden, sondern auch die deutschen Ölvorräte aufgestockt werden. Obwohl in Deutschland selbst gerade eine Industrie zur Erzeugung von synthetischem Öl aufgebaut wurde, die bald mehr Treibstoff liefern würde als Ploeşti, war man zu dieser Zeit größtenteils noch von den rumänischen Öllieferungen abhängig. Die Vorgehensweise des Unternehmens „Blau" war großartig: Die Heeresgruppe Süd musste in zwei Heeresgruppen – A und B – unterteilt werden. Die Heeresgruppe A sollte nördlich von Charkow angreifen und dann zwischen Donez und Don in Richtung Südosten vorstoßen. Sie würde sich am Zusammenfluss der beiden Flüsse mit der Heeresgruppe B vereinigen. Die Achse des Vorstoßes würde dann nach Süden in Richtung Kaukasus schwenken. Ein Nebenvorstoß sollte nun Stalingrad an der Wolga sichern um damit dem Hauptvorstoß Flankenschutz zu geben. Außerdem wurde ein Täuschungsplan aufgestellt, der die Rote Armee in ihrem Glauben bestärken sollte, Moskau sei noch immer das Hauptziel der Deutschen.

Stalins Taktik der Präventivangriffe nahm eine interessante Wendung, als Timo-

Sowjetischer Gegenangriff im Winter 1941/42. Panzer vom Typ T-34 mit aufgesessener Infanterie, die mit Maschinenpistolen bewaffnet ist, gehen zum Angriff vor. Weil es der Roten Armee an gepanzerten Mannschaftswagen fehlte, wurde die Infanterie häufig auf diese Weise über das Schlachtfeld transportiert. Da sie aber die Sicht des Panzerkommandanten und das Schwenken des Turmes störten, mussten die Infanteristen sofort abspringen, sobald der Gegner das Feuer auf ihren Panzer eröffnete.

Sowjetische Infanteristen mit Maschinenpistolen Modell Schpagin PPSch 1941. Das Trommelmagazin der Waffe enthielt 71 Schuss Munition, die Feuergeschwindigkeit betrug 900 S/min.

schenko am 12. Mai südlich von Charkow eine Offensive startete. Der Angriff traf die deutsche 6. Armee inmitten ihrer Vorbereitungen zur Begradigung des dortigen Frontvorsprunges, aus dem heraus die sowjetischen Truppen ihren Schlag führten. Folglich kam die Offensive anfangs gut voran und die 6. Armee wurde über den Fluss Orel zurückgeworfen. Doch dann stießen deutsche Panzer in die sich immer weiter ausdehnenden sowjetischen Flanken hinein. Die Südwestfront, die die Offensive anführte, wurde völlig abgeschnitten und praktisch zerschlagen. Das war ein gutes Zeichen für das Unternehmen „Blau".

Zur gleichen Zeit hatte die 11. Armee unter Manstein die ersten sowjetischen Verbände von der östlichen Krim vertrieben, die die Rote Armee im Winter zurückerobert und für die Verteidigung Sewastopols vorbereitet hatte. Die Garnison der Hafenstadt leistete lange Zeit erbitterten Widerstand und konnte Sewastopol bis Anfang Juli halten. Die Festung fiel dann erst nach massiven Bombenangriffen und schwerem Artilleriebeschuss an die Deutschen. Hitler war über diesen Sieg erfreut und entsandte Manstein nun nach Leningrad.

Die unterbrochenen Vorbereitungen für das Unternehmen „Blau" wurden fortgesetzt. Hitler flog in Bocks Hauptquartier um den endgültigen Plan dafür formell zu bestätigen. Doch am Vorabend der Operation gelangte dieser Plan in all seinen Einzelheiten nach dem Abschuss eines Flugzeuges in die Hände der Sowjets, die ihn zwar für authentisch hielten, jedoch überzeugt waren, dass es sich bei diesem

Unternehmen lediglich um eine Nebenoperation handle und das Hauptziel noch immer Moskau sei.

Die Offensive begann am 30. Juni. Obwohl der Vorstoß auf den Don rasch vorankam, schlugen die Versuche, die sowjetischen Truppen einzuschließen, größtenteils fehl. Die Rote Armee hatte aus den Fehlern des vorangegangenen Jahres gelernt und entzog sich dem Gegner in Richtung Osten, statt sich einkesseln zu lassen. Hitler zeigte sich zunehmend enttäuscht; schließlich entließ er Bock und löste das Hauptquartier der Heeresgruppe Süd auf. Das war ein deutliches Anzeichen dafür, dass er die Leitung selbst zu übernehmen gedachte. Hitler war überzeugt, dass im Raum Rostow noch große sowjetische Truppenverbände verblieben seien, die es einzuschließen gelte. Mit der Einkesselung beauftragte er die Heeresgruppe A, der er zur Unterstützung einen großen Teil der Panzer- und Fliegerkräfte der Heeresgruppe B unterstellte. Nach der Vernichtung der sowjetischen Truppen im Raum Rostow sollte Generalfeldmarschall Wilhelm List die kaukasische Schwarzmeerküste sowie die Ölfelder von Maikop und Grosny besetzen, ehe er nach Baku vorstieß. In Hitlers Gedanken nahm ein grandioser Plan Form an. Zu der Zeit stand Rommel vor den Toren Kairos. Der deutsche Angriff auf den Kaukasus könnte anschließend gegen den Nahen Osten gerichtet und mit den Operationen der deutsch-italienischen Truppen in Nordafrika verknüpft werden. Das würde die britische Position in diesem Raum vernichten.

Deutsche Infanterie mit einem PzKpfw III. Auf dem Hinterdeck des Fahrzeuges befindet sich ein Behälter mit Treibstoffreserven.

Am 25. Juli brach List aus seinen Brückenköpfen über den Don hinweg aus und zerschlug rasch die sowjetische Südfront. Danach stieß er schnell in Richtung Süden vor und nahm am 9. August Maikop ein. Er musste allerdings feststellen, dass die Sowjets zuvor sämtliche Ölförderanlagen zerstört hatten. Inzwischen rückte die 6. Armee unter General Friedrich Paulus auf Stalingrad vor. Die 4. Panzerarmee unter Generaloberst Hermann Hoth, die zeitweilig List unterstellt gewesen war, sollte nun zurückverlegt werden, war allerdings noch nicht eingetroffen. So versuchte Paulus den Don westlich von Stalingrad zu forcieren, wurde jedoch zurückgeschlagen. Mit zusätzlicher Unterstützung durch Fliegerkräfte der Heeresgruppe A unternahm er einen weiteren, diesmal erfolgreichen Versuch und erreichte am 10. August die Randgebiete von Stalingrad. Als Paulus neun Tage später mit dem Angriff auf die Stadt begann, waren Hoths Panzer noch immer nicht zur 6. Armee gestoßen.

Der Vorstoß in den Kaukasus hatte nun das Gebirge erreicht, doch die sowjetische Verteidigung begann sich zu festigen. Das war besonders an der Schwarzmeerküste der Fall. Auch die langen Kommunikationslinien der Heeresgruppe A bremsten den Schwung der vorrückenden Verbände. Außerdem gewährte Hitler Paulus keine weitere Luftunterstützung. Seine Aufmerksamkeit richtete sich immer stärker auf die Stadt, die Stalins Namen trug. Es war eine Fixierung, die er mit seinem Gegner teilte: Am 24. August erließ Stalin den Befehl, die Stadt zu halten, und entsandte Shukow, der die Verteidigung Stalingrads koordinieren sollte.

Paulus begann nun in die Stadt vorzudringen. Straßenkämpfe sind stets ein langwieriges und kostspieliges Unterfangen, bei dem praktisch jedes Gebäude zu einem Widerstandsnest werden kann. Stalingrad bildete hier keine Ausnahme. Die Deutschen drängten die 62. Armee unter W. I. Tschuikow jedoch allmählich auf die Wolga zurück, die die Stadt in zwei Teile schneidet. Für die deutschen Truppen war es ein zunehmend mühseliger Kampf, da die Zahl der Opfer stieg. Paulus und dessen Oberbefehlshaber Generaloberst Maximilian Freiherr von Weichs zeigten sich nun auch wegen ihrer Flanken besorgt, die nicht nur weit ausgedehnt waren, sondern größtenteils von Truppen der Verbündeten Deutschlands gehalten werden mussten.

An dem Überfall auf die Sowjetunion hatten im Bestand der Heeresgruppe Süd auch ungarische, rumänische und slowakische Verbände teilgenommen. Einige Wochen darauf schickte Mussolini ein Korps, das dann bis zum Sommer 1942 zu einer Armee anwuchs. Auch Franco bewahrte sein Wohlwollen für die Achse. Obwohl er noch immer entschlossen war sein Land aus dem Krieg herauszuhalten, und das insbesondere, seit Großbritannien spanische Rohstoffimporte die strenge Seeblockade passieren ließ, schickte er einen Freiwilligenverband – die spanische Blaue Division – in die Sowjetunion. Die Truppen dieser Nationen waren im Vergleich zu den Deutschen weniger gut ausgerüstet, und ihr kämpferisches Format war im Allgemeinen schlechter. Man setzte sie daher meist an zweitrangigen Stellungen ein. Bei Stalingrad jedoch wurde jeder deutsche Soldat in den Kampf um die Stadt einbezogen. Deshalb mussten ausschließlich Truppen der Verbündeten die Flanken des tiefen Frontvorsprunges sichern.

Mit dem Nahen des Herbstes wurde die Schlacht um Stalingrad immer unbarmherziger geführt. Am Ostufer der Wolga waren Verstärkungen für die Verteidiger eingetroffen und es entstand eine Pattsituation. Das Gleiche geschah im Kaukasus, wo die Heeresgruppe A Anfang November schließlich zum Stehen kam. Die Kämpfe hatten die Frontlinie im Osten auf über 3200 km verlängert. Dadurch wurden die zahlenmäßig unterlegenen deutschen Truppen stärker auseinander gezogen als die ihrer Gegner. Die Reserven zum Auffüllen des Mannschaftsbestandes erlaubten es der Roten Armee nun, zur Offensive überzugehen.

Der Kaukasus
(Juni – November 1942)
Angriffe deutscher Truppen
Rückzug deutscher Truppen
deutsche Frontlinie
Rückzug sowjetischer Truppen
Ölfeld
Deutsche Frontlinien:
1 Juni 1942
2 23. Juli 1942
3 November 1942
2000
1500
1000
500
200
0 m
100 km
100 Meilen
U d S S R
UKRAINE
Kasachstan
GEORGIEN
TÜRKEI
ARMENIEN
ASERBAIDSHAN
Asowsches Meer
Schwarzes Meer
Kaspisches Meer
Kaukasus
Tula
Pensa
Tambow
Jelez
Kursk
Woronesh
Saratow
Swoboda
Belgorod
Pawlowsk
Charkov
Kamyschin
Isjum
Stalingrad
Lugansk
Baskuntschak
Nowotscherkassk
Rostow
Mariupol
Jejsk
Astrachan
Elista
Ulan Erge
Kertsch
Taman
Kropotkin
Krasnodar
Armawir
Stawropol
Noworossisk
Maikop
Georgijewsk
Kisljar
Tuapse
Pjatigorsk
Mosdok
Sotschi
Grosny
Ordshonikidse
Machatschkala
Suchumi
Poti
Kutaissi
Tiflis
Batumi
Don
Donez
Chopjor
Medwediza
Sura
Wolga
Kuban
Kuma
XXXXX WORONESHER FRONT GOLIKOW
XXXXX SÜDWESTFRONT WATUTIN
XXXXX DONFRONT ROKOSSOWSKI
XXXXX STALINGRADER FRONT YEREMENKO
XXXXX NORDKAUKASUSFRONT BUDJONNY
XXXXX TRANSKAUKASUSFRONT TJULENEW
XXXXX SÜD BOCK
XXXXX B WEICHS
XXXXX A LIST
XXXX 2 (ungar.) (Truppenteile)
XXXX 6 PAULUS
XXXX 4 HOTH
XXXX 1 KLEIST
XXXX 17 RUOFF
XXXX 8 (italien.)
XXXX 3 (rumän.)
XXXX 4 (rumän.)
XXXX 11 (-)
XXXX 1 Garde
XXXX 5
XXXX 60
XXXX 40
XXXX 6
XXXX 2
XXXX 21
XXXX 65
XXXX 24
XXXX 66
XXXX 62
XXXX 64
XXXX 57
XXXX 51
XXXX 28
XXXX 44
XXXX 9
XXXX 47
XXXX 56
XXXX 12
XXXX 18
XXXX 37
40°
45°
50°

Kämpfe in den Vororten von Stalingrad. Hier wird eine sowjetische Stellung mit einem 75-mm-Infanteriegeschütz und einer Pak 38 angegriffen.

Der sowjetischen Truppenführung war die Schwäche und Verwundbarkeit der Flanken des Stalingrader Frontvorsprunges nicht verborgen geblieben. Paulus, der sich mit der Eroberung der Stadt abmühte, plante einen Nachstoß. Am 19. November griffen die Südwestfront und die Donfront die Nordflanke des Frontvorsprunges an, deren Verteidigung der rumänischen 3. Armee oblag. Am nächsten Tag attackierte die Stalingrader Front die rumänische 4. Armee im Süden. Nach konzentriertem Beschuss und massierten Angriffen durch Panzerkräfte und Infanterie brachen die rumänischen Verbände bald zusammen. Am 23. November schloss sich die Zangenbewegung der Roten Armee und schnitt die deutsche 6. Armee und einen Teil der 4. Panzerarmee ab. Göring erinnerte an den Erfolg der Luftwaffe im Februar bei der Versorgung der deutschen Truppen im Demjansker Kessel und erklärte, diese Leistung auch in Stalingrad vollbringen zu können. Hitler, dessen Stalingrad-Pläne so kurz vor der Realisierung zu stehen schienen, befahl Paulus deshalb, an Ort und Stelle zu bleiben und keinen Ausbruchsversuch zu wagen. Er organisierte auch eine Entsatztruppe – die von Manstein befehligte Heeresgruppe Don –, die die sowjetische Verteidigung durchbrechen und Paulus' Armee befreien sollte.

Manstein beabsichtigte diese Operation, die den

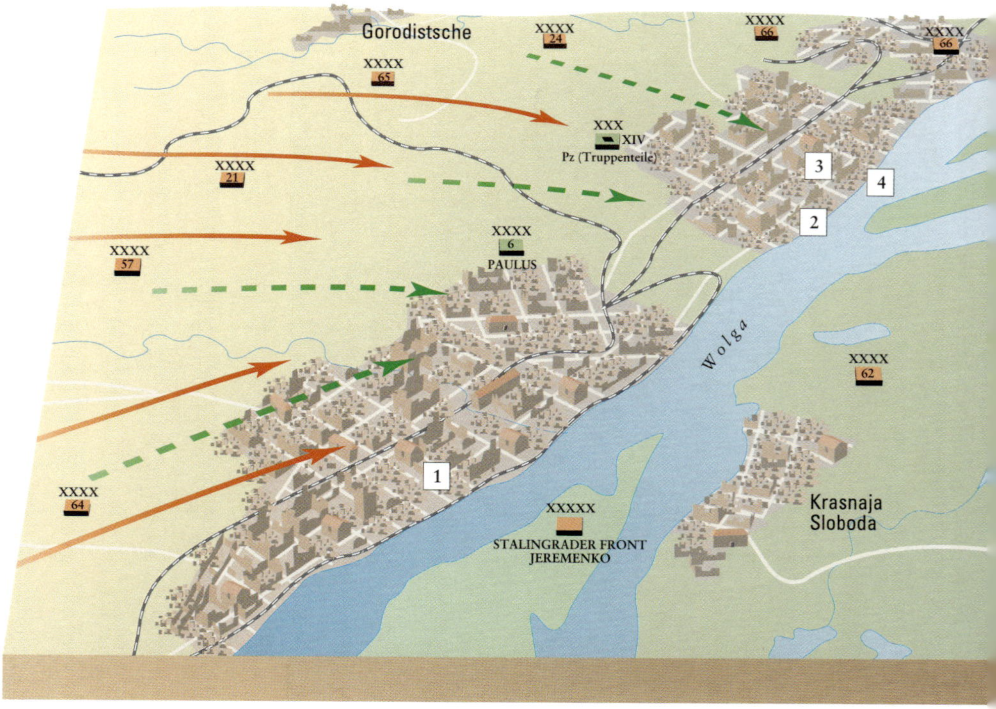

1 Getreidesilo

2 Öldepot

3 Fabrik „Roter Oktober“

4 Fabrik „Barrikaden“

5 Traktorenwerk

Tarnnamen „Wintergewitter" erhielt, möglichst frühzeitig durchzuführen, da jede Verzögerung die sowjetische Verteidigung stärken würde. Doch der unaufhörliche Druck der sowjetischen Verbände auf die Heeresgruppe B zwang ihn einen Teil seiner Reserven einzusetzen, und so konnte er den geplanten Angriff erst am 12. Dezember starten. Unterdessen hatten die sowjetischen Verbände versucht den Stalingrader Kessel in zwei Teile aufzuspalten, stellten ihre Angriffe aber nach fünf Tagen praktisch ergebnisloser Anstrengungen ein. Am 16. Dezember starteten sie zu einem neuen Ansturm. Er war gegen die italienischen Verbände gerichtet, die den nördlichen Teil der Front der Heeresgruppe B hielten. Mit dem raschen Zusammenbruch der Italiener wurde die Nordflanke der Heeresgruppe B aufgerollt. Manstein hatte inzwischen einen Punkt 25 km vor dem Kessel erreicht, wurde dann aber durch eine starke sowjetische Verteidigung an der Myschkowa zurückgeworfen. Er

schlug Paulus vor aus dem Kessel auszubrechen, doch dieser weigerte sich, da der „Führer" ihm befohlen hatte in Stalingrad auszuhalten. Die sowjetischen Verbände griffen die rumänische 4. Armee im südlichen Teil der Front der Heeresgruppe B nun erneut an. Angesichts der Gefahr, dass sie und die Heeresgruppe Don eingeschlossen werden könnten, billigte Hitler einen allgemeinen Rückzug.

Damit entstand zwischen Paulus und der deutschen Hauptstreitmacht in diesem Gebiet eine Distanz von rund 200 km, die die Aufgabe der Luftwaffe, die Eingeschlossenen zu versorgen, zusätzlich erschwerte. Um in dem Kessel weiter bestehen zu können benötigte Paulus für seine Truppen täglich 750 Tonnen Nachschub. Doch Görings Transportflugzeuge hatten bisher bestenfalls 250 Tonnen heranschaffen können. Jetzt verringerte sich die Menge auf durchschnittlich 80 Tonnen pro Tag. Bei den Versorgungsflügen gingen zudem fortwährend Flugzeuge verloren. Die Rote Armee verstärkte ihren Druck auf den Kessel stetig und die Lage der eingeschlossenen Verbände wurde immer verzweifelter. Ein Flugplatz nach dem anderen wurde überrannt. Dennoch untersagte Hitler auch weiterhin jeglichen Ausbruchsversuch. Dabei machte der elende Zustand der deutschen Truppen im Kessel eine Offensivhandlung ohnehin unmöglich.

Im Deutschen Reich schilderte derweil die Propagandamaschinerie die Schlacht

Die nazistische Propagandamaschinerie malte die letzten Tage des Kampfes der 6. Armee in Stalingrad als heroischen, aber chancenlosen Kreuzzug aus.

um Stalingrad als heroischen Kampf gegen die „bolschewistischen Horden“, der auch die kommenden Generationen noch begeistern werde. Entsprechend klang die letzte Mitteilung, die Paulus am 30. Januar 1943, seinem Geburtstag, an Hitler sandte und in der er erkennen ließ, dass er nicht aufgeben werde. Hitler zeichnete ihn prompt mit der Beförderung zum Generalfeldmarschall aus, doch hoffte er insgeheim, dass Paulus und dessen ranghohe Offiziere den ehrenvollen Weg des Freitodes wählen würden. Zu dieser Zeit war die 6. Armee bereits auf zwei kleine Kessel innerhalb Stalingrads reduziert worden. Paulus kapitulierte am nächsten Tag, die Verbände im nördlichen Kessel hielten sich nur zwei Tage länger.

Im Kampf um Stalingrad fielen 110 000 Deutsche; weitere 90 000, von denen nur ein kleiner Teil die Heimat wieder sah, gerieten in sowjetische Gefangenschaft. Paulus und einige andere Generäle waren von der Behandlung, die die 6. Armee durch Hitler erfahren hatte, so verbittert, dass sie sich später für die Zwecke der sowjetischen Propaganda einsetzen ließen. Die Rote Armee verlor bei der Verteidigung Stalingrads nahezu 500 000 Mann. Sie hatte hier nicht nur die Pläne der Eindringlinge vereitelt, sondern die Deutschen entscheidend geschlagen. Von nun an waren die deutschen Armeen im Osten in der Defensive. Stalingrad war in der Tat ein bedeutender Wendepunkt des Krieges. Doch auch im Westen wendete sich das Blatt zu Ungunsten der Achsenmächte.

Die Realität von Stalingrad: 90 000 halb verhungerte deutsche Soldaten gerieten in sowjetische Gefangenschaft. Von ihnen sollten nur 5000 ihre Heimat wieder sehen.

KAPITEL FÜNF

DIE ZWEITE FRONT: DER KRIEG IN WESTEUROPA UND IM MITTELMEERRAUM (1942–1943)

US-AMERIKANISCHE SOLDATEN vor der britischen Küste. Auf der Washingtoner Konferenz im Dezember 1941 einigten sich Roosevelt und Churchill über die Stationierung US-amerikanischer Soldaten und Waffen auf den Britischen Inseln zur Vorbereitung des Sieges über die Achsenmächte. Doch die Debatte über die beste Strategie, mit der die Niederlage des gemeinsamen Gegners herbeigeführt werden sollte, zog sich das ganze Jahr 1942 bis zum Beginn des Jahres 1943 hin. Die Vertreter der USA beabsichtigten, möglichst rasch eine Invasion über den Kanal zu starten, während Großbritannien an dieses Vorhaben vorsichtiger herangehen und den Schlag im Mittelmeerraum ansetzen wollte. Zwar ließen die USA gelten, dass eine Landungsoperation über den Kanal 1942 noch nicht durchführbar sei, doch Präsident Roosevelt wollte noch vor Ende 1942 US-amerikanische Truppen auf dem europäischen Kriegsschauplatz einsetzen um vor dem amerikanischen Volk seine Politik aufrechtzuerhalten, wonach der Sieg über Deutschland den Vorrang hatte.

DER KRIEG IN WESTEUROPA UND IM MITTELMEERRAUM (1942–1943)

Ich besuche täglich den Hauptverbandsplatz und das chirurgische Lazarett. Die Männer freuen sich, wenn ich komme. Einige von ihnen leiden, doch mit ein paar Ausnahmen sind sie alle vergnügt. Die Behandlung der Verwundeten ist viel besser als im letzten Krieg und auch die Verpflegung ist gut. Die Männer bekommen alle eine Spritze in den Arm, ehe sie ins Lazarett gebracht werden. Jeder Soldat hat drei Spritzen für subkutane Injektionen, eine Packung Tabletten und etwas Puder bei sich. Er kann sich selbst eine Spritze setzen und dann alle fünf Minuten eine Pille nehmen, bis die Flasche leer ist. Auf die Wunde streut er ein wenig Puder. Auch das Blutplasma ist gut. Hier werden eine Menge Bauchwunden behandelt.

GENERAL GEORGE S. PATTON IN EINEM BRIEF VOM 25. MÄRZ 1943 AUS TUNESIEN AN SEINE FRAU

Einer der ersten amerikanischen Soldaten, die im Rahmen des Unternehmens „Bolero" am 26. Januar 1942 in Nordirland an Land gingen. Es wurde angestrebt, monatlich 100 000 Mann aufzustellen. Bis zum Jahresende sollten eine Million Amerikaner in Großbritannien gelandet sein.

Als Hitler und Mussolini den Vereinigten Staaten am 11. Dezember 1941 den Krieg erklärten, taten sie Präsident Roosevelt damit einen großen Gefallen. Der Angriff auf Pearl Harbor hatte die USA zwar in den Krieg mit Japan gezogen, doch rechtfertigte das kaum eine Kriegserklärung auch an dessen Verbündete in Europa. Roosevelt bezweifelte, dass das amerikanische Volk eine solche Entscheidung mittragen würde. Nun waren die Würfel gefallen und Amerika führte an zwei weit voneinander entfernten Fronten Krieg. Die Frage war, an welcher Front man vorrangig kämpfen sollte.

Am 13. Dezember reiste Churchill mit seinen Militärberatern auf dem Seeweg nach Amerika um dort mit seinem neuen Verbündeten zusammenzutreffen. Die folgenden Unterredungen, die unter dem Tarnnamen „Arkadia"-Konferenz in Washington, D. C., stattfanden, waren die ersten von vielen weiteren Zusammenkünften, auf denen die Strategie der Alliierten für die jeweils nächste Kriegsphase festgelegt werden sollte. Churchill war davon überzeugt, dass der Sieg über Deutschland Vorrang vor der Niederringung Japans haben müsse, und konnte dabei auf den Plan verweisen, auf den man sich zu Beginn des Jahres während der ABC-Gespräche geeinigt hatte. Andererseits drängte die US-Kriegsmarine, die unter der Zerstörung eines Großteils ihrer Pazifikflotte litt, auf eine Offensive gegen Japan. Roosevelt gewann die Oberhand über seine Admirale, indem er darauf hinwies, dass die Marine eine Zeit lang zu Angriffsoperationen im Pazifik nicht in der Lage sein werde. Damit wurde eine Strategie nach dem Grundsatz „Germany first" angenommen.

Nun stand die Frage, auf welche Weise der Sieg in Europa errungen werden konnte. Beide Seiten stimmten darin überein, dass dafür nur eine Invasion auf dem Kontinent – mit Großbritannien als Aufmarschbasis – in Betracht käme. Folglich müssten auf den Britischen Inseln amerikanische Bodentruppen und Fliegerkräfte konzentriert werden. Die Operation erhielt die Tarnbezeichnung „Bolero". Die ersten amerikanischen Verbände trafen auch wirklich noch vor Ende Januar 1942 ein. Über die Fortsetzung der Seeblockade und der strategischen Bombardierung Deutschlands wurde auf der Konferenz ebenfalls ohne weiteres Einigkeit erzielt. Wichtig war, dass die Sowjetunion weiterhin kampffähig blieb und Krieg führen konnte; dazu würden die Lieferungen amerikanischen und britischen Kriegsmaterials beitragen. Der Nachschub sollte auf drei Routen ans Ziel gelangen – auf dem Landweg durch den Iran, auf dem Luftweg von Alaska nach Sibirien und auf dem Seeweg von Großbritannien zu den Häfen Archangelsk und Murmansk im Norden der UdSSR.

Problematischer für die Konferenzteilnehmer war die Frage, wo in Europa zuerst angegriffen werden sollte. Die Amerikaner hatten die Absicht, 1943 so früh wie möglich den Kanal zu überqueren und an der Küste des besetzten Frankreich zu landen. Die Briten, die sich mit dem Problem bereits im vorangegangenen Jahr beschäftigt hatten, konnten sich mit dieser Vorstellung zunächst nicht anfreunden. Die Niederlage von 1915 bei Gallipoli (Dardanellen) verfolgte sie noch immer wie ein Schreckgespenst und auch eine Operation im Jahr 1940 zusammen mit de Gaulle und dessen Freifranzosen gegen die Vichy-treuen Flottenverbände in Dakar hatte sich als peinlicher Fehlschlag erwiesen. Die „Nadelstich"-Überfälle der Kommandotrupps auf die feindlichen Küsten hatten nur die Komplexität der amphibischen Operationen hervorgehoben, insbesondere die Notwendigkeit einer großen Anzahl von Spezialschiffen. Dennoch hatten die Briten erkannt, dass eine frühzeitige Operation gegen Westeuropa notwendig werden könnte. Die Konferenz nahm diese Idee unter der Tarnbezeichnung „Sledgehammer" entgegen, ebenso wie den amerikanischen Vorschlag für die für 1943 geplante Operation „Round Up", eine Invasion über den Kanal.

Einsatz von Panzern des Typs Valentine 1942 bei einer Truppenübung in Großbritannien. Die Fahrzeuge waren zwar zur Unterstützung der Infanterie entwickelt worden, mussten jedoch auch zur Ausbildung des Personals der neuen Panzerverbände eingesetzt werden. Der Valentine war 1942–1943 in Nordafrika als Infanteriepanzer eingesetzt.

Großbritannien hatte jedoch einen anderen Vorschlag parat. Zu der Zeit, als die „Arkadia"-Konferenz stattfand, waren die britischen Truppen in Nordafrika gerade dabei, die deutsch-italienischen Verbände aus der Cyrenaika zu drängen. Ihr Ziel war den gesamten Norden Afrikas von den Truppen der Achsenmächte zu säubern. Das konnte durch die Landung anglo-amerikanischer Einheiten in Französisch-Nordwestafrika noch beschleunigt werden. Die Amerikaner reagierten darauf mit Argwohn. Ihr Urteil über den britischen Imperialismus fiel nicht gerade günstig aus, und so vermuteten sie hinter dem Vorschlag Großbritanniens ein verborgenes Motiv. Dennoch blieb auch „Gymnast", wie die Operation mit ihrem Tarnnamen hieß, weiter im Gespräch. Zur Prüfung der ungeklärten Fragen vereinbarten Churchill und

Westliche Wüste 1942: Die britische Besatzung eines amerikanischen Panzers vom Typ Grant bei einer Teepause. Dieser Panzertyp war mit einem 37-mm-Turmgeschütz und mit einem 75-mm-Bug-geschütz bewaffnet. Seine hochragende Silhouette erwies sich allerdings als nachteilig.

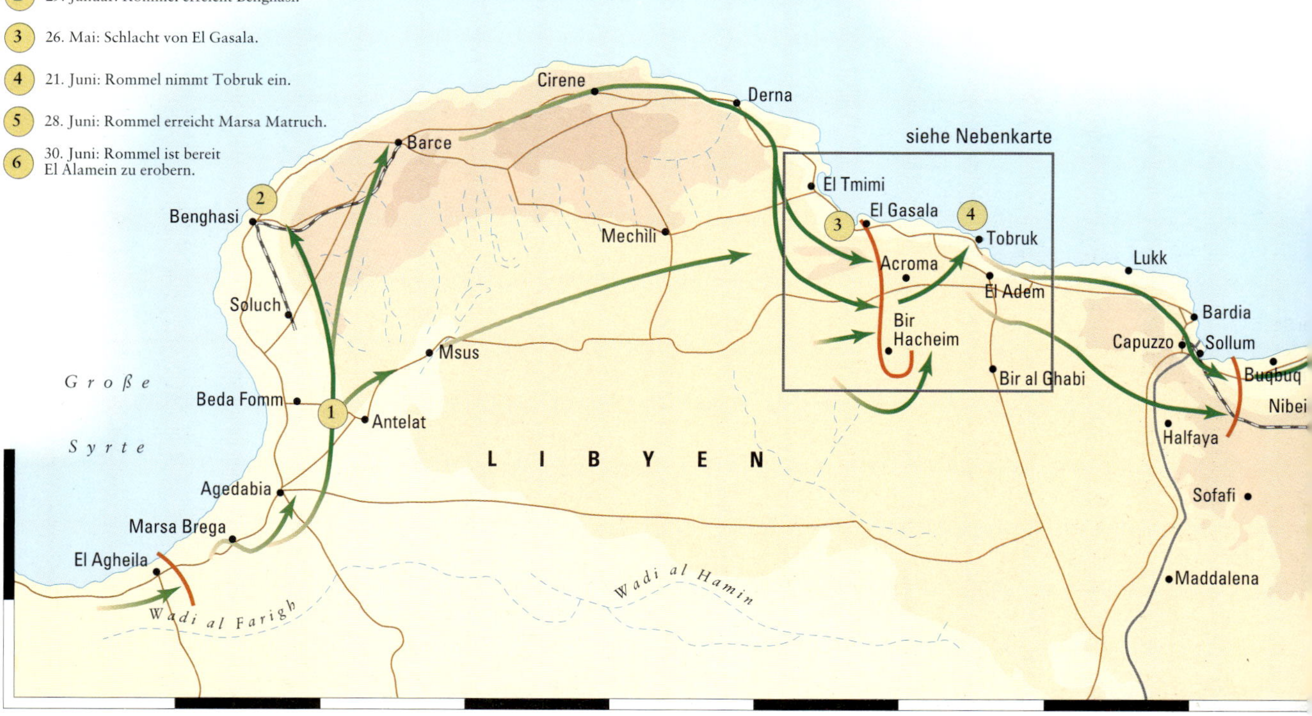

Roosevelt ein Vereinigtes Komitee der Stabschefs zu gründen. Dieses Gremium bestand aus dem US-amerikanischen Komitee der Stabschefs sowie ständigen Vertretern der britischen Stabschefs und sollte seinen Sitz in Washington haben.

Nordafrika war zu der Zeit der einzige Kriegsschauplatz, auf dem Bodentruppen der westlichen Alliierten, zumindest Verbände Großbritanniens und der Dominions, aktiv waren. Im Januar 1942 waren die britischen Einheiten wieder einmal die Herren der ostlibyschen Cyrenaika und bereiteten sich nun auf eine weitere Offensive nach Tripolitanien hinein vor. Rommel jedoch war entschlossen die überdehnten Verbindungslinien des Gegners auszunutzen, zu denen auf britischer Seite die erschwerende Tatsache hinzukam, dass der Hafen von Benghasi durch Minen

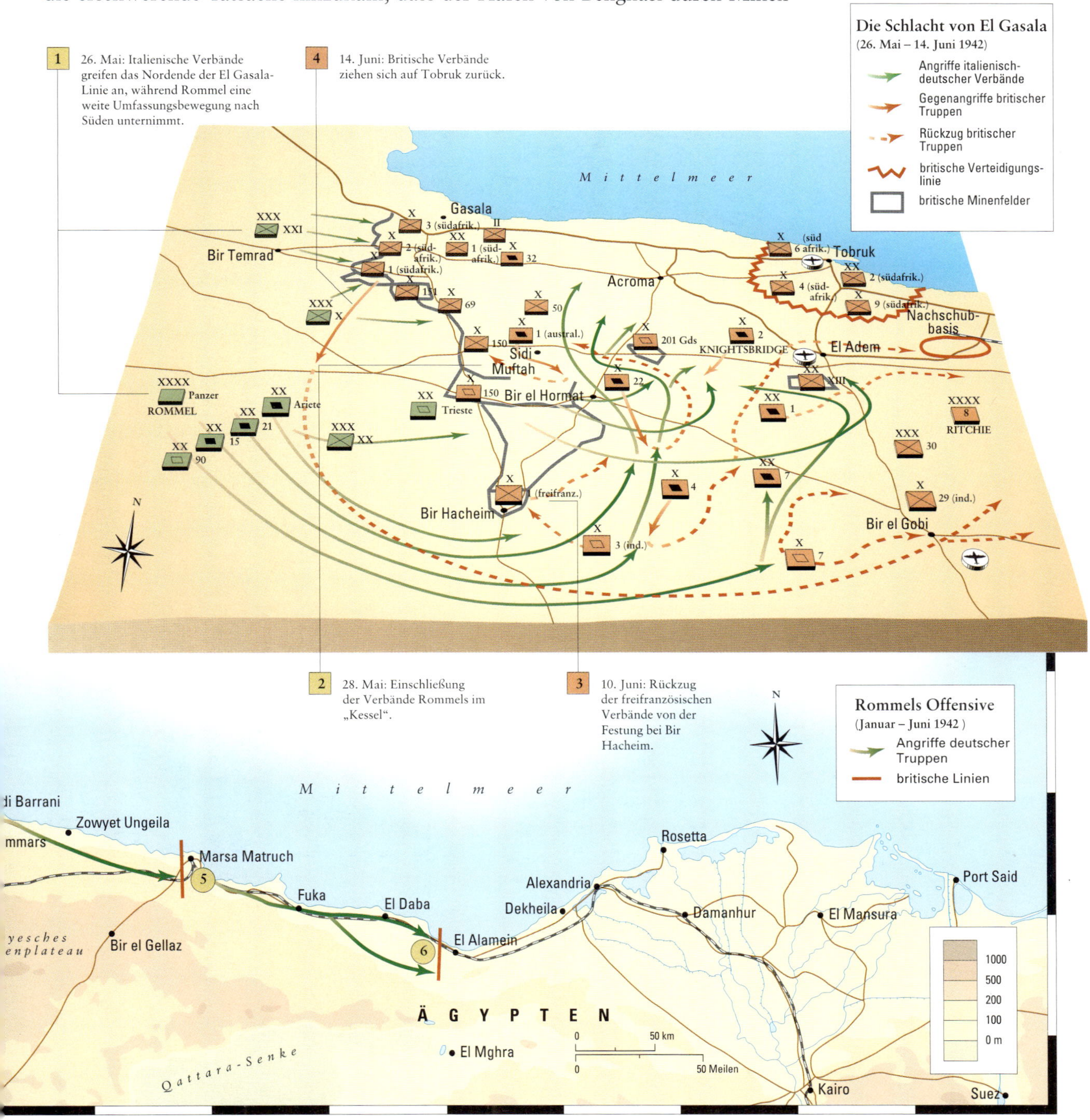

stark beschädigt und somit unbenutzbar war. Dank der lockeren Sicherheitsvorkehrungen des britischen Funkverkehrs wusste er um die große Zahl der betriebsunfähigen britischen Panzer. Rommel selbst hingegen hatte gerade 45 Ersatzpanzer erhalten. Inzwischen hatte Hitler Generalfeldmarschall Albert Kesselring zum Oberbefehlshaber Süd ernannt. Das deutsch-italienische Oberkommando beabsichtigte seine Kräfte in Libyen zu verstärken, bevor es weitere Angriffsoperationen unternahm, doch Rommel, dessen Kommando jetzt Panzerarmee Afrika hieß, ignorierte diese Vorstellungen.

Mit einer Operation, die seinem ersten, fast ein Jahr zurückliegenden Einfall in die Cyrenaika glich, griff Rommel am 21. Januar 1942 an und brachte die kampfunerfahrene britische 1. Panzerdivision völlig durcheinander. Nach zwei Tagen erhielt er von italienischer Seite, die ihre Truppen nicht weiter in die Cyrenaika vordringen lassen wollte, einen Rückzugsbefehl. Rommel reagierte darauf, indem er nur mit dem Afrikakorps weiter vorrückte. Am 29. Januar eroberte er Benghasi und drängte die Briten nach El Gasala zurück. Hier hatte die 8. Armee eilig Befestigungen errichtet. Rommel, dessen Kräfte und Treibstoffvorräte nicht ausreichten um die Verteidigung zu durchbrechen, musste seine Offensive stoppen. Er hatte allerdings ein weiteres Mal erreicht, dass Malta außerhalb des Aktionsradius britischer Fliegerkräfte lag. Die Insel konnte nun wieder aus der Luft belagert werden.

Tief besorgt über die Lage, drängte Churchill Auchinleck zum Angriff. Doch der Oberbefehlshaber für den Nahen Osten beabsichtigte, vor Beginn einer weiteren Offensive seine Logistik zu verbessern. Dazu gehörte der Ausbau der ägyptischen Eisenbahn entlang der Küste bis nach Tobruk und das Anlegen großer Vorratsdepots. Auchinleck wollte zudem starke Panzerkampfverbände schaffen und die Befestigungen um El Gasala verstärken um die Achsentruppen von einem weiteren Präventivangriff abzuhalten. Er war also – zu Churchills Missfallen – nicht vor Juni zum Angriff bereit. Schließlich drohte der Premierminister einen Teil der Desert Air Force nach Indien abzuziehen um die Fliegerkräfte gegen die japanische Offensive in Burma einzusetzen. Nach anfänglichem Einlenken verlegte Auchinleck den Angriffstermin schließlich doch auf Mitte Juni.

Im Gegensatz dazu hatten die Achsenmächte Mühe ihren Befehlshaber in Nordafrika zurückzuhalten. Im März legten sie als vorrangiges Ziel für den Sommer 1942 die Einnahme Maltas fest um ihre Nachschubwege nach Nordafrika zu sichern. Die dafür vorgesehene Operation „Herakles“ erforderte eine verstärkte Luftoffensive gegen die Inselfestung, der ein kombinierter Luft- und Seeangriff folgen musste. Rommel indes setzte sich für eine Fortführung der Offensive in Libyen ein; er meinte, mit zusätzlichen deutschen Verstärkungen die Briten bis über den Suezkanal zurückdrängen zu können. Hitler, der stark mit der Planung für den Vorstoß in den Kaukasus beschäftigt war, hieß die Entsendung weiterer Truppen nach Libyen nicht gut. Dennoch machte man Rommel ein Zugeständnis. Er erhielt die Genehmigung für eine begrenzte Offensive zur Eroberung Tobruks. Im Fall eines Erfolges könne er zur ägyptischen Grenze vorstoßen, müsse dort aber Halt machen, da die ihn unterstützenden Fliegerkräfte für die Operation „Herakles" benötigt würden. Später könne Rommel – abhängig vom Erfolg der deutschen Truppen im Kaukasus – seinen Feldzug über den Suezkanal fortsetzen.

Die britischen Befestigungen an der El Gasala-Linie waren im Grunde genommen schwach. Sie bestanden aus einer Reihe versetzt angeordneter Stützpunkte („boxes") von der Größe einer Brigade, die sich 40 Meilen südlich von El Gasala bis nach Bir Hacheim erstreckten. Sie waren mit Drahtverhauen begrenzt und durch Minenfelder geschützt. Allerdings waren sie zu weit voneinander entfernt um sich gegenseitig Unterstützung geben zu können. Die britischen Panzerkräfte stan-

Montgomery spricht vor dem Angriff bei El Alamein zu den Soldaten der 8. Armee. Es gehörte zu seinem Führungsstil, seinen Männern die Gewissheit zu geben, dass in der bevorstehenden Schlacht jeder Einzelne für den Sieg eine wichtige Rolle zu spielen habe.

den hinter der El Gasala-Linie. Auchinleck wollte sie an einer Stelle konzentriert haben um mit ihnen jeden Versuch der Achsenverbände, die offene Wüstenflanke der Linie auszunutzen, zurückschlagen zu können. General Ritchie, der Befehlshaber der 8. Armee, war indes besorgt um die vorgeschobenen Nachschublager, die für seine Offensive angelegt worden waren, und verteilte die Panzerkräfte um sie zu schützen. Auch das sollte sich als Fehler erweisen.

Am Abend des 26. Mai startete Rommel seinen Marsch. Er hatte die Absicht die El Gasala-Linie zum Schein von der italienischen Infanterie angreifen zu lassen und seine Panzer in weitem Bogen nach Süden zu führen. Ritchie machte die Bewegung aus, hielt sie aber für ein Täuschungsmanöver, da er den Hauptangriff an der El Gasala-Linie erwartete. In den frühen Morgenstunden des nächsten Tages schwenkte Rommel um Bir Hacheim herum, das von einer freifranzösischen Brigade gehalten wurde, und stieß nach Nordosten vor. Zwar wurden einige britische Panzer überrascht und das Hauptquartier einer Panzerdivision überrannt, doch der Rest zahlte während der folgenden zwei Tage mit gleicher Münze. Rommel drängte den Gegner allmählich zurück. Jetzt gingen allerdings die Treibstoffvorräte zu Ende, und so beschloss er durch die El Gasala-Linie hindurchzustoßen um eine Nachschubverbindung herzustellen. Also begannen am 31. Mai die italienischen Verbände von Westen und Teile des Deutschen Afrikakorps von Osten her einen der Stützpunkte anzugreifen. In der drei Tage währenden, passend bezeichneten „Kessel"-Schlacht wurde der Stützpunkt vernichtet.

Ritchie versuchte einen Gegenangriff in den „Kessel" zu starten, was jedoch an mangelnder Zusammenarbeit scheiterte. Er bildete eine neue, nach Süden liegende und von El Gasala ostwärts verlaufende Linie und erwartete Rommels nächsten Angriff. Dieser fand am 11. Juni statt, dem Tag, an dem Bir Hacheim nach über zweiwöchigem Widerstand schließlich fiel. In der folgenden Schlacht bei Knightsbridge wurde ein Großteil der noch vorhandenen britischen Panzerkräfte vernichtet. Ritchie erteilte seinen Truppen daher den Befehl zum Rückzug auf die ägyptische Grenze. Auchinleck widerrief den Befehl in der Hoffnung den Raum westlich von Tobruk halten zu können. Doch es war zu spät.

Tobruk musste kein zweites Mal belagert werden. Die Befestigungsanlagen hatte man verfallen lassen und die südafrikanische Division, die den Hafen behaupten sollte, hatte keine Zeit sich vor dem Eintreffen der gegnerischen Truppen auf eine Verteidigung vorzubereiten. Rommel rückte am 21. Juni in Tobruk ein, genehmigte seinen Verbänden jedoch nur eine kurze Pause, bevor er die Verfolgung der nun ungeordnet zurückweichenden 8. Armee aufnahm. Ritchie beabsichtigte sich dem Verfolger noch einmal bei Marsa Matruch entgegenzustellen, doch Auchinleck war der Meinung, dass jetzt die Rettung der 8. Armee Vorrang habe. Er übernahm daher selbst den Befehl, ließ eine Nachhut bei Marsa Matruch und zog sich mit den Überresten der Armee nach El Alamein zurück, wo die Qattara-Senke der Küste am nächsten liegt. Konnte er Rommel hier nicht aufhalten, dann würde er seine Armee über den Suezkanal führen und sich dort der Schlacht stellen.

Am 30. Juni befand sich die „tapfere, aber genarrte" 8. Armee wieder an der Verteidigungslinie von El Alamein. Aus den Informationen der Ultra-Gruppe wusste Auchinleck, dass Rommel am nächsten Tag angreifen würde. Die Truppen der Achsenmächte waren ebenso erschöpft wie seine eigenen und standen, auch wenn sie eine ganze Reihe britischer Depots eingenommen hatten, am Ende einer überdehnten Nachschublinie.

Die Kampfhandlungen des darauf folgenden Monats an der El Alamein-Linie lassen sich nur mit den Anstrengungen zweier erschöpfter Schwergewichtsboxer vergleichen, die immer schwächer werdende Schläge austauschen. Zunächst griff Rommel an, konnte aber kaum Boden gewinnen. Es folgte ein Gegenangriff der Briten, der ebenso wenig Erfolg hatte. Die Armeen bekämpften sich buchstäblich bis zum Stillstand und Ende Juli waren beide Seiten ausgeblutet.

Der Sommer 1942 erlebte die längste Periode intensiver Kampfhandlungen in der Westlichen Wüste. Ein weiteres Mal zeigte sich, dass die deutsche Taktik flexibler und fließender war. Eines der Erfolgsgeheimnisse war die Kampfgruppe, ein eigens zu diesem Zweck aufgestellter Verband aus Panzerkräften, motorisierter Infanterie und Geschützen, der sich jederzeit einer bestimmten taktischen Situation anpassen konnte. Die Briten waren mit ihren Methoden unbeweglicher und die Zusammenarbeit der verschiedenen Truppengattungen war nicht so eng. Auch die Tendenz, die Panzerkräfte aufzusplittern, wirkte sich zu ihrem Nachteil aus. Die Kooperation zwischen der Desert Air Force und der 8. Armee zeigte, dass beide noch viel von den Deutschen lernen konnten.

Während die beiden Gegner in Ägypten ihre Wunden leckten, wurde die angloamerikanische Strategiedebatte fortgesetzt. Großen Einfluss auf die Gespräche hatten die sowjetischen Forderungen nach der Errichtung der zweiten Front in Westeuropa, die in Großbritannien von linksgerichteten Kräften unterstützt wurden. Zudem fürchtete Roosevelt, das amerikanische Volk könne eine Verlagerung der Priorität in den Pazifikraum verlangen, wenn die Alliierten 1942 in Europa nichts unternehmen. Im April besuchte eine amerikanische Delegation London und im Juni traf Churchill in Washington ein. Das Ergebnis der Zusammenkünfte war eine verwirrende Vielzahl von Alternativen. Eine davon war die Operation „Sledgehammer", die nun mit sechs Divisionen durchgeführt und mit der in Frankreich eine Entlastungsfront geschaffen werden sollte, wenn die Sowjetunion einem Zusammenbruch nahe wäre. Außerdem waren das Unternehmen „Gymnast", Churchills

Wartungsarbeiten an einem Hurribomber der Desert Air Force auf vorgeschobenem Landeplatz. Der Bomber war ein Jagdflugzeug vom Typ Hurricane, das nach entsprechendem Umbau auch Bomben tragen konnte. Es wurde zur Nahunterstützung der 8. Armee aus der Luft eingesetzt.

Vorschlag für eine Landungsoperation in Norwegen („Jupiter") und eine Möglichkeit auf der Iberischen Halbinsel im Gespräch. Die britischen Vertreter hatten auch Pläne für einen 24-Stunden-Überfall auf die französische Hafenstadt Dieppe ausgearbeitet. Beide Seiten waren sich jedoch darüber einig, dass die Operation „Round Up" noch 1943 stattfinden und zu diesem Zweck das Unternehmen „Bolero" fortgesetzt werden müsse. Den westlichen Alliierten war auch klar, dass es noch an Schiffen für ein amphibisches Landungsunternehmen fehlte. Auch durfte sich keine militärische Handlung des Jahres 1942 zum Nachteil der Operation „Round Up" auswirken. Churchill war überzeugt, dass „Sledgehammer" dieses Kriterium nicht erfüllen werde, und setzte sich weiterhin für das Unternehmen „Gymnast" ein, das Ende Juli schließlich von Präsident Roosevelt gebilligt wurde. Dann reiste der Premierminister nach Moskau, wo Stalin nach scharfen Diskussionen akzeptieren musste, dass es 1942 in Europa noch keine zweite Front geben werde.

Auf seinem Weg nach Moskau besuchte Churchill Ägypten. Er kam zu der Überzeugung, dass Auchinleck, dem es letzten Endes zwar gelungen war, Rommel scheitern zu lassen, das Vertrauen seiner Truppen verloren habe und von seinen Pflichten entbunden werden müsse. Als neuen Oberbefehlshaber im Nahen Osten ernannte der Premierminister General Harold Alexander, der erst kurz zuvor den Rückzug der britischen Truppen aus Burma geleitet hatte. Der Befehl über die

Ein amerikanischer Schiffsverband auf dem Weg nach Casablanca. Dank der wirksamen Sicherheits- und Geheimhaltungsmaßnahmen gelang es den Alliierten, die deutsch-italienischen Truppen in Nordafrika mit dem Unternehmen „Torch" völlig zu überraschen.

8. Armee wurde General Bernard Montgomery übertragen, nachdem der ursprünglich für diesen Posten vorgesehene Wüstenveteran General „Strafer“ Gott bei einem Flugzeugabsturz ums Leben gekommen war.

Montgomerys forsches Selbstvertrauen übertrug sich rasch auf die Männer der 8. Armee. Der General machte seinen Untergebenen klar, dass es kein Zurückweichen von El Alamein geben könne; sie würden Rommels nächsten Angriff da zurückschlagen, wo sie im Moment stünden. Durch die Ultra-Gruppe hatte er Kenntnis davon, dass Rommel Ende August wieder angreifen würde, wenn er zusätzliche Treibstoff- und Munitionsvorräte erhalten hätte. Der Geleitzug, der mit dem Nachschub auf dem Mittelmeer unterwegs war, wurde allerdings abgefangen und kam nie an sein Ziel. Inzwischen legte Montgomery das Hauptquartier der Desert Air Force mit seinem eigenen zusammen um die Fliegerkräfte nach den Erfordernissen der Armee besser einsetzen zu können.

Pünktlich am 30. August griff Rommel an. Attackiert von der Desert Air Force, versuchte er zwei Tage lang erfolglos, den so wichtigen Alam-Halfa-Rücken einzunehmen. Dann zog er sich hinter seine eigenen Minenfelder zurück und ging gezwungenermaßen zur Verteidigung über. Nun bereitete sich Montgomery darauf vor, die deutsch-italienischen Verbände zurückzudrängen. Eine Offensive wollte er erst dann starten, wenn er seinem Gegner bezüglich Truppenstärke und Bewaffnung deutlich überlegen wäre. Dabei verließ er sich auf Alexanders Geschick, den stets ungeduldigen Churchill zu besänftigen.

In Großbritannien wurden weiterhin amerikanische Fliegerkräfte und Bodentruppen konzentriert, die von der Bevölkerung des Inselreiches herzlich begrüßt wurden, denn sie brachten in der Tat etwas Glanz in das harte Leben der vom Krieg heimgesuchten Briten. Missverständnisse waren dennoch unvermeidlich. So war den Europäern die in den US-amerikanischen Streitkräften herrschende strenge Rassentrennung nur schwer verständlich, während die GIs, die aus der fortgeschrittensten Industriegesellschaft der Welt kamen, ständig über die scheinbar altmodische Lebensauffassung der Briten staunten. Dazu kam die „Trennung durch eine gemeinsame Sprache“.

Beim Ausarbeiten der gemeinsamen Strategie herrschte bei den britischen wie bei den amerikanischen Stäben zunächst Argwohn. Manche Amerikaner hielten die Briten für herablassende oder – wie es ein Dichter einmal ausgedrückt hatte – „Pfeife rauchende blauäugige Halunken mit ihrer eleganten Art, die überhaupt keine Umgangsformen haben“. Die Briten ihrerseits beurteilten manche Amerikaner als überraschend naiv und, was die Welt im Allgemeinen betraf, als unwissend und ungebildet; insbesondere der amerikanische Glaube, es sei jedes Problem lösbar, wenn man nur genug Geld darauf verwende, erschien ihnen einfältig. Die anfänglichen Spannungen gaben sich mit der Zeit und die Arbeit der anglo-amerikanischen Stäbe wurde sehr effektiv. Die Planung für das Unternehmen „Gymnast“ oder „Torch“, wie seine spätere Tarnbezeichnung heißen sollte, ging überraschend zügig voran.

Der endgültige Plan sah gleichzeitige Landungsmanöver an der marokkanischen Atlantikküste sowie in den algerischen Hafenstädten Oran und Algier vor. Die Operationen in Marokko würden von US-amerikanischen Truppen ausgeführt, die auf dem Seeweg direkt von Amerika kämen; als Ausgangspunkt für die beiden anderen Operationen war Schottland geplant. In Oran würden ebenfalls amerikanische Bodentruppen landen und in Algier sollte Großbritannien Einsatzkommandos als Teil der Angriffsspitze sowie nachstoßende Truppen einsetzen. Sie würden dann nach Tunesien vordringen und sich schließlich mit der 8. Armee vereinigen. Da „Torch“ vor allem eine amerikanische Operation war, sollte der Oberbefehlshaber der Expeditionsstreitkräfte General Dwight D. Eisenhower sein, der damalige Kommandierende General des europäischen Kriegsschauplatzes (European Theatre of Operations – ETO) in Großbritannien.

Abgesehen davon, dass die amerikanischen Truppen im Kampf ihre Feuertaufe bestehen und dem amerikanischen Volk zeigen mussten, dass sie auf dem europäischen Kriegsschauplatz erfolgreich handelten, war auch Frankreich ein wichtiger Grund für die amerikanische Vorrangstellung. Von den Deutschen gefördert, war in Vichy-Frankreich eine antibritische Haltung bewahrt worden. Das Verhältnis Frankreichs zu den USA hingegen war unbelastet, zwischen beiden Ländern bestanden diplomatische Beziehungen und im Februar 1941 war sogar ein Handelsabkommen mit Französisch-Nordafrika abgeschlossen worden. Robert Murphy, ein diplomatischer Vertreter der USA, der sich seit 1942 in diesem Raum aufhielt, sollte die Vichy-treuen Truppen zum Übertritt auf die alliierte Seite bewegen. Die französischen Truppen brauchten jedoch eine Galionsfigur, die sich in der Person des Generals Henri Giraud auch fand. Giraud war aus deutscher Kriegsgefangenschaft in den unbesetzten Teil Frankreichs geflohen und von dort am Vorabend der Operation „Torch“ von den Alliierten nach Afrika gebracht worden. All das musste ohne Wissen de Gaulles, des Führers der Bewegung Freies Frankreich geschehen, der vielen Vichy-Franzosen noch immer verhasst war.

Es gab jedoch ein weiteres Problem. Admiral Darlan, Pétains Außenminister und potentieller Amtsnachfolger, hielt sich oft in Nordafrika auf und war bekannt für seine ablehnende Haltung gegenüber jeglicher Abmachung mit den Alliierten. Schließlich fand durch Murphys Vermittlung ein geheimes Treffen des amerikanischen Generals Mark Clark mit dem französischen General Charles Mast statt. Dieser versicherte Clark, dass die französische Armee nur scheinbaren Widerstand leisten würde, konnte für die Kriegsmarine aber keine Garantien geben. Nachdem die politische Vorbereitung des Unternehmens abgeschlossen war, konnten die Schiffsverbände in Amerika und Schottland in See stechen.

Auf der anderen Seite Nordafrikas spielten sich unterdessen dramatische Ereignisse ab. In der Nacht vom 23. zum 24. Oktober wurde bei El Alamein aus 600 britischen Geschützen das Feuer auf die Verteidigungsanlagen der Achsentruppen eröffnet. Das war sicher der bis dahin schwerste britische Beschuss in diesem Krieg, der sich allerdings mit den Materialschlachten von 1916–1917 oder mit den Feuerwalzen der Roten Armee an der Ostfront nicht vergleichen ließ. Danach begann der Durchbruch durch die gewaltigen gegnerischen Befestigungen. Das Terrain ließ Montgomery nur die Möglichkeit eines Frontalangriffs.

Die britischen Verbände griffen sowohl im Norden als auch im Süden an, kamen jedoch nur langsam voran, nachdem Rommel, nach einem Genesungsurlaub in

Europa am 25. Oktober wieder das Kommando übernommen hatte. Er schickte das Deutsche Afrikakorps, seine bewegliche Reserve, an den jeweils am stärksten bedrohten Teil der Front. Nach fünftägigen schweren Kämpfen musste Montgomery seinen Plan ändern. Er konzentrierte sich nun auf den nördlichen Teil der deutsch-italienischen Verteidigungen und setzte seine Panzer zur Abwehr des Deutschen Afrikakorps ein. Bei den Achsentruppen machte sich inzwischen Treibstoffmangel bemerkbar, und so begann Rommel am Abend des 2. November trotz Hitlers Befehl, bis zuletzt auszuharren, seine Verbände zurückzuziehen. Zwei Tage später gelang Montgomery schließlich der Durchbruch, doch seine Anstrengungen, den zurückweichenden Gegner einzuschließen, schlugen fehl. Schleppende Nachrichtenübermittlung und Probleme beim Nachschub- und Ersatztransport bis zu den Panzern waren die zwei hauptsächlichen Gründe dafür. Am 6. November setzten schwere Regenfälle ein, die das Vorankommen weiter behinderten. Rommel konnte seine Truppen deshalb geordnet durch die Cyrenaika nach Tripolitanien zurückführen; seine Nachhut startete häufig Ausfälle gegen die 8. Armee um den Gegner auf Abstand zu halten. Dennoch wog Rommels Niederlage bei El Alamein schwer. Sie war gleichzeitig der letzte Sieg, den Großbritannien auf den Kriegsschauplätzen im Mittelmeerraum und in Europa allein, ohne die Hilfe von Verbündeten erkämpfte.

Am 8. November 1942 landeten die Alliierten im Rahmen ihres Unternehmens „Torch“ in Nordafrika. Obgleich die Schiffsverbände unterwegs von deutschen U-Booten mehrfach gesichtet worden waren, herrschte in Deutschland und Italien die Meinung, ihr Ziel sei Dakar oder Malta. Der Widerstand der französischen Truppen bei der Landung war besonders in Algier zäher als erwartet. Nach drei Tagen endeten die Kämpfe und die in Marokko und Algerien stationierten Franzosen unterzeichneten einen Waffenstillstandsvertrag. Als Antwort darauf ließ Hitler Truppen in den bis dahin unbesetzten Teil Frankreichs einmarschieren.

Als Nächstes musste Tunesien besetzt werden. Diese Aufgabe übernahm die von General Kenneth Anderson geführte britische 1. Armee, die in Wirklichkeit ein anglo-amerikanischer Verband von Divisionsgröße war. Britische und US-amerikanische Fallschirmtruppen und die Einsatzkommandos nahmen die Hafenstadt Bône sowie vorgeschobene Flugplätze ein. Die Achsenmächte reagierten sehr schnell. Bereits am 9. November, einen Tag nach dem Eintreffen der ersten alliierten Truppen, landeten deutsche Fallschirmverbände auf einem Flughafen bei Tunis, griffen Fliegerkräfte und U-Boote die vor Algier liegenden Schiffe an. Über eine Luftbrücke von Sizilien aus und auf dem Seeweg wurden Achsentruppen nach Nordafrika gebracht.

Der erste Zusammenstoß erfolgte am 17. November, als ein leicht bewaffneter britischer Verband auf eine deutsche Kampfgruppe unter dem Befehl von Rudolf Witzig traf. Witzig hatte im Mai 1940 auch die Eroberung des belgischen Forts Eben Emael geleitet. Die an Feuerkraft unterlegenen Briten mussten sich zurückziehen. Nun traten Schwierigkeiten auf, denn der Nachschubtransport der Alliierten stützte sich auf eine einzige veraltete Eisenbahn. Der einsetzende Herbstregen verschärfte die Lage noch: Die Fliegerkräfte der Alliierten hatten als Start- und Landeplätze ausgedehnte Grasflächen benutzt, die sich nun rasch in Schlammwüsten verwandelten, während die Luftwaffe der Achsenmächte in Tunesien über metallarmierte Rollbahnen verfügte und so die Luftüberlegenheit erringen konnte. Nach einer Unterbrechung drängte Anderson wieder vorwärts. Anfang Dezember hatten seine Truppen einen Punkt nur 32 km vor Tunis erreicht, bevor sie zurückgeworfen wurden. Nach weiteren erfolglosen Versuchen gingen sie zur Verteidigung über. Die

Alliierten mussten sich damit abfinden, dass der Gegner seine Kräfte immer stärker konzentrieren konnte, je näher sie selbst auf Tunis vorrückten und je dünner ihre Kommunikationslinien wurden. So hielten beide Seiten am Ende des Jahres im westlichen Tunesien eine lange Front, deren Truppendichte allerdings zu gering war um mehr als Stoßtruppunternehmen durchzuführen.

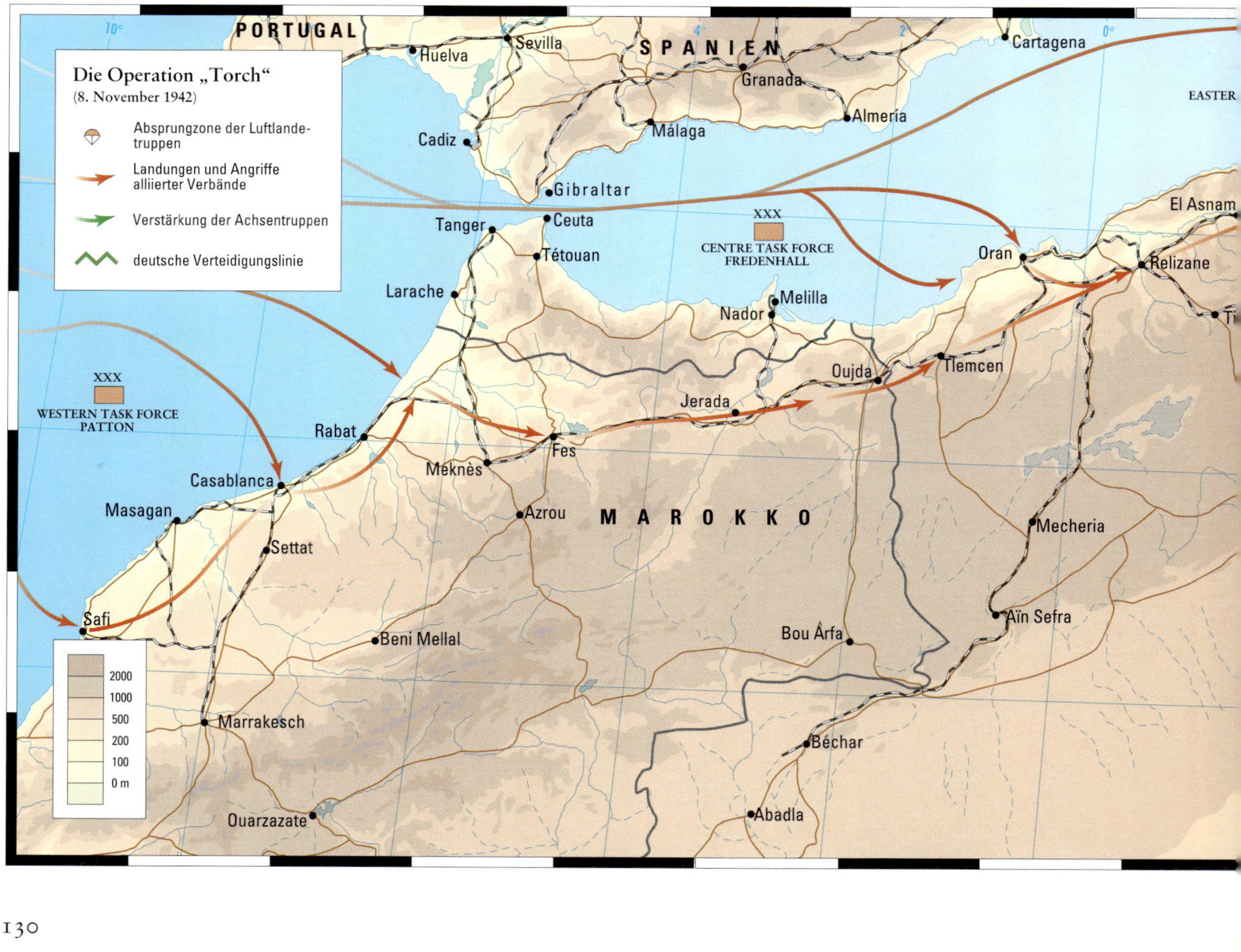

Diese Situation hielt die ganze erste Januarhälfte des Jahres 1943 an. Bis Ende des Monats hatten dann beide Seiten Verstärkungen erhalten. Inzwischen war Montgomery Rommels Verbänden weiter durch Tripolitanien gefolgt. Am 23. Januar überschritten die deutsch-italienischen Truppen schließlich die Grenze zu Tunesien, während Montgomery bei Tripolis Halt machte um die Hafenstadt für die Nachschublieferungen zu öffnen, ehe er die Verfolgung fortsetzte.

Nach der Operation „Torch“, dem britischen Sieg bei El Alamein und dem sowjetischen Erfolg bei Stalingrad war es für die Alliierten an der Zeit, sich über die nächste Phase ihres Vorgehens zu einigen. Churchill schlug eine Zusammenkunft der großen Drei in Island vor, was Stalin wegen seines zu großen Arbeitspensums ablehnte. Er drängte aber auf die Zusicherung, dass die Operation „Round Up“ noch im Jahr 1943 stattfinden würde. Mitte Januar trafen Churchill, Roosevelt und deren Militärstäbe dann in Casablanca zusammen. Auf der für die weitere Kriegführung wichtigen Konferenz wurde die Strategie der westlichen Alliierten in Europa festgelegt.

Man fasste den entscheidenden Beschluss, dass der endgültige Sieg erst mit der bedingungslosen Kapitulation Deutschlands, Japans und Italiens errungen sei. Die militaristischen Regimes sollten keine Möglichkeit haben sich wieder zu erheben, wie es nach 1918 in Deutschland geschehen war. Die Priorität des Sieges über Deutschland wurde bestätigt und Großbritannien willigte ein, nach der siegreichen Beendigung des Krieges in Europa sein militärisches Engagement im Fernen Osten und im Pazifikraum zu verstärken. Vor dem Eindringen in die Festung Europa verständigten sich die beiden Alliierten über wichtige Vorbereitungen in der Luft und

ABB. GEGENÜBER:
Deutsche Fallschirmjäger im Dezember 1942 in Tunesien auf dem Weg zur Front. Sowohl die britischen als auch die deutsch-italienischen Truppen setzten zum Transport in dem bergigen Gelände Maultiere ein. Die Tiere sollten auch später in Italien gute Dienste leisten.

zu Wasser. Wenn die Konzentrierung amerikanischer Truppen in Großbritannien beibehalten werden sollte, dann mussten zunächst die deutschen U-Boote aus dem Atlantik verschwinden. Zudem sollten die anglo-amerikanischen strategischen Bomberverbände gegen Deutschland eine Offensive starten, deren vorrangige Ziele die Schädigung der kriegswichtigen Industrie und die Untergrabung der Kriegsmoral des deutschen Volkes waren.

Bei der Frage, wo die alliierten Bodentruppen als Nächstes angreifen sollten, traten die Differenzen des Vorjahres wieder zutage. Die Vertreter der USA betrachteten Churchills Mittelmeerstrategie als peripher und hegten noch immer den Verdacht, ihr Verbündeter verfolge geheime Absichten. Sie drängten daher weiter auf „Round Up", das das wichtigste militärische Unternehmen des Jahres 1943 sein sollte. Die britischen Vertreter argumentierten, dass diese Operation vielleicht durchführbar gewesen wäre, wenn man Tunesien noch vor Ende 1942 besetzt hätte. Unter der Voraussetzung, dass der Einsatz der Achse in dem Land erfolgreich verlief, werde der Feldzug hier wahrscheinlich bis zum Frühjahr dauern. Das wachsende Engagement der Alliierten in Tunesien ginge auch zu Lasten der Operation „Bolero". Bis die Truppen und die amphibischen Landungsfahrzeuge nach Großbritannien zurückgebracht und die Mannschaften wieder umgeschult wären, bliebe nicht mehr genügend Zeit „Round Up" noch vor Beginn des Herbstes und der ungünstigen Witterung zu starten. Stattdessen schlugen die Briten als vorrangiges Ziel für 1943 den Kriegsaustritt Italiens vor. Dazu sollten die Alliierten im Juli zunächst auf Sizilien landen.

Die amerikanischen Stabschefs hatten den Argumenten ihrer Verbündeten nichts entgegenzusetzen und mussten den britischen Standpunkt anerkennen. Zu ihrer Beschwichtigung einigte man sich darauf, im Sommer einen großen Überfall über den Kanal hinweg zu starten, bei dem die deutschen Befestigungsanlagen an der französischen Atlantikküste beschädigt werden sollten. Auch würde ein Plan für die Besetzung der Halbinsel Cotentin im Nordwesten Frankreichs ausgearbeitet werden. Die Konferenz von Casablanca war für die US-amerikanischen Stabschefs eine bittere Lektion. Von nun an würden sie bei Zusammenkünften ebenso umfassend vorbereitet auftreten wie die Briten. Außerdem mussten sie mit ihren in Großbritannien konzentrierten Truppen eines Tages in der Überzahl sein und könnten dann ihrerseits dem Verbündeten Befehle diktieren.

Bis Mitte Januar hatten die Achsenmächte im westlichen Tunesien umfangreiche Verbände aufgebaut, darunter auch 100 000 deutsche Soldaten. Sie wurden der von Generaloberst Hans-Jürgen von Arnim geführten 5. Panzerarmee unterstellt. Im östlichen Tunesien, hinter den französischen Befestigungsanlagen der Marethlinie in Sicherheit, stand Rommel mit seiner Panzerarmee Afrika. Diese wurde in italienische 1. Armee umbenannt. Supremo über beide Armeen wurde der italienische General Vittorio Ambrosio, wobei hinter allen Entscheidungen noch immer Kesselring in Rom stand. Jenseits der tunesischen Grenze gruppierte Montgomery weiterhin seine Truppen um. Die britische 1. Armee in Tunesien hatte nun drei Korps in ihrem Bestand – ein britisches, ein US-amerikanisches und ein nur mangelhaft ausgerüstetes französisches – und hielt eine 240 km lange Front durch die Östliche Dorsale bis nach Fondouk.

Die Achsenmächte verfolgten in Tunesien eine Strategie der aktiven Verteidigung durch Präventivangriffe. Die erste dieser Störoperationen wurde von Arnim durchgeführt. Sie hatte die Besetzung aller Pässe in der Östlichen Dorsale zum Ziel und erwies sich als erfolgreicher Schlag gegen die noch immer schlecht ausgerüsteten Franzosen. Inzwischen unternahmen amerikanische Verbände im Südabschnitt der

Front mit wechselndem Erfolg Überfälle. Gegen Ende des Monats griff Arnim erneut an und drängte die Franzosen aus Faid heraus. Mitte Februar begann eine ehrgeizigere Operation der deutsch-italienischen Truppen. Am 7. Februar hatte Montgomery seinen Vorstoß von Tripolis gestartet, wurde jedoch durch schwere Regenfälle aufgehalten. Deshalb ließ Rommel seine Panzerkräfte die Amerikaner im Raum Gafsa attackieren, während Arnim weiter nördlich quer über deren Grenze zum Operationsgebiet der Franzosen angriff. Die noch kampfunerfahrenen US-amerikanischen Truppen gerieten durcheinander und verloren den wichtigen Kasserine-Pass, der über die Westliche Dorsale führt. Aus dem Norden wurden britische Truppen in Richtung Süden entsandt, wo es ihnen gelang, weitere Handlungen der Achsentruppen zu verhindern.

In dieser Zeit hatte Eisenhower nicht nur mit dem Feldzug in Tunesien, sondern auch mit politischen Schwierigkeiten in Französisch-Nordafrika alle Hände voll zu tun gehabt. Nach der Operation „Torch“ wurde Darlan, der sich gerade in Algier aufhielt, zum Hochkommissar von Nordafrika ernannt. Giraud erhielt den Oberbefehl über die französischen Streitkräfte in diesem Raum. Am 25. Dezember wurde auf Darlan ein Attentat verübt, und so nahm Giraud dessen Stelle ein. De Gaulle, der wegen der verspäteten Information über das Unternehmen „Torch“ verärgert war, schlug Giraud wiederholt eine Zusammenkunft vor, die dieser jedoch ablehnte. Auf der Konferenz von Casablanca einigten sich die Alliierten auf eine Zusammenarbeit beider Männer, die allerdings nicht reibungslos verlief, so dass Eisenhower viel Zeit darauf verwenden musste, um die Wogen zu glätten. Um Eisenhower zu entlasten wurde Alexander zum Befehlshaber der 18. Armeegruppe er-

Ein Panzer vom Typ Sherman während des Vorrückens der 8. Armee auf die Marethlinie. Ab 1943 war er der von Briten und Amerikanern am häufigsten eingesetzte Typ. Das gut gepanzerte und mit einem 75-mm-Geschütz ausgerüstete Fahrzeug zeigte auch eine ausgezeichnete kraftfahrtechnische Leistung. Der Panzer hatte einen Nachteil: Der Munitionsraum war so gelegen, dass er bei Treffern oftmals Feuer fing. Deshalb nannten ihn die Panzerbesatzungen auch „Ronson-Feuerzeug“.

nannt. Seine Aufgabe war es nun, die Operationen der britischen 1. und 8. Armee zu koordinieren.

Während Arnim seine Störaktionen im westlichen Tunesien fortsetzte, bereitete Rommel einen Angriff auf die 8. Armee vor, die nun von Libyen aus nach Tunesien vorgerückt war. Dank der Ultra-Gruppe kannte Montgomery Rommels Absichten, und so wurde die italienische 1. Armee am 6. März bei Médenine zurückgeschlagen. Es war Rommels letzte bravuröse Aktion, denn drei Tage später sollte er Afrika verlassen. Montgomery bereitete einen Angriff auf die Marethlinie vor; das 2. US-Korps unter dem Kommando von General George S. Patton, der die „Torch"-Landung im Operationsraum Marokko befehligt hatte, begann in Westtunesien anzugreifen. Nach fast einwöchigen Kämpfen gelang es Montgomery, die Marethlinie zu umgehen und bis zur nächsten Verteidigungslinie der Achsentruppen am Wadi Akarit vorzudringen. Gleichzeitig drängte Patton weiter in die Östliche Dorsale.

Bisher waren die Nachschublinien der Achse über das Mittelmeer durch Luft- und Seeangriffe nahezu abgeschnitten worden. Dennoch kämpften die in Tunesien stehenden deutsch-italienischen Truppen, deren Terrain die Verteidigung begünstigte, hartnäckig weiter. Am 6. April brach Montgomery am Wadi Akarit durch, konnte jedoch nicht den Rückzug der italienischen 1. Armee auf eine andere Verteidigungsstellung weiter nördlich bei Enfidaville verhindern. Zwei Wochen darauf startete Arnim wieder Störangriffe gegen die britische 1. Armee, wurde aber zurückgeschlagen. Montgomery versuchte vergebens bei Enfidaville durchzubrechen, und Alexander entschied die Hauptoffensive nun von der 1. Armee vortragen zu lassen, die dazu einen Teil der Panzerkräfte der 8. Armee erhielt. Nach einer Reihe vorbereitender Angriffe begann am 6. Mai die Schlussoffensive. Fünf Tage später kapitulierten die deutsch-italienischen Truppen, worauf 240 000 Soldaten in Gefangenschaft gerieten.

Tunesien ist zumindest von britischer Seite oftmals nur als Fußnote zu den Wüstenfeldzügen betrachtet worden. Hier fand jedoch besonders in den Wintermonaten ein langer und heftiger Kampf statt. So wie Stalingrad die Wende an der Ostfront einleitete, war Tunesien der Wendepunkt in Nordafrika, denn nach der Säuberung dieses Raumes von den Truppen der Achsenmächte konnte endlich der Sturm auf Europa beginnen. Tunesien war auch der Schauplatz des ersten Feldzuges im Zweiten Weltkrieg, bei dem Großbritannien und die Vereinigten Staaten Seite an Seite kämpften. Außerdem ergaben sich aus den Kampfhandlungen wichtige Lehren für die Zukunft, die vor allem den Einsatz der Panzerkräfte betrafen.

Nach dem Erfolg des deutschen Blitzkriegskonzepts im Westen hatten Großbritannien und die Vereinigten Staaten mit einem umfassenden Ausbau ihrer Panzerwaffe begonnen. Die USA beabsichtigten nicht weniger als 50 Panzerdivisionen aufzustellen. Die bergige Landschaft Tunesiens hatte deutlich die Notwendigkeit einer Zusammenarbeit zwischen Infanterie und Panzerkräften gezeigt. Da das Gelände in Europa wahrscheinlich noch unzugänglicher sein würde, kam es innerhalb der Panzerdivisionen auf das richtige Gleichgewicht zwischen beiden Waffengattungen an. Es wurde ein weiteres Mal klar, dass die Infanteriedivisionen auch reichlich engagierte Panzerunterstützung brauchten. So wurde die Schaffung weiterer Panzerdivisionen hinausgezögert und sogar gestoppt, zumal die Alliierten zu der Ansicht gelangt waren, dass ihre vorrangige Rolle im Ausbrechen und in der Verfolgung bestehen würde.

Mit dem Sturm auf Sizilien stand den Alliierten eine weitere umfangreiche amphibische Landungsoperation bevor. Der Mangel an Landungsfahrzeugen verhinderte jedoch, dass das Unternehmen „Husky“ noch vor Juli 1943 durchgeführt wurde. Der endgültige Plan sah Landungen der 7. US-Armee unter Patton und der britischen 8. Armee unter Montgomery an der Südostküste Siziliens vor. Der Landung von See her sollte ein Angriff durch Luftlandetruppen vorausgehen. Zur Vorbereitung wurde die kleine, zwischen Tunesien und Sizilien gelegene Insel Pantellaria einem ausgedehnten Luftangriff ausgesetzt. Als die britischen Sturmtruppen nach der schweren Bombardierung am 11. Juni die Küste der Insel erreichten, kapitulierte die italienische Garnison ohne einen Schuss abgegeben zu haben. Damit konnte Pantellaria als vorgeschobener Luftwaffenstützpunkt benutzt werden.

Als der Feldzug in Tunesien beendet war, kamen die Alliierten zu einer weiteren strategischen Konferenz zusammen, diesmal in Washington, D. C. Sie bestätigten, dass die Operation „Round Up“ 1943 nicht mehr durchgeführt werden könne und daher die Invasion Siziliens der nächste Schritt sein solle. Die Invasion musste jedoch so ausgeführt werden, dass Italien aus dem Krieg ausschied. Das bedeutete zwangsläufig eine Landung auf dem italienischen Festland.

Die von den Manövern der Alliierten getäuschten Achsenmächte erwarteten die nächsten anglo-amerikanischen Angriffe auf Sardinien, in Norditalien oder Griechenland. Hitler befürchtete, dass sein Verbündeter kurz vor dem Zusammenbruch stünde, und richtete in München das Hauptquartier der Heeresgruppe B ein. Es sollte die Operationen zur Sicherung Norditaliens koordinieren. Auch zu Kesselring in Süditalien wurden Truppen entsandt. Rommel wurde zum Oberkommandierenden Südost ernannt. Seine Aufgabe war, mit der Bedrohung vom Balkan her fertig zu werden. Die Verteidiger Siziliens waren in der Mehrzahl nur zweitklassige italienische Verbände, da die besten Truppen in Nordafrika verloren gegangen waren oder gerade an der Ostfront standen. Sie wurden jedoch durch zwei deutsche Divisionen verstärkt.

Die Landung an der sizilianischen Küste fand am 10. Juli statt. Die Luftlandeoperation verlief vor allem wegen des starken Windes und der mangelhaften Navigation nicht erfolgreich; viele Fallschirmjäger gerieten in Gefangenschaft oder ertranken im Meer. Der Hauptteil der amphibischen Landungsoperation verlief ohne große Schwierigkeiten. Nach der Einnahme der Brückenköpfe drängte Montgomery nordwärts in Richtung Messina, während Patton nach Westen und Nordwesten vorstieß um den Rest der Insel von gegnerischen Verbänden zu säubern. Die 8. Armee traf auf deutsche Divisionen, die das gebirgige Gelände im Osten der Insel bestmöglich ausnutzten. Montgomery stellte enttäuscht fest, dass alles zu langsam voranging. Patton hingegen säuberte rasch den Westen Siziliens und wandte sich dann ostwärts mit dem Versprechen, Messina noch vor den Briten zu erreichen.

Hitlers Sorge um die Lage Italiens hielt an, und so traf er am 19. Juli in Norditalien mit Mussolini zusammen um dessen erlahmender Kampfmoral Auftrieb zu geben. Doch es war bereits zu spät. Sechs Tage später verhaftete der völlig desillusionierte Faschistische Großrat seinen Anführer. Auf Bitten des italienischen Königs Viktor Emmanuel III. bildete Marschall Pietro Badoglio eine neue Regierung, die den Auftrag erhielt Möglichkeiten für einen Friedensschluss mit den Alliierten zu erkunden. Der Sturz Mussolinis löste den Einmarsch von Truppen der Heeresgruppe B in Norditalien aus, wobei Rommel von Griechenland nach Italien beordert und zu deren Befehlshaber ernannt wurde.

Am 3. August begannen die Achsentruppen Sizilien zu räumen. Zwei Wochen darauf rückten Pattons Soldaten in Messina ein, doch die deutsche Nachhut hatte die Stadt bereits verlassen. Zwei Tage zuvor hatten alliierte Fliegerkräfte zum zweiten Mal während des Sizilienfeldzuges Rom bombardiert. Daher erklärte die italie-

Amerikanische, britische und französische Soldaten bringen am Ende des Feldzuges in Tunesien deutsche und italienische Gefangene von der Front.

nische Regierung ihre Hauptstadt nun zur offenen Stadt. Sie hatte bereits einen Emissär in das neutrale Portugal geschickt um die Verhandlungen mit den Alliierten zu eröffnen, die auf einer bedingungslosen Kapitulation Italiens bestanden.

Zur gleichen Zeit fand in Quebec eine weitere strategische Konferenz statt. Die Operation „Round Up“, die nun die Bezeichnung „Overlord“ trug, wurde für den 1. Mai 1944 geplant und sollte vom amerikanischen Stabschef General George C. Marshall geleitet werden. Eisenhower blieb für den Kriegsschauplatz im Mittelmeerraum verantwortlich. Sollte „Overlord“ aus irgendeinem Grunde nicht durchführbar sein, dann würde an seiner Stelle das Unternehmen „Jupiter“, der Angriff auf Norwegen, in Betracht gezogen. Auch die Planung für die Landung in Südfrankreich, die die Operation „Overlord“ unterstützen sollte, wurde in Angriff genommen. Die Alliierten hatten sich bereits auf eine Invasion in Italien geeinigt. Da das Land aus dem Krieg praktisch schon ausgeschieden war, bestand das Ziel des Feldzuges nun darin, an dieser Front möglichst viele deutsche Truppen zu binden.

Die Landung in Italien sollte nach Churchills Auffassung möglichst weit im Norden stattfinden; Eisenhower hingegen bestand darauf, die Operation im Süden und in Reichweite der Fliegerkräfte von Sizilien durchzuführen. Die 8. Armee unter Montgomery sollte dazu die Straße von Messina überqueren und an der „Stiefelspitze“ Italiens landen. Dann würde die 5. US-Armee unter Mark Clark, in deren Bestand amerikanische wie auch britische Verbände kämpften, bei Salerno südlich von Neapel an Land gehen. Montgomery hätte dann hoffentlich die Achsentruppen schon erfolgreich abgelenkt. Vieles hing jedoch von den geheimen Waffenstillstandsverhandlungen mit Italien ab. General Guiseppe Castellano, der italienische Abgesandte, war am 20. August mit einem Ultimatum der Alliierten nach Rom zu-

rückgekehrt. Danach sollte die italienische Regierung den Waffenstillstandsbedingungen innerhalb von zehn Tagen zustimmen. Die Regierung akzeptierte die Bedingungen am 1. September; zwei Tage später unterzeichnete Castellano in Sizilien den Waffenstillstandsvertrag. Dieser sollte ab 8. September, dem Tag der Landung bei Salerno gelten und bis dahin geheim gehalten werden.

Die Deutschen wussten, was im Gange war, und hatten Vorbereitungen getroffen um die italienische Armee zu entwaffnen, sobald der Vertrag in Kraft trat. Da die Konzentrierung der amphibischen Fahrzeuge nicht verborgen bleiben konnte, waren sich die Deutschen sehr wohl bewusst, dass die Alliierten in Süditalien zu landen beabsichtigten. Es gab jedoch eine Debatte darüber, wie die deutschen Truppen ihren Feldzug in Italien führen sollten. Nach Kesselrings Ansicht begünstigte das Gelände eine Verteidigung südlich von Rom, die etwaige Pläne der Alliierten bezüglich des Balkan zunichte machen würde. Rommel wiederum war der Meinung, dass ein solches Vorgehen die deutschen Verbände entblöße, die dann von See her umgangen werden könnten; deshalb müsse Süditalien geräumt werden. Hitler traf keine Entscheidung und ließ Rommel mit acht Divisionen im Norden und Kesselring mit zehn Divisionen im Süden stehen.

Pünktlich am 3. September, dem Tag der Unterzeichnung des Waffenstillstandsvertrages mit Italien, landete die 8. Armee an der „Stiefelspitze" und begann nach der Überwindung des schwachen Widerstandes nach Norden vorzustoßen. Zwei Tage später stach der für Salerno bestimmte Landungsverband von Nordafrika aus in See. Am 8. September verlas Eisenhower über Radio Algier die italienische Kapitulation. Das Ziel, Hitlers Bundesgenossen aus dem Krieg auszuschalten, war erreicht. Eisenhowers Meldung sollte jedoch Probleme bereiten, da die Landung bei Salerno zu dem Zeitpunkt noch nicht stattgefunden hatte.

Mussolini berät sich nach der Landung der Alliierten auf Sizilien mit einem seiner Offiziere. Die Invasion führte zum Sturz des Duce durch den Faschistischen Großrat.

KAPITEL SECHS

Der Vormarsch der Roten Armee (1943–1944)

Sowjetische Panzer vom Typ T-34 im Einsatz. Nach dem Sieg in Stalingrad ging die Rote Armee an der gesamten Ostfront zur Offensive über. Der Gegensatz zwischen den Erfolgen, die sie nun errang und dem Desaster zwei Jahre zuvor, als deutsche Truppen in die Sowjetunion einfielen, war sehr deutlich. Die Rote Armee hatte aus der Situation von 1941 gründlich gelernt. Dazu kam ihre überwältigende zahlenmäßige Überlegenheit über die Wehrmacht. Beide Faktoren zusammen mussten unzweifelhaft zum Sieg der Sowjetunion über Hitlerdeutschland führen.

Der Vormarsch der Roten Armee

Die sowjetischen Panzer stießen mit voller Geschwindigkeit in die vorgeschobenen deutschen Verbände hinein und durchbrachen den Panzerschutz. Die T-34 schalteten die Tiger aus allernächster Nähe aus, da deren mächtige Kanonen und die massive Panzerung im Nahkampf keinen Vorteil mehr boten. Die Panzer beider Seiten befanden sich auf engstem Raum. Es war weder Zeit noch Platz um sich vom Feind zu lösen und wieder die Schlachtordnung einzunehmen oder im Verband zu operieren. Die aus nächster Nähe abgefeuerten Granaten durchdrangen nicht nur die Seitenpanzerung, sondern auch die Frontpanzerung der kämpfenden Fahrzeuge. Auf eine solche Entfernung bot die Panzerung keinen Schutz, war die Länge der Geschützrohre nicht mehr ausschlaggebend. Häufig explodierten Munition und Treibstoff der getroffenen Panzer und es wurden abgerissene Panzertürme Dutzende Meter weit durch die Luft geschleudert.

Generalleutnant P. A. Rotmistrow
über die Panzerschlacht im Juli 1943
im Raum Prochorowka

Nach der Vernichtung der 6. Armee bei Stalingrad konnte die Rote Armee darangehen, den von Deutschland besetzten westlichen Teil der UdSSR zu befreien. Sie hatte aus den vergangenen zwanzig Monaten des Kampfes viel gelernt und war bezüglich Organisation und Taktik völlig umgestaltet worden. Der Schwerpunkt lag jetzt auf der maximalen Konzentration der Panzerwaffe und der Artillerie. Aus Panzerkorps und mechanisierten Korps wurden Panzerarmeen aufgestellt. Die Stawka hatte eine riesige Anzahl Geschütze unter ihrer unmittelbaren Kontrolle, die dann in den Offensiven zum Einsatz kamen. Außerdem wurden

Infanteristen der Roten Armee bereiten sich auf den nächsten Angriff vor. Die sowjetischen Soldaten waren bekannt für ihre Ausdauer und Standhaftigkeit. Verglichen mit den Frontkämpfern der westlichen Alliierten waren ihre Bedürfnisse nur gering.

Eine sowjetische 45-mm-Pak Modell 42 wird von Soldaten in Position geschoben. Dieses Modell basierte auf der Pak 37, von der die Sowjetunion vor dem Krieg eine Anzahl von Deutschland gekauft hatte. Das Modell 42 konnte Sprenggranaten und auch Panzerabwehrgranaten verfeuern und war eine hocheffektive Waffe zur Nahunterstützung der Infanterie.

Luftarmeen von jeweils 200 – 300 Flugzeugen geschaffen und den Fronten zugeteilt, wobei die Stawka zusätzliche Fliegerkorps als Verstärkungen in Bereitschaft hielt.

Jetzt war alles auf die Realisierung von Durchbruchsoperationen ausgerichtet. Die erste Phase einer solchen Operation bildete ein konzentrierter Artilleriebeschuss, bei dem bereits kleine Sondierungsangriffe ausgeführt wurden um die Schwachpunkte der gegnerischen Verteidigung festzustellen. Der Einbruch in die feindlichen Linien sollte dann durch die von Panzerkräften unterstützte Infanterie erfolgen. Waren die Befestigungen in die Tiefe gestaffelt, vollendete eine zweite Angriffswelle den Durchbruch. Danach traten die Panzerarmeen in Aktion. In so genannten „beweglichen Gruppen“ operierend, brachen sie los und drangen so schnell und so tief sie konnten vor, ehe Opfer unter den Besatzungen und Treibstoffmangel sie zum Anhalten zwangen. Wo es möglich war, brachen sie an mehreren Stellen durch um die deutschen Reserven durcheinander zu bringen. Aus dem gleichen Grund bediente sich die Rote Armee der Taktik der rollenden Offensiven. Verlor ein Angriff an Schwung, dann setzte an anderer Stelle der nächste ein. Die Sowjetarmee arbeitete zunehmend auch mit Täuschungsmanövern um den Überraschungseffekt ihrer Angriffe zu erhöhen. Desgleichen erkannte die militärische Führung, wie wichtig die Koordinierung der Partisanenaktivitäten hinter den deutschen Linien mit den Hauptoffensiven war.

Die Rote Armee hatte bereits vor der Vernichtung des Stalingrader Kessels mit der Vorbereitung und Durchführung neuer Offensiven begonnen. Im Kaukasus

G. K. Shukow war einer der hervorragenden sowjetischen Befehlshaber des Zweiten Weltkrieges. Er war ein Inbegriff der Härte, die die ranghöheren sowjetischen Offiziere von 1942 an auszeichnete. Misserfolge waren unentschuldbar. Oftmals wurden jene, die versagt hatten, degradiert und in Strafbataillone gesteckt, wo sie einen frühen Tod zu erwarten hatten.

wurde am Neujahrstag des Jahres 1943 die weit auseinander gezogene Heeresgruppe A angegriffen und gezwungen einen großen Teil ihrer vorjährigen Geländegewinne aufzugeben. Eine Operation, die den Belagerungsring um Leningrad aufbrechen sollte, erzielte einen Teilerfolg, da das Südufer des Ladogasees von deutschen Verbänden gesäubert und daraufhin die Versorgung der Verteidiger der Stadt verbessert werden konnte. Auch die Heeresgruppe B wurde weiter bedrängt, die Woronesher Front griff über den Don hinweg an und kesselte die ungarische 2. und die italienische 8. Armee ein. Das löste einen allgemeinen deutschen Rückzug auf das Westufer des Flusses aus, doch die sowjetischen Truppen verminderten den Druck auf ihre Gegner nicht. Sie hatten nun Rostow, Kursk und Charkow im Visier.

Während sich die Überreste der Heeresgruppe A über die Straße von Kertsch auf die Krim zurückzogen, griffen die sowjetischen Fronten westlich von Stalingrad weiterhin an und befreiten Rostow und Kursk. Es gab eine weitere Offensive im Norden, mit der der Demjansker Frontvorsprung nördlich von Smolensk entfernt werden sollte. All das zwang den zögernden Hitler weitere Rückzugsbewegungen zu sanktionieren, doch als Manstein, der Befehlshaber der wiederhergestellten Heeresgruppe Süd, Charkow freiwillig aufgab, reagierte Hitler wütend. Mit der Absicht, Manstein zu entlassen, begab er sich direkt in dessen Hauptquartier. Manstein indes wies darauf hin, dass es ihm durch die Verkürzung der Frontlinie gelungen sei, zusätzliche Panzerreserven zu schaffen. Da N. F. Watutin die Südwestfront allmählich überdehnte, schlug Manstein einen Gegenangriff vor, dem Hitler schließlich zustimmte.

Am 20. Februar führte Manstein seinen Gegenschlag. Die Sowjets hatten die jüngsten deutschen Rückzugsbewegungen nach dem Sieg der Roten Armee bei Stalingrad für einen Hinweis darauf gehalten, dass der Gegner zu keiner Angriffshandlung mehr fähig sei, und wurden nun überrascht. Die Südwestfront war inzwischen so weit auseinander gezogen, dass die bewegliche Gruppe zum Zeitpunkt des deutschen Angriffs nur über 25 Panzer verfügte. Watutin war dennoch überzeugt, dass die Deutschen lediglich ihren Rückzug zu decken versuchten; er setzte seinen Vorstoß nach Westen fort, was ihn jedoch noch verwundbarer machte.

Die Situation spitzte sich für die Sowjets zu, als der nördlich von Watutin stehende General F. I. Golikow mit der Woronesher Front einen Gegenangriff auf die Deutschen unternahm und unter schweren Verlusten zurückgeschlagen wurde. Watutin war nun zum Rückzug gezwungen und die Deutschen konnten nach blutigen Straßenkämpfen Charkow zurückerobern. Manstein beabsichtigte weiter nach Osten zu drängen, doch nun setzte Tauwetter ein, das wie üblich die Kampfhandlungen zeitweilig zum Stillstand brachte.

Die Operationen rund um Charkow hatten gezeigt, dass das deutsche Heer in der Sowjetunion noch immer stark war und Kampfkraft besaß. Eine große Rolle im Heer spielte das SS-Panzerkorps. Die Waffen-SS, die im Grunde unter Heinrich Himmlers Kontrolle stand und einen eigenen Disziplinkodex besaß, hatte sich während der ersten Blitzkriegskampagnen wegen ihres geringen Ausbildungsstandes das Misstrauen des Heeres zugezogen. An der Ostfront allerdings kam sie dann zur Geltung. Die SS-Verbände waren im Allgemeinen besser ausgerüstet als die jeweiligen Heeresformationen. Auch gingen sie rücksichtsloser gegen den Feind vor. In einem Maße von den Ideen des Nationalsozialismus durchdrungen, wie es beim Heer nie der Fall war, bekämpfte die Waffen-SS die Sowjets mit ihrer eigenen Art von Fanatismus und Grausamkeit. Die Befehlshaber des Heeres mochten die Rolle der SS-Männer vielleicht mit Argwohn betrachten, doch sie konnten nicht umhin, deren Kampfgeist zu bewundern. Als sich der Krieg immer mehr in die Länge zog, wurden die SS-Verbände dann auch zunehmend als „Feuerwehr" an kritischen Punkten eingesetzt, wo sie die sowjetischen Angriffe zurückschlagen sollten.

Der ursprüngliche deutsche Plan für den Frühsommer des Jahres 1943 sah vor die Angriffsoperationen im Raum Charkow fortzusetzen. Hitler jedoch beschloss den gewaltigen Frontvorsprung weiter nördlich, der im Raum Kursk in die deut-

Kampf gegen „General Schlamm". Die Tauwetterperiode im Frühjahr und die schweren Regenfälle im Herbst ließen die Bewegungen der kämpfenden Truppen an der Ostfront stocken.

PzKpfw VI Tiger. Seine sehr dicke Frontpanzerung und das 88-mm-Geschütz machten ihn sowohl an der Ost- wie an der Westfront zu einem ernst zu nehmenden Gegner. Allerdings war er am effektivsten in der Verteidigung.

schen Linien hineinragte, mit einer Zangenbewegung abzuschneiden. Das Gelingen des Vorhabens würde nicht nur die deutsche Frontlinie beträchtlich verkürzen, sondern, so hoffte er, den Sowjets große Verluste bringen. Es würde die Vorbereitung weiterer Offensiven der Roten Armee verzögern. Der Frontvorsprung sollte von Norden her von der 4. Panzerarmee und aus dem Süden von der 9. Armee angegriffen werden.

Die Vorbereitungen auf die Operation „Zitadelle" begannen Ende März. Dass sie den Sowjets nicht lange verborgen blieben, war zum Teil dem sehr effektiven sowjetischen Spionagering Lucy zu danken, der in der Schweiz angesiedelt war, und auch den in die deutschen Linien eingeschleusten Abwehroffizieren. Die Stawka war versucht Präventivangriffe zu unternehmen, was Stalin jedoch ablehnte. Stattdessen sollten die im Kursker Bogen stehenden Fronten konzentrische Feldbefesti-

gungen aufbauen. Dahinter wurden Panzerkräfte für einen Gegenschlag zusammengezogen, der die angreifenden deutschen Truppen kampfunfähig machen sollte. Die deutsche Luftaufklärung bemerkte diese Vorbereitungen bald; die Generäle drängten Hitler den Angriff doch früher zu genehmigen. Der „Führer" indes war mehr daran interessiert, die größtmögliche Angriffsmacht aufzubauen. Dazu kam Anfang Mai sein Beschluss, die Operation „Zitadelle" noch weiter hinauszuschieben um dann neue, bislang noch nicht frontreife Waffen einsetzen zu können.

Das Sturmgeschütz Ferdinand, ein Panzerkampfwagen ohne Drehturm. Diese Fahrzeuge unterstützten herkömmliche Panzer beim Angriff und standen bei der Verteidigung in Hinterhaltpositionen.

Hitler hatte dabei besonders drei neue Panzerkampfwagen (PzKpfw) im Sinn. Zwei davon waren Panzer – der PzKpfw V Panther und der größere PzKpfw VI Tiger, der erstmals in Tunesien eingesetzt wurde. Diese Fahrzeuge, insbesondere der Tiger, waren stärker gepanzert und schwerer bewaffnet als jeder andere Panzer dieser Zeit. Darüber hinaus gab es das Sturmgeschütz Ferdinand, das eine neue Art von Panzerkampfwagen darstellte. 1943 hatte der Verlust an deutschen Panzern besonders an der Ostfront ein solches Ausmaß erreicht, dass die Produktion nicht mehr Schritt halten konnte. Die Lösung waren Panzerkampfwagen ohne Türme und mit einem begrenzt schwenkbaren, am Rumpf befestigten Geschütz. Diese Sturmgeschütze ließen sich viel einfacher herstellen als herkömmliche Panzer und konnten daher die

Aufbau der Panzerung eines Tiger. Am wichtigsten war die Panzerung – hier in absteigender Ordnung aufgeführt – der Fahrzeugfront, der Seiten und des Wannenbodens (hier zum Schutz vor Minen). Oberer und hinterer Teil waren am schwächsten gepanzert, da die Panzer an diesen Stellen kaum feindlichen Angriffen ausgesetzt waren.

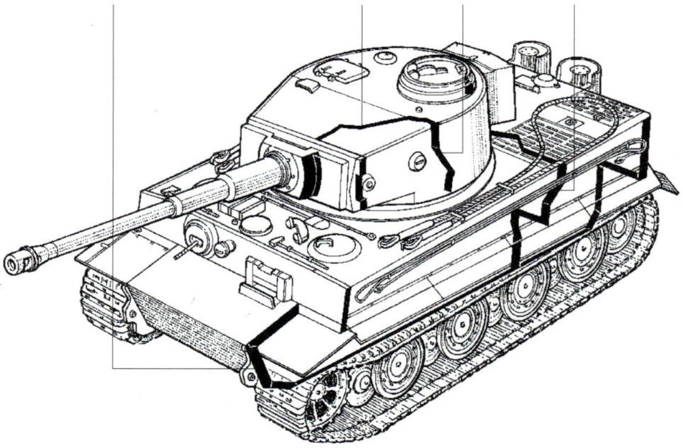

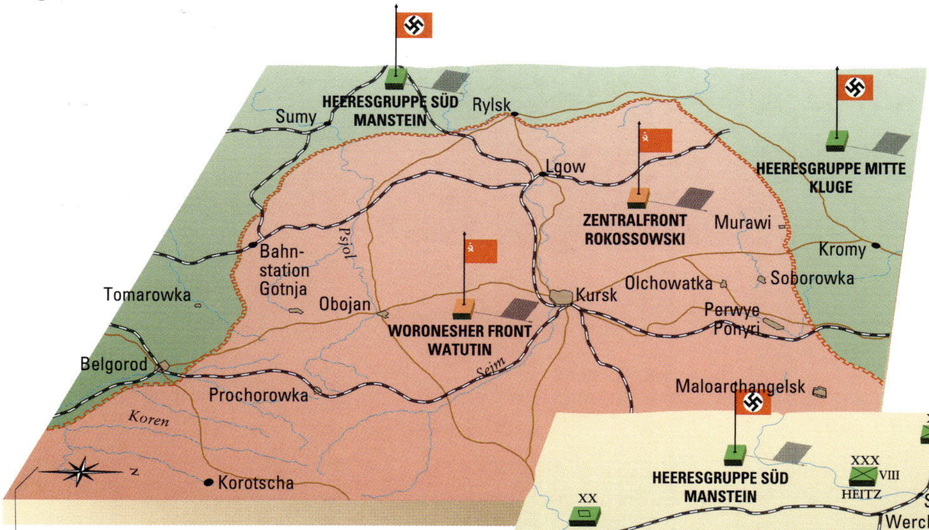

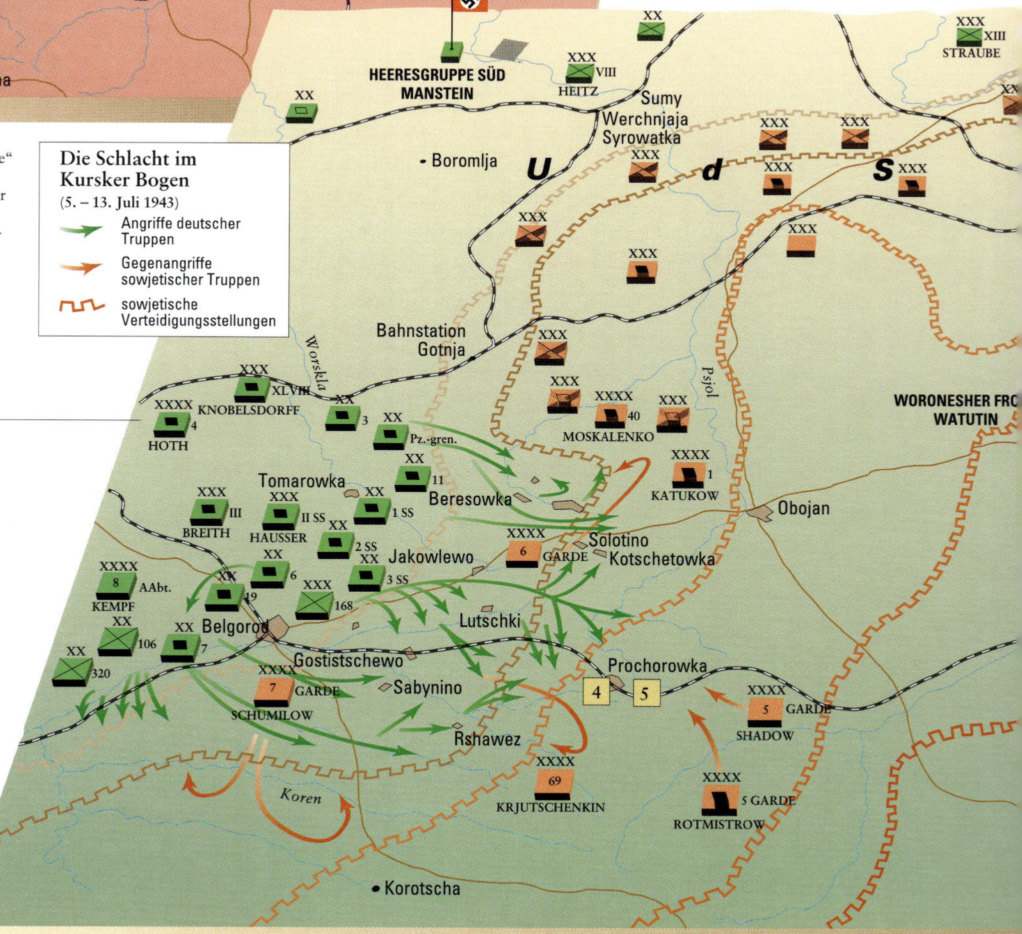

1 Der Plan für die Operation „Zitadelle" sah vor einen möglichst großen Teil der sowjetischen Truppen im Kursker Bogen mit einer Zangenbewegung abzuschneiden und die eingeschlossenen Verbände dann zu vernichten.

3 5. Juli 1943: Die 4. Panzerarmee rückt nach massivem Angriff nur etwa 15 km vor. Weitere Angriffe kommen ebenfalls nur wenig voran.

4 11. Juli 1943: Generaloberst Hoth, Befehlshaber der 4. Panzerarmee, gibt an die 2. und 3. Panzerdivision den Befehl zum Vorgehen. Ziel ist die Ortschaft Prochorowka.

5 12. Juli 1943: Bei Prochorowka steht Generalleutnant Rotmistrow mit der 5. Gardepanzerarmee. Seine Verbände greifen die vorstoßenden SS-Panzer an. Aus den Kämpfen entwickelt sich die größte Panzerschlacht der Geschichte, an der auf engstem Raum schätzungsweise 1000 Panzer beteiligt waren.

Gegenangriff sowjetischer Infanterie und Panzerkräfte in den abschließenden Phasen der Schlacht im Kursker Bogen.

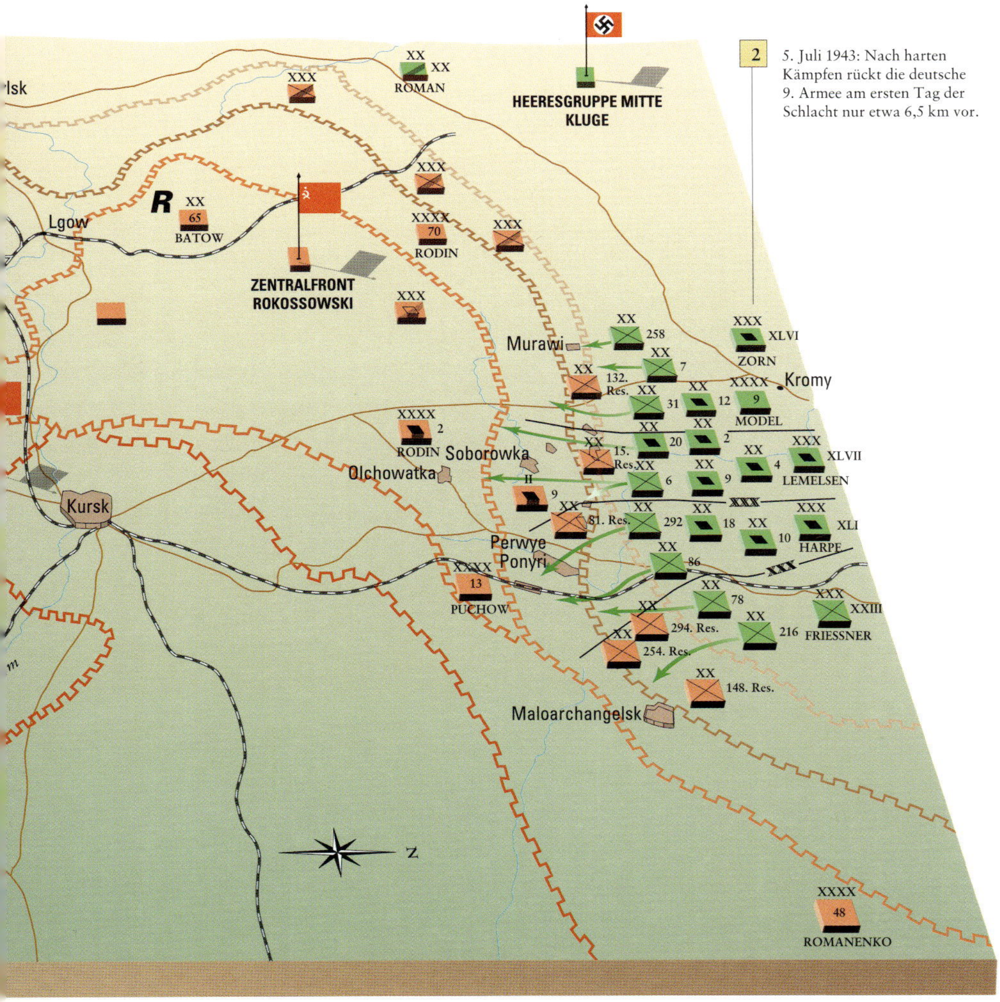

wachsende zahlenmäßige Unterlegenheit der deutschen Panzerkampfwagen teilweise ausgleichen.

Die deutsche Offensive am Kursker Frontvorsprung begann schließlich am 4. Juli mit einer massiven Luft- und Artillerievorbereitung. Auf deutscher Seite waren insgesamt 900 000 Mann sowie 2500 Panzer und Artilleriegeschütze beteiligt. Mit 1 300 000 Mann und 3000 Panzern waren die sowjetischen Verteidiger dem Angreifer allerdings zahlenmäßig überlegen. In der Nacht hatten deutsche Pioniere Gassen durch die gegnerischen Minenfelder geräumt. Im Morgengrauen griffen die 4. Panzerarmee und die 9. Armee an. Sie kamen anfangs auch voran, doch dann forderten die tief gestaffelten sowjetischen Verteidigungsanlagen ihren Tribut. Am Abend des 6. Juli kam die 9. Armee unter Generaloberst Walther Model zum Stillstand. Hoth setzte den Kampf während der nächsten sechs Tage im Süden fort, bis die sowjetischen Panzerreserven einen Gegenangriff starteten. Die folgenden Kampfhandlungen konzentrierten sich auf die nördlich von Belgorod gelegene Ortschaft Prochorowka. Dabei waren 1300 Panzer und Sturmgeschütze – zwei Drittel davon sowjetische – eingesetzt; sie machten die Kämpfe zur größten Panzerschlacht des Krieges.

Ebenfalls am 12. Juli unternahmen die Westfront und die Brjansker Front einen Angriff in den Rücken der 9. Armee. Am Tag darauf ließ Hitler die Operation „Zitadelle“ abbrechen. Angesichts der wachsenden deutschen Verluste sowie der Tatsache, dass die Alliierten auf Sizilien gelandet waren, ließ er seine Armeen im Osten schließlich zur Verteidigung übergehen. Wie zur Bestätigung dieser Entscheidung bedrohten die sowjetischen Truppen nun Hoth mit einer auf Charkow gerichteten Offensive. Die Stadt wurde am 23. August zum zweiten Mal befreit. Der Kursker Frontvorsprung war zu dieser Zeit schon begradigt – entgegen den deutschen Plänen allerdings in Richtung Westen.

Die sowjetische Gegenoffensive bei Kursk war der Beginn einer Reihe rollender Angriffe, die an der gesamten Ostfront mit Ausnahme des nördlichsten Frontabschnittes stattfinden sollten. Stalin war entschlossen, den deutschen Truppen keine Atempause zu gönnen, und legte als nächste Aufgabe die Befreiung der östlichen Ukraine und die Vernichtung der Heeresgruppe Süd fest. Zu diesem Zweck sollten die Woronesher Front und die Steppenfront nach der Beendigung der Charkower Operation an den Dnepr vorstoßen und dort Brückenköpfe erobern. Zu ihnen sollten weitere Fronten stoßen, die den Auftrag hatten, Kiew zu befreien und den unteren Dnepr zu forcieren. Schließlich sah sich die Heeresgruppe Süd nicht weniger als 19 Vorstößen von acht Fronten ausgesetzt. Um die benachbarte Heeresgruppe Mitte abzulenken, sollten Truppen der Kalininer und der Brjansker Front sowie der Westfront den nördlichen Teil von deren Frontabschnitt angreifen. Dort hatte einige Monate lang Ruhe geherrscht, so dass die Deutschen gewaltige Befestigungen hatten errichten können. Die sowjetischen Truppen kamen deshalb im August an dieser Stelle nur wenig voran, doch hinderten sie Kluge, Reserven zu dem im Süden stehenden Manstein zu verlegen. Das war insofern von Bedeutung, als Hitler nach der Verhaftung Mussolinis darauf gedrungen hatte, Divisionen für die Entsendung nach Italien bereitzuhalten.

Hitler befand sich in der Tat in einer Zwangslage. Anfang August hatte er die Errichtung neuer Befestigungsanlagen im Hinterland befohlen. Der Ostwall, auch Pantherstellung genannt, verlief von der estnischen Grenze fast genau südlich bis zum Dnepr, folgte dem Flusslauf, bog dann ab und erreichte südlich von Melitopol das Asowsche Meer. Allerdings hatte Hitler verfügt, dass es vorläufig keine Rückzugsbewegungen auf diese Linie zu geben habe. Dennoch stellte Manstein unter

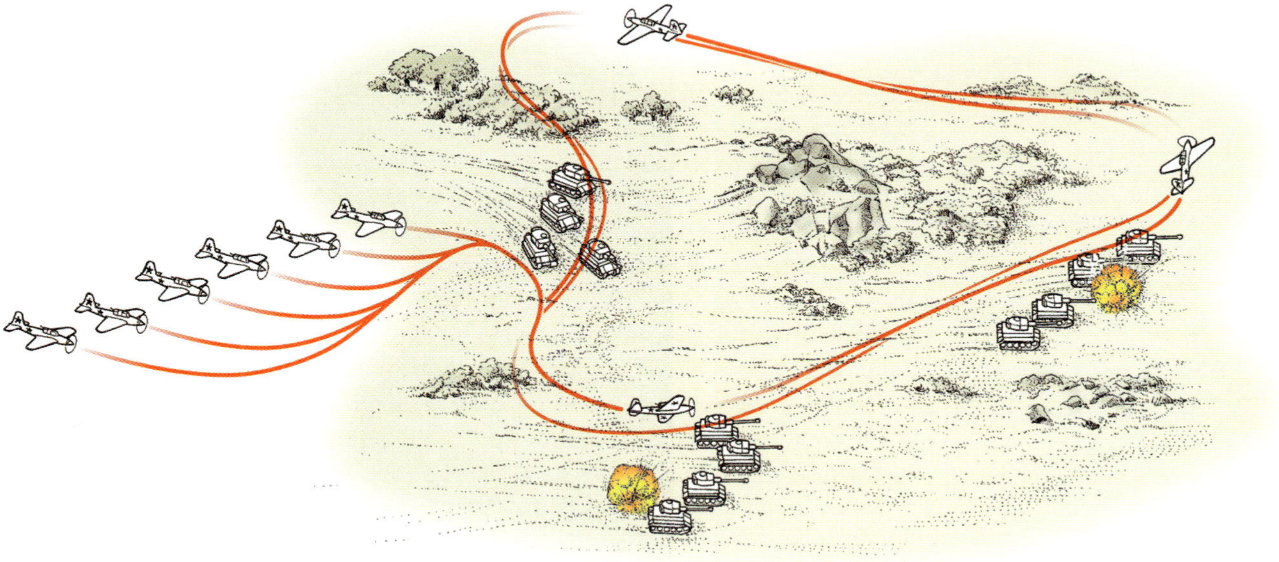

Diese schematische Darstellung zeigt, wie die Kampfflugzeuge vom Typ Il-2 (Schturmowik) deutsche Panzer bekämpften. Die Flugzeuge waren stark gepanzert und konnten ihre Angriffe deshalb in sehr geringer Höhe fliegen. Eine Taktik (OBEN) *bestand darin, eine Fliegerkette auf etwa kreisförmiger Bahn im Rücken der Panzer anfliegen zu lassen. Die Flugzeuge griffen ihre Ziele dann normalerweise mit Panzerabwehrraketen an. Eine zweite Möglichkeit* (UNTEN) *waren Attacken auf die Seiten der gegnerischen Fahrzeuge, die weniger stark als die Vorderfront gepanzert waren und eine größere Angriffsfläche boten. Die Kette flog in engen Bögen, so dass sich stets zu beiden Seiten der Panzerkolonne angriffsbereite Iljuschins befanden. Diese Bewegung machte zudem das Verfolgen und Angreifen der Maschinen durch Fliegerabwehrkanonen sehr schwierig.*

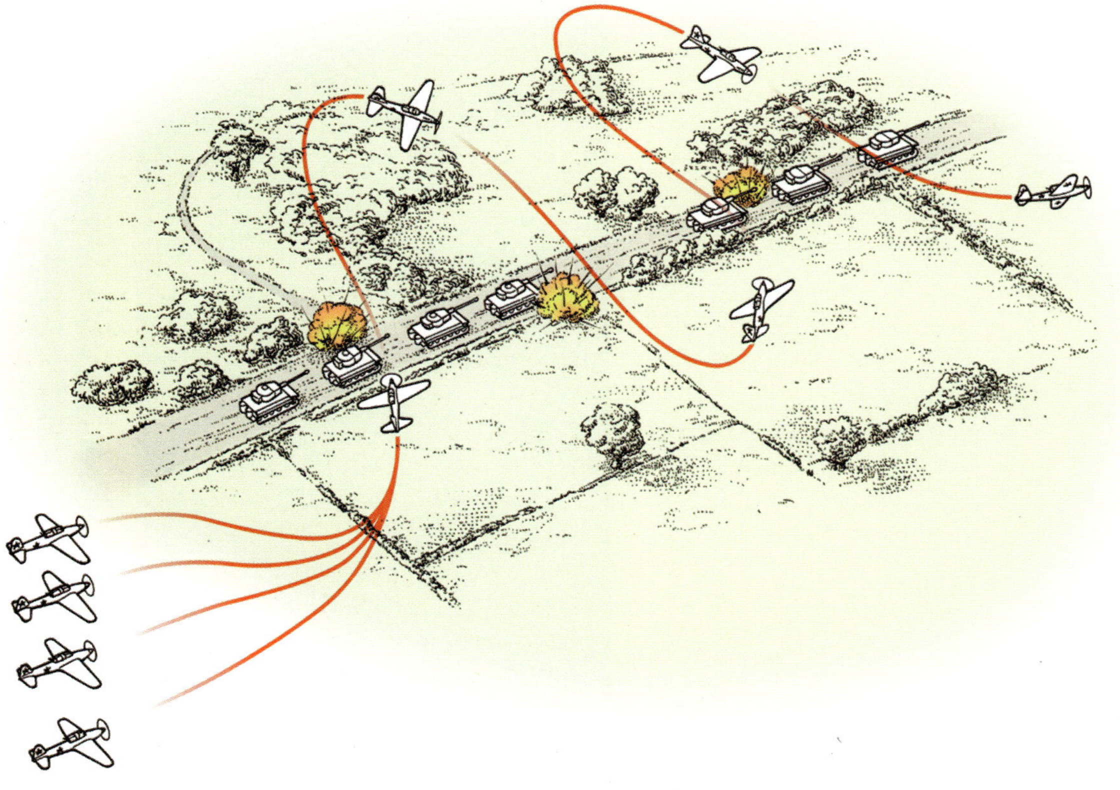

Beginn eines deutschen Gegenangriffs. Links im Bild ist ein kampfunfähig gemachter T-34 zu sehen, der ebenfalls zur unmittelbaren Feuerunterstützung der Infanterie eingesetzt wurde.

dem wachsenden gegnerischen Druck und dem Mangel an Reserven den „Führer" vor eine schwierige Wahl, als dieser das Hauptquartier des Generalfeldmarschalls besuchte. Wenn die Heeresgruppe Süd nicht umgehend Verstärkung erhalte, dann müsse sie sich hinter den Dnepr zurückziehen um nicht vernichtet zu werden. Hitler, der noch von den Ereignissen im Mittelmeerraum in Anspruch genommen war, wollte keine Entscheidung treffen. Zwei Wochen darauf, am 8. September, trafen beide erneut zusammen. Diesmal war auch Generalfeldmarschall Ewald von Kleist zugegen, der sich noch immer auf der Taman-Halbinsel im Kaukasusgebiet behauptete. Hitler genehmigte die Räumung der Halbinsel und erlaubte auch Manstein einen begrenzten Rückzug auf den Dnepr.

Am Tag nach der Zusammenkunft stellte Stalin all jenen Soldaten, die die ersten Übergänge über den Dnepr erzwangen, die höchste Auszeichnung der UdSSR, die Verleihung des Ordens „Held der Sowjetunion" in Aussicht. Nun setzte ein Wettlauf mit Manstein ein, der seine Heeresgruppe geordnet über den Fluss zurückzuführen versuchte. Das Ergebnis war praktisch ein totes Rennen. Obwohl Manstein sein Vorhaben verwirklichen konnte, eroberten die Woronesher Front und dann

die Südwestfront ebenfalls Übergänge über den Dnepr. Das gelang, obwohl die an vorderster Stelle eingesetzten Armeen ihre Pontonausrüstungen erst weit hinten mitführten und sich daher mit Flößen behelfen mussten. Nun war der Ostwall an seinem südlichen Abschnitt gefährdet. Verschärfend kam hinzu, dass der Sturm der sowjetischen Truppen durch das Donezbecken die Reste der Heeresgruppe A auf der Krim abschnitt. Auch der Druck auf die Heeresgruppe Mitte wurde im Verlauf des September immer stärker, und Smolensk wurde am 23. des Monats von den Deutschen aufgegeben.

Am 12. Oktober 1943, als sich auch die Heeresgruppe Mitte auf den Ostwall zurückziehen musste, schrieb deren Oberbefehlshaber Kluge einen persönlichen Brief an Hitler. Darin führte er an, dass seine Heeresgruppe nun noch eine Iststärke von 200 000 Mann habe und dass die Verstärkungen, die er erhalte, schlecht ausgebildet seien und kein Format besäßen. In einer ähnlich prekären Situation befinde sich die Heeresgruppe Süd; einige ihrer Divisionen seien auf wenig mehr als 1000 Mann geschrumpft. Hitler ließ das Schreiben jedoch unbeantwortet. Kluge wurde zwei Wochen später bei einem Autounfall schwer verletzt und deshalb durch Ge-

Die erschöpften deutschen Truppen ziehen sich – hier im Herbst 1943 – mit ihren Verwundeten zurück. Es wurden stets alle Anstrengungen unternommen um die Verwundeten aus dem Kampfgebiet zu evakuieren; sie dem Feind zu überlassen hätte die Kampfmoral der Truppen stark beeinträchtigt – eine Tatsache, die in allen Armeen anerkannt war.

Deutscher Nachschubkonvoi im Winter 1943/44 in einer kahlen russischen Steppe. Die Deutschen benutzten für ihre Transporte häufig Panjewagen, schwere polnische Karren, die ansonsten in der Landwirtschaft Verwendung fanden.

neralfeldmarschall Ernst Busch ersetzt. Doch auch die Rote Armee musste schwere Opfer bringen; sie sollte im Verlauf des Jahres 1943 2,4 Millionen Soldaten verlieren. Die Deutschen konnten sich allerdings mit der Tatsache trösten, dass sich unter ihren sowjetischen Kriegsgefangenen auch ganz junge Männer und Greise befanden. Keiner von diesen hatte länger als ein paar Wochen in der Roten Armee gedient.

Der Druck, den die sowjetischen Truppen auf ihren Gegner ausübten, hielt den ganzen Herbst über an. Anfang Oktober wurden die Angriffe auf die Heeresgruppe Mitte in Richtung Norden bis über deren Grenze zum Operationsgebiet der Heeresgruppe Nord ausgedehnt. Der Ostwall hatte nun, was die beiden anderen Heeresgruppen anging, seine Bedeutung verloren und die deutschen Truppen wurden in Gebiete westlich davon gedrängt. Nur heftige Gegenangriffe, die die Sowjets zeitweise aus dem Gleichgewicht brachten, sowie die herbstlichen Regenfälle konnten einen völligen Durchbruch der Roten Armee verhindern.

Der Teil der Ostfront, an dem im Sommer und Herbst des Jahres 1943 Ruhe geherrscht hatte, bildete den nördlichsten Abschnitt; dort war Leningrad weiterhin durch die finnische Südostarmee, die noch immer an der sowjetisch-finnischen Grenze von 1939 verharrte, und von Süden her durch die deutsche 18. Armee vom Umland abgeschnitten. Letztere war der einzige deutsche Kampfverband, der sich noch östlich der Pantherstellung befand. Die Armee hatte jedoch einen Großteil ihrer Panzerkräfte abgeben müssen, da diese im Süden gebraucht wurden, wo der Ansturm der Roten Armee eingedämmt werden sollte. Nun drohte ihr eine neue Offensive zur Entsetzung Leningrads. Generalfeldmarschall Georg von Küchler, der Oberbefehlshaber der Heeresgruppe Nord, beabsichtigte die 18. Armee noch vor dem Beginn des sowjetischen Angriffs hinter die Pantherstellung zurückzunehmen, doch Hitler untersagte das insbesondere deshalb, weil der Armeebefehlshaber seine Zuversicht geäußert hatte, die gegenwärtigen Stellungen halten zu können. Außerdem hätte ein Rückzug von Leningrad die finnischen Verbände völlig isoliert.

Die Offensive begann am 14. Januar 1944 und die 18. Armee stand bald unter unerträglichem Druck, der unter anderem von den zahlreichen Partisanenaktionen zur Zerstörung der gegnerischen Kommunikationslinien ausging. Am 26. Januar war die Bahnlinie Moskau – Leningrad von deutschen Einheiten gesäubert; damit war die 900 Tage dauernde Belagerung Leningrads – die längste Belagerung in neuerer Zeit – endlich aufgehoben. Die Kampfhandlungen wurden jedoch fortgesetzt, und als Küchler der 18. Armee schließlich den Rückzug auf den Fluss Luga genehmigte, der immer noch mehr als 80 km östlich der Pantherstellung lag, wurde er von Hitler entlassen. An seine Stelle trat Model, welcher nach der Operation „Zitadelle" den Ruf eines Generals hatte, der um jeden Zoll Boden kämpft. Doch selbst er konnte den Verlust weiteren Terrains nicht verhindern und Mitte Februar kam schließlich die Erlaubnis zum Rückzug auf die Pantherstellung. Die Rote Armee hatte auch an anderer Stelle ihre Angriffe fortgesetzt und den Deutschen an keinem Frontabschnitt eine Atempause gegönnt. Am schwersten traf diese eine

Offensive der 1. Ukrainischen Front unter Watutin, die quer über die Grenze zwischen den Operationsgebieten der Heeresgruppen Mitte und Süd ging. Im Verlauf zweitägiger Kampfhandlungen erreichte sie Ende Januar die sowjetisch-polnische Vorkriegsgrenze im Gebiet des Flusses Styr.

Die Rote Armee wandte sich nun der Befreiung des noch besetzten ukrainischen Territoriums zu. Dieses Ziel erreichte sie wiederum durch eine Reihe rollender Angriffe. Unter den Partisanenverbänden, die in der Ukraine operierten, gab es auch Gruppen, deren Ziel die Schaffung einer unabhängigen Ukraine war. Sie hatten ihre Dienste ursprünglich den Deutschen angeboten, doch Hitler zeigte sich an einer autonomen Ukraine nicht interessiert. Also wandten sie sich gegen die deutschen Besatzer, bekämpften aber weiterhin die Truppen der Roten Armee. Ende Februar geriet Armeegeneral Watutin, der sich bis dahin als ein hervorragender Frontbefehlshaber bewiesen hatte, in einen Hinterhalt dieser Partisanen und wurde tödlich verwundet. Die 1. Ukrainische Front übernahm daraufhin Marschall der Sowjetunion G. K. Shukow.

Die sowjetische Antwort auf den Tiger war der nach Stalin benannte IS-2. Er wog 46 Tonnen – 10 Tonnen weniger als der Tiger – und war mit einem 85-mm-Geschütz bewaffnet. Der Panzer wurde 1944 in Dienst gestellt.

Im Frühjahr 1944 näherten sich die Truppen der Roten Armee den Grenzen Ungarns und Rumäniens. Es gab Anzeichen dafür, dass die Verbündeten Deutschlands ins Wanken gerieten. Deshalb wurden deutsche Truppen nach Ungarn entsandt um sowohl die ungebrochene Loyalität des Landes als auch die Ölfelder des Balatongebietes zu sichern. Marschall Ion Antonescu flog nach Berlin um die Erlaubnis dafür zu erwirken, die rumänischen Truppen nun auf die Verteidigung des eigenen Landes zu konzentrieren. Hitler willigte ein; wahrscheinlich meinte er Rumänien damit an der Seite Deutschlands halten zu können – besonders da das Land mit seinen Lieferungen noch immer einen bedeutenden Anteil des deutschen Ölbedarfs deckte. Finnland, dessen Truppen nun völlig von der Hauptmacht der deutschen Verbände an der Ostfront abgeschnitten waren, sandte eine Delegation nach Moskau, die um einen Waffenstillstand ersuchen sollte. Stalin indes beabsichtigte nur dann einzuwilligen, wenn die gemeinsame Grenze vom März 1940 wiederhergestellt würde, Finnland alle deutschen Streitkräfte von seinem Territorium wies und sich bereit erklärte über einen Zeitraum von 5 Jahren 600 Millionen Dollar Reparationen an die UdSSR zu zahlen. Das Parlament in Helsinki lehnte die Bedingungen ab und die finnischen Truppen kämpften weiter.

Am 1. März 1944 gab Stalin seine Absichten für den bevorstehenden Sommer bekannt. Sein Hauptziel war die Befreiung Polens, der Tschechoslowakei und der slawischen „Brudernationen“. Der Grundstein dafür sollte die Belorussische Operation mit der Tarnbezeichnung „Bagration“ sein, deren Zweck die Zerschlagung der Heeresgruppe Mitte war. Diese hielt einen ausgedehnten Frontvorsprung

Gegensätzliche Reaktionen auf die Befreiung: Soldaten der Roten Armee werden von Bäuerinnen mit Blumen begrüßt (ABB. GEGENÜBER). *Eine Frau* (OBEN) *sucht unter den Opfern einer der zahlreichen Gräueltaten der Deutschen ihre Angehörigen. Die Rote Armee sollte später auf deutschem Territorium furchtbare Rache für die Verbrechen üben.*

besetzt, dessen südliche Flanke an den praktisch unpassierbaren Pripjatsümpfen lag. Mit der Vernichtung der Heeresgruppe konnte nicht nur Polen befreit, sondern auch die Forderung der westlichen Alliierten nach einer Offensive erfüllt werden, die zeitlich mit der schon lange erwarteten Landung der Alliierten in Frankreich zusammenfiele. Als Teil der Operation „Bagration" sollten zwei Ablenkungsmanöver durchgeführt werden: Im Norden sollte ein Scheinangriff Finnland endgültig aus dem Krieg werfen und die Kräfte der Heeresgruppe Nord fesseln. Im Süden würde ein Angriff in Richtung Lwow die Heeresgruppe Süd daran hindern, ihrem Nachbarn Verstärkungen zu schicken. Auch die Täuschung des Gegners spielte eine große Rolle. So wurden Maßnahmen ergriffen um die Deutschen glauben zu machen, die Hauptoperation ziele auf den Balkan. Auch gegen das nördliche Norwegen wurde eine Bedrohung aufgebaut. Sie sollte sich dem strategischen Täuschungsplan „Bodyguard" der Alliierten (siehe Kap. 7) anpassen.

Die abschließende Beratung mit den Vertretern aller an der Operation „Bagration" beteiligten Fronten fand vom 22.–23. Mai statt. Es wurde bekannt gegeben, dass der Scheinangriff im Norden am 9. Juni und die Hauptoffensive zwölf Tage später, am dritten Jahrestag des deutschen Einmarsches, beginnen werde.

Auf deutscher Seite hatte Hitler inzwischen weitere Befehlshaber entlassen, nachdem sie sich mit ihren Truppen zurückgezogen hatten statt ihre Stellungen zu halten und zu kämpfen. Zwei seiner führenden Feldmarschälle – Erich von Manstein

Der Warschauer Aufstand im August 1944. Hier schaffen Mitglieder der polnischen Heimatarmee (Armia Krajowa) Nachschub an Mörsergeschossen heran. Einige von ihnen tragen zwar Teile erbeuteter deutscher Uniformen, doch ihre Armbinden weisen sie als Polen aus.

und Ewald von Kleist – wurden ihrer Posten enthoben, weil es ihnen nicht gelungen war, den sowjetischen Vorstoß auf den Balkan aufzuhalten. Keiner von beiden sollte wieder als Befehlshaber eingesetzt werden. Hitler stützte sich nun zunehmend auf Männer, die überzeugte Nazis waren und seine Befehle buchstabengetreu ausführen würden. Gegen Ende des Monats Mai verstärkte sich die Überzeugung Buschs, dass die Rote Armee einen Angriff auf seine Heeresgruppe Mitte beabsichtige. Hitler gestattete deren Oberbefehlshaber jedoch nicht seine Frontlinie durch den Rückzug aus einem großen Teil des von ihm gehaltenen Frontvorsprunges zu verkürzen. Er hielt eine Offensive zwar auch für wahrscheinlich, war aber überzeugt, dass sie auf Rumänien und den Balkan ziele.

Am 10. Juni begann die sowjetische Offensive gegen Finnland. Der Gegensatz

zu dem Desaster, das die Rote Armee während des Finnisch-Sowjetischen Winterkrieges dreieinhalb Jahre zuvor erlebt hatte, war sehr deutlich. Diesmal setzten die sowjetischen Verbände, die zu beiden Seiten des Ladogasees angriffen, die finnischen Truppen unter unglaublichen Druck und bald fiel die umkämpfte Hafenstadt Viipuri. Die in Finnland stehenden deutschen Truppen eilten erst zu Hilfe, nachdem der finnische Präsident ein Abkommen unterzeichnet hatte, das seinem Land den Abschluss eines Separatfriedens mit der Sowjetunion verwehrte.

Die Operation „Bagration" begann zum geplanten Zeitpunkt. Die Rote Armee hatte dafür 1 254 000 Mann, 2715 Panzer, 1355 Selbstfahrlafetten sowie über 24 000 Kanonen, schwere Mörser und Mehrfach-Raketenwerfer zusammengezogen und verfügte zudem über die Luftherrschaft. Die Heeresgruppe Mitte hatte lediglich 500 000 Soldaten und 630 Panzer um eine rund 1100 km lange Frontlinie zu verteidigen. Den Eröffnungsangriff startete die 1. Baltische Front im Raum Witebsk nach einem kurzen, doch intensiven Artilleriesperrfeuer, das noch vor dem Morgengrauen einsetzte. Die hier stehenden deutschen Verbände wurden größtenteils überrascht und am Ende des Tages waren die sowjetischen Truppen bis 12 km tief in deren Linien eingebrochen. Am folgenden Tag wurden nach einer Reihe von Sondierungsangriffen fünf weitere Durchbruchsoperationen gegen den deutschen Frontbogen durchgeführt. Innerhalb einer Woche gelang es, das Zentrum der Heeresgruppe Mitte aufzureißen, woraufhin die Rote Armee die Beresina überschritt und auf die polnische Grenze vorstieß.

Hitler, dessen Aufmerksamkeit bisher vor allem den Kämpfen in der Normandie gegolten hatte, reagierte auf die Ereignisse an der Ostfront, indem er Busch entließ und die Heeresgruppe Mitte dem stets zuverlässigen Model unterstellte, der zuvor von der Heeresgruppe Nord zur Heeresgruppe Nordukraine versetzt worden war und nun beide Truppenvereinigungen befehligen sollte. Auch Generaloberst Georg Lindemann, der Oberbefehlshaber der Heeresgruppe Nord, verlor sein Kommando, nachdem Hitler einen Rückzug zum Schutz der zunehmend exponierten Südflanke untersagt hatte. Diese Maßnahmen reichten jedoch nicht aus um den unerbittlichen sowjetischen Vorstoß aufzuhalten. Am 4. Juli wurde Minsk befreit, nachdem die Rote Armee östlich der Stadt große deutsche Verbände eingeschlossen hatte. Dieser Kessel wurde eine Woche später vernichtet; dabei gerieten 57 000 deutsche Soldaten in Gefangenschaft. Zu dieser Zeit hatten die vier an der Operation „Bagration" beteiligten Fronten gegnerische Kräfte in einem Umfang ausgeschaltet, der 28 deutschen Divisionen entsprach.

Am 10. Juli griff die 2. Baltische Front die Heeresgruppe Nord an und begann – später zusammen mit der 3. Baltischen und der Leningrader Front – die deutschen Truppen nach Estland und Lettland zurückzudrängen. Drei Tage später startete die 1. Ukrainische Front unter Marschall der Sowjetunion I. S. Konew einen Angriff in Richtung Lwow. Das bedeutete für die Heeresgruppe Mitte, dass sie keine Hilfe von benachbarten Verbänden erwarten konnte. Am 20. Juli erreichte die 1. Belorussische Front die polnische Vorkriegsgrenze westlich von Kowel.

Nun stand Polens Zukunft zur Debatte. Nachdem im Juni 1941 deutsche Truppen in die Sowjetunion eingefallen waren, hatte Stalin in die Entlassung seiner polnischen Kriegsgefangenen aus den Lagern in Sibirien eingewilligt. Die polnischen Soldaten reisten in den Nahen Osten aus, wo sie ein Armeekorps bildeten und später im Bestand der britischen 8. Armee in Italien kämpften. Das Schicksal mehrerer polnischer Offiziere blieb indes ungeklärt, doch Moskau stellte jegliches Wissen um deren Verbleib in Abrede. Im April 1943 wurde von Deutschland die Entdeckung eines Massengrabes bei Katyn mit den sterblichen Überresten von 4500 polnischen Offizieren bekannt gegeben, für deren Ermordung nach deutscher Darstellung der sowjetische NKWD verantwortlich war. Die sowjetische Seite beschuldigte unmittelbar darauf die Deutschen dieser Gräueltat und die britische Regierung, nicht gewillt Misshelligkeiten zwischen ihrem Land und dessen Verbündeten heraufzubeschwören, unterstützte diese Darstellung. Die Deutschen jedoch veranlassten ein Komitee unter der Schirmherrschaft des Internationalen Roten Kreuzes zur Untersuchung der Umstände. Dabei kam zutage, dass sich bei keiner der Leichen Dokumente fanden, die vor April 1940 ausgestellt und alle Opfer durch Schüsse in den Hinterkopf – mit sowjetischer Munition – getötet worden waren. Die britische Regierung versuchte zwar die Angelegenheit herunterzuspielen, doch die polnische Exilregierung forderte von Moskau weiterhin eine Erklärung.

Am 31. August 1944 rücken sowjetische Truppen in die rumänische Hauptstadt Bukarest ein. Bei der Bevölkerung des vormaligen deutschen Bündnispartners überwog die Erleichterung über das Ende der Kämpfe alle übrigen Gefühle, die sie als Besiegte haben mochten.

Nach der Befreiung des Gebietes um Katyn betrieb die sowjetische Seite eigene Nachforschungen und schob die Verantwortung dann abermals den Deutschen zu. Daraufhin kam es zum völligen Bruch zwischen der polnischen Exilregierung in London und der Moskauer Führung. Stalin stellte eine alternative Exilregierung aus polnischen Kommunisten auf, damit sich Polen nach der Befreiung selbst regieren könne. Die „Londoner Polen“ waren bestürzt darüber und entsandten auf Anraten Churchills eine Abordnung nach Moskau.

In Polen selbst existierte eine Untergrundarmee, die Armia Krajowa, die von General Tadeusz Bór-Komorowski geführt und von der Londoner Exilregierung kontrolliert wurde. Jetzt, da sich die Rote Armee rasch der Weichsel näherte, befahl Bór-Komorowski seinen Verbänden einen Aufstand gegen die deutschen Besatzer vorzubereiten. Er bat London um die Genehmigung zum Angriff sowie um die Unterstützung durch die polnische Fallschirmbrigade und die in Großbritannien stationierten polnischen RAF-Staffeln. Der polnische Oberbefehlshaber in Großbritannien, General Kazimierz Sosnkowski, war gegen einen Aufstand, da sich die britische Regierung weigerte einer Unterstützung von außen zuzustimmen. Letzten Endes überließ die Exilregierung die Entscheidung Bór-Komorowski.

Am 29. Juli war in Warschau bereits der Kampfeslärm von der anderen Seite der Weichsel zu hören, als die 1. Belorussische Front unter Marschall der Sowjetunion K. K. Rokossowski die Gegenangriffe dreier Panzerdivisionen abwehrte. Am selben Tag rief ein von Moskau unterstützter Radiosender den Beginn des Aufstandes aus. Die Erhebung begann drei Tage später, doch bis dahin waren bereits

Die Operation „Bagration“
(Juni – August 1944)
Angriffe sowjetischer Truppen
sowjetische Frontlinie
Sowjetischer Frontverlauf am:
1 23. Juni 1944
2 28. Juli 1944
3 29. August 1944
0 100 km
0 100 Meilen
N
1000
500
200
100
0 m
20°
25°
30°
35°
55°
50°
Estland
Lettland
Litauen
Belorussland
DEUTSCHLAND
UdSSR
Generalgouvernement
SLOWAKEI
UNGARN
RUMÄNIEN
Ukraine
Ostsee
Rigaer Bucht
Peipussee
Westliche Dwina (Daugava)
Pripjat-sümpfe
Pripjat
Desna
Dnepr
Sinjucha
Bug
Dnestr
Karpaten
Tallin
Pärnu
Tartu
Nowgorod
Pskow
Ventspils
Riga
Jelgava
Jaunjelgava
Pavilosta
Daugavpils
Welikie Luki
Memel
Polozk
Witebsk
Smolensk
Königsberg
Kaunas
Vilnius
Orscha
Minsk
Grodno
Belostok
Baranowitschi
Bobruisk
Warschau
Brest
Pinsk
Gomel
Sarny
Tschernigow
Lublin
Koresten
Kiew
Przemysl
Lwow
Tarnopol
Winniza
Tscherkassy
Uman
Kirovo
Tschernowzy
Kischinjow
Roman
Nikolajew
Odessa
XXXXX 3 BALTISCHE FRONT MASLENNIKOW
XXXXX NORD LINDEMANN/FRIESSNER
XXXX 1 STOSS
XXXX 10 GARDE
XXXX 16
XXXXX 2 BALTISCHE FRONT JEREMENKO
XXXX 3 STOSS
XXXXX MITTE BUSCH/MODEL
XXXX 22
XXXX 3. Pz.
XXXX 4 STOSS
XXXX 43
XXXXX 1 BALTISCHE FRONT BAGRAMJAN
XXXX 6 GARDE
XXXX 39
XXXX 11 GARDE
XXXXX 3 BELORUSSISCHE FRONT TSCHERNJACHOWSKI
XXXX 5
XXXX 31
XXXX 5
XXXX 4
XXXX 33
XXXXX 2 BELORUSSISCHE FRONT SACHAROW
XXXX 49
XXXX 2
XXXX 50
XXXX 3
XXXX 48
XXXX KAV.MECH. GRUPPE PLIJEW
XXXX 28
XXXX 61
XXXX 70
XXXXX 1 BELORUSSISCHE FRONT ROKOSSOWSKI
XXXX 9
XXXX 47
XXXX 8 GARDE
XXXX 69
XXXX 1 POLN.
XXXX 2
XXXXX NORDUKRAINE MODEL
XXXXX 1 UKRAINISCHE FRONT KONEW
XXXX 4
XXXXX 4 UKRAINISCHE FRONT PETROW
XXXXX 2 UKRAINISCHE FRONT MALINOWSKI
XXXXX SÜDUKRAINE SCHÖRNER/FRIESSNER
XXXXX 3 UKRAINISCHE FRONT TOLBUCHIN

deutsche Verstärkungen in Warschau eingetroffen. Außerdem hatte die Stawka am Abend zuvor beschlossen die Offensive Rokossowskis mit der Begründung zu stoppen, sie habe an Schwung verloren.

Am 4. August traf Stalin mit der polnischen Delegation zusammen. Er brachte zum Ausdruck, dass er die Existenz zweier Exilregierungen nicht für richtig halte. Außerdem zeigte er sich verärgert, weil er über den Warschauer Aufstand, dessen Erfolgschancen er als gering einschätzte, nicht rechtzeitig informiert worden war. Am selben Tag wies er ein britisches Ersuchen um die Versorgung der Aufständischen aus der Luft zurück; diesen Bitten sollte er sich bis Ende August verschließen. Die Armia Krajowa setzte ihren Kampf in Warschau ohne Unterstützung fort. Mitte September begannen die Sowjets dann Nachschub an Fallschirmen abzuwerfen; das von den Polen kontrollierte Stadtgebiet war allerdings inzwischen so klein, dass ein Großteil der Versorgungsgüter in die Hände der Deutschen fiel. In den Reihen der Roten Armee kämpfte auch eine polnische Armee, die versuchte einen Brückenkopf am Westufer der Weichsel zu errichten, von den Deutschen aber zurückgeschlagen wurde. Schließlich mussten sich die Überlebenden der Armia Krajowa in Keller und Abwasserkanäle zurückziehen, und am 1. Oktober kapitulierte Bór-Komorowski. Während der Kämpfe war ein Viertel der Warschauer Bevölkerung ums Leben gekommen. Nach dem missglückten Aufstand wurde die Stadt, die bereits im September 1939 schwer bombardiert worden war und im Frühjahr 1943 einen Aufstand im jüdischen Getto erlebt hatte, von den Deutschen fast dem Erdboden gleichgemacht.

Die Tatsache, dass die polnische Heimatarmee erst zu spät Hilfe erhielt, ist trotz der Proteste sowjetischer Historiker Stalin anzulasten. Es ist anzunehmen, dass Rokossowski die Weichsel hätte forcieren können, Stalin dies jedoch untersagte, da er die Existenz einer organisierten Untergrundstreitmacht, die den „Londoner Polen" rechenschaftspflichtig war, als Hindernis für die Errichtung eines kommunistischen Staates ansah. Viele Polen empfanden bitteren Groll gegenüber ihren Landsleuten in Großbritannien, die den Aufständischen keine materielle Hilfe geleistet hatten, und sie akzeptierten allmählich, dass ihr Land zwangsläufig unter die Vorherrschaft der verhassten Sowjets kommen musste.

Die Operation „Bagration" war schließlich zum Halten gekommen, doch die Rote Armee setzte andere Offensiven fort und startete neue Angriffsoperationen. Sie hielt den Druck gegen die Finnen aufrecht, die ein weiteres Mal um einen Waffenstillstand ersucht hatten. Der finnische Präsident R. Ryti war zurückgetreten und sein Nachfolger Marschall Carl Gustav Freiherr von Mannerheim sah sich nicht länger an den Vertrag mit Berlin gebunden. So durfte Finnland unter den Bedingungen des Waffenstillstandsvertrages vom 19. September seine Unabhängigkeit beibehalten, musste allerdings die finnisch-sowjetische Grenze vom März 1940 anerkennen und an Moskau Reparationen zahlen. Nun begannen sowjetische Truppen Nordfinnland von den Deutschen zu säubern.

Die baltische Angriffsoperation wurde Mitte September wieder aufgenommen. Innerhalb eines Monats waren die Staaten des Baltikums befreit und die Überreste der Heeresgruppe Nord auf der lettischen Halbinsel Kurland eingeschlossen. Zudem drang die 3. Belorussische Front unter Tschernjachowski nach Ostpreußen vor. Im äußersten Süden waren die 2. und die 3. Ukrainische Front nach Rumänien vorgestoßen. Die meisten rumänischen Verbände kapitulierten rasch und drei Tage später erklärte König Karl II. die Feindseligkeiten für beendet. Den noch im Land stehenden deutschen Truppen blieb nur die Flucht. Am 30. August besetzte die Rote Armee die Ölfelder von Ploesti, die nach anglo-amerikanischen Bombenangriffen

ABB. GEGENÜBER: *Sowjetische Partisanen. Sie spielten bei der Befreiung des besetzten sowjetischen Territoriums eine zunehmend wichtige Rolle. Ihre Angriffe auf die deutschen Kommunikationslinien waren eng mit den Hauptoffensiven der vorrückenden Roten Armee koordiniert.*

von Italien aus nur noch eine Trümmerlandschaft waren. Rumänien wechselte nun die Seiten.

Jetzt bedrohten zeitgleiche sowjetische Vorstöße Bulgarien, Jugoslawien und Ungarn. Am 9. September legten die bulgarischen Truppen unmittelbar nach dem Einmarsch der Roten Armee die Waffen nieder. Durch den sowjetischen Vorstoß nach Jugoslawien hinein waren die Heeresgruppe E in Griechenland und die Heeresgruppe F in Jugoslawien gefährdet. Verfolgt von den Aktionen der Widerstandsgruppen und Partisanen, begannen sie sich nach Norden zurückzuziehen.

Die von Tito befehligten Partisanen beschäftigten die Phantasie der westlichen Alliierten. (Titos eigentlicher Name war Josip Broz.) Als im April 1941 Truppen der Achsenmächte in Jugoslawien einmarschierten, war der in Moskau ausgebildete überzeugte Kommunist Generalsekretär der Kommunistischen Partei Jugoslawiens. Er rief jedoch erst nach dem Überfall auf die Sowjetunion zum bewaffneten Widerstand auf, der sich nicht allein gegen die Besatzer richtete, sondern auch ein revolutionäres Ziel hatte. Zu dieser Zeit wurde der Widerstand von Oberst Drava Mihailovič und dessen königstreuen Četniki angeführt, die von Großbritannien unterstützt wurden. Die Partisanen hatten nicht allein gegen Italiener und Deutsche, sondern auch gegen die in Kroatien ansässige und von Ante Pavelič geführte Ustascha-Bewegung zu kämpfen. Vertretern dieser ultranationalistischen Bewegung gelang es, die Achsenmächte zur Schaffung des „unabhängigen" Staates Kroatien zu überreden, der nicht nur Kroatien selbst, sondern auch Bosnien-Herzegowina umfasste. Einmal an die Macht gekommen, machten sich die Ustascha-Anhänger daran, ihr Territorium gründlich von allen Serben zu säubern. Dieses Vorgehen brachte den beiden Widerstandsbewegungen Zulauf. Sie beide verband eine unsichere Allianz, die sich gegen Ende des Jahres 1941 zu spalten begann. Mihailovič zeigte sich zunehmend bereit die Italiener zu hofieren, um seine Četniki vor der Ustascha-Bewegung zu schützen. Deshalb war der Druck der Achsenmächte vor allem auf Tito gerichtet. Von September 1941 bis zum Frühjahr 1944 waren seine Kämpfer einer Reihe von Angriffsoperationen ausgesetzt, an denen mitunter bis zu 200 000 Soldaten teilnahmen, die die Partisanen in den Bergen festhielten.

Die britischen Agenten waren von der Kampfkraft und Disziplin der Tito-Partisanen sowie von dem Umstand beeindruckt waren, dass Tito so zahlreiche Truppenverbände der Achsenmächte zu binden verstand. Deshalb wurde die bisherige Unterstützung für Mihailovič nun Tito zuteil; doch auch die UdSSR leistete Hilfe, und so betrachtete Tito die Briten zunächst mit Misstrauen. Ende Mai 1944 wurde Tito vom Festland vertrieben und zog sich auf die britisch besetzte Adriainsel Vis zurück. Nun bemühten sich Churchill und auch Stalin um ihn, und Tito, der bestrebt war nach dem Krieg die Integrität des Landes aufrechtzuhalten, musste geschickte Drahtseilakte zwischen beiden vollführen. Im Oktober 1944 rückten dann sowjetische Truppen in Belgrad ein, wo bereits Titos Partisanen standen um sie zu empfangen.

Als sich die Heeresgruppen E und F vom Balkan in Richtung Norden zurückzogen, stürmte die Rote Armee nach Ungarn hinein. Sie wurde Anfang November allerdings vom entschlossenen Widerstand der deutschen Truppen vor Budapest zum Stehen gebracht. Hitler befahl die ungarische Hauptstadt bis zum Letzten zu verteidigen. Obwohl die Stadt eingeschlossen war, konnte sie noch bis zum Jahresende gehalten werden.

Inzwischen hatten sowjetische Truppen im Hohen Norden mit der Säuberung des finnischen Territoriums von deutschen Verbänden begonnen. Ende 1944 war diese Operation zum größten Teil beendet. Die Rote Armee hatte die Deutschen nach

Nordnorwegen zurückgetrieben, die wiederum auf dem Rückzug die Taktik der verbrannten Erde anwandten. So bedrängten die sowjetischen Truppen überall im Osten ihren Gegner um ihm den Todesstoß zu versetzen. Mit eben dieser Situation waren die deutschen Truppen auch im Westen konfrontiert.

Marschall Tito vor seinem Hauptquartier nahe Drvar in den bosnischen Bergen. Am 25. Mai 1944 fand hier ein überraschender deutscher Luftlandeangriff statt, der Tito zwang sich einige Zeit außerhalb Jugoslawiens aufzuhalten.

KAPITEL SIEBEN

NORDWESTEUROPA UND ITALIEN (1944)

EIN AMERIKANISCHER INFANTERIST während der heftigen Kämpfe gegen Ende des Jahres 1944 im Hürtgenwald. Sowohl in Nordwesteuropa als auch in Italien leisteten die Deutschen fast bis zum unmittelbaren Kriegsende zähen Widerstand, der die britischen und US-amerikanischen Truppen nicht wenige Opfer kostete. Nach dem Einmarsch in Rom im Juni 1944 und auch nach der Befreiung Frankreichs im August festigte sich der deutsche Widerstand noch einmal und forderte von den Westalliierten für jeden weiteren Vorstoß einen hohen Preis.

NORDWESTEUROPA UND ITALIEN (1944)

Die wirkungsvollste Angriffsmethode war das gemeinsame Handeln von Infanterie, Artillerie und Panzerkräften. Dabei waren einige Panzer mit Räumschilden oder großen Stahlzähnen ausgerüstet, mit denen sie Lücken in die Hecken schlagen konnten. Man hatte es für erforderlich gehalten, die Angriffsstreifen nach Feldern und Hecken statt in Metern festzulegen und die Entfernungen und Zwischenräume zwischen den taktischen Verbänden zu verringern. Die normale Schützenkompanie war eine Formation mit zwei Sturmzügen an der Spitze, denen der taktische Unterstützungszug und der Gefechtszug folgten.

BERICHT DER 1. US-ARMEE ÜBER DIE KÄMPFE IN DER NORMANDIE *(BOCAGE)*

Am 1. April 1943 wurde der britische General Frederick Morgan formell zum Chef des Stabes beim Oberbefehlshaber der Alliierten Expeditionsstreitkräfte (Chief of Staff to the Supreme Allied Commander – COSSAC) ernannt. Als solcher erhielt er den Auftrag den Plan für die Invasion in Frankreich über den Kanal auszuarbeiten; dabei sollte ihm ein gemeinsamer anglo-amerikanischer Stab zur Seite stehen. Als Angriffsdatum wurde der 1. Mai 1944 festgesetzt. Da es für die Landungsoperation vorläufig noch keinen Oberbefehlshaber gab, war Morgan den Vereinigten Stabschefs direkt verantwortlich.

Morgan konnte auf zahlreiche Untersuchungen des britischen Stabes zu diesem Problem zurückgreifen, die während der vorangegangenen zweieinhalb Jahre angestellt worden waren. Auch gab es bereits Erfahrungen mit kleineren amphibischen Landungsoperationen in den britischen Küstengewässern und – in großem

Bei einem Aufklärungsflug der Alliierten entstandene Aufnahme von den „Befestigungsanlagen" des Atlantikwalls. Die entlang der Küste eingerammten, bei Flut nicht sichtbaren Pfähle sollten die gegnerischen Landungsfahrzeuge behindern. Hier suchen die an den Befestigungen arbeitenden Soldaten Schutz vor dem feindlichen Flugzeug.

Rahmen – auf dem Kriegsschauplatz im Mittelmeerraum. Eine wichtige Lehre hatten die Alliierten aus dem missglückten Überfall kanadischer Verbände im August 1944 auf Dieppe gezogen: Landungen in unmittelbarer Nähe einer Hafenstadt forderten zwangsläufig eine Katastrophe heraus, da eine solche Position wahrscheinlich immer stark befestigt war. Daher kamen nur offene Strände in Frage, von denen es an der nordfranzösischen Küste allerdings nur wenige gab, die für eine große Landungsoperation geeignet waren. Auch der Umstand, dass das Landungsgebiet innerhalb der Reichweite der in England stationierten Jagdfliegerkräfte liegen musste, schränkte die Möglichkeiten weiter ein.

Schließlich blieb Morgan und seinem Stab nur noch die Wahl zwischen dem Pas-de-Calais und der Normandie. Ersterer hatte zwar den großen Vorteil, dass der Kanal dort am schmalsten war, doch kam dieser Abschnitt aus deutscher Sicht für eine Landung auch am ehesten in Frage. Deshalb fiel die Entscheidung zugunsten der Normandie. Morgan war indes klar, dass der Umfang der Operation von der Menge der verfügbaren Schiffe und Landungsfahrzeuge abhing. Anhand der geplanten Produktion errechnete er, dass der Transportraum für eine Landungsstreitmacht von drei Divisionen ausreichen würde. Sie sollte nördlich von Caen ankommen. Die nächste Aufgabe wäre die Einnahme Cherbourgs, ehe die alliierten Truppen nach Süden in die Bretagne und nach Osten über die Seine vorstießen.

Seinen Planentwurf stellte Morgan Mitte Juli 1943 den britischen Stabschefs und im August auf der Konferenz von Quebec den Vereinigten Stabschefs vor, die der Konzeption prinzipiell zustimmten. Jetzt hatte das Unternehmen eine neue Tarnbezeichnung – Operation „Overlord“. Um die Vorbereitungen auf das Landungsunternehmen geheim zu halten und zu garantieren, dass die Deutschen ihre Kräfte in der Normandie nicht bedeutend verstärkten und etwa mobile Divisionen in diesen Raum verlegten, wurde ein ausgeklügelter Täuschungsplan mit dem Tarnnamen „Bodyguard“ entwickelt. Darin ging es um Angriffe auf Norwegen und den Balkan, außerdem sollte die Aufmerksamkeit der Deutschen auf den Pas-de-Calais und die belgische Küste gelenkt werden. Ein weiterer Plan gab als Zeitpunkt für den Angriff über den Kanal das Jahresende 1943 vor. Zur Bestätigung fand Anfang September an der englischen Südküste ein großes amphibisches Manöver statt, von dem sich die Deutschen allerdings nicht täuschen ließen.

Die Notwendigkeit, die deutschen Kräfte zu fesseln, rechtfertigte jetzt den Feldzug in Italien zusätzlich. Eisenhowers übereilte Bekanntgabe der italienischen Kapitulation hatte eine rasche Reaktion der Deutschen zur Folge. Deren Truppen leisteten den alliierten Landungsverbänden im Raum Salerno heftigen Widerstand und entwaffneten die italienischen Streitkräfte. Tausende alliierter Soldaten aus den italienischen Kriegsgefangenenlagern waren plötzlich frei. Viele von ihnen, darunter auch die britischen Generäle Philip Neame und Sir Richard Nugent O'Connor, die während Rommels Frühjahrsoffensive 1941 in Libyen in Gefangenschaft geraten waren, erreichten die Linien der Alliierten. Andere wurden von den Deutschen erneut gefangen genommen. Auch gelang es einem deutschen Kommando, mit einem gewagten Lastenseglereinsatz Mussolini aus seinem Gefängnis in den Abruzzen zu befreien. Noch vor Ende September hatte der „Duce“ in Norditalien wieder sein Banner gehisst und die Italienische Soziale Republik ausgerufen, die allerdings nicht mehr als ein Marionettenstaat war.

Das Vakuum, das in den Tagen unmittelbar nach der Kapitulation Italiens herrschte, veranlasste Churchill sich wieder dem Balkan zuzuwenden. In der Hoffnung, damit den Balkan bedrohen und die Türkei endlich zum Eintritt in den Krieg bewegen zu können, wollte er die Dodekanes-Inseln im Ägäischen Meer besetzen. Die

Amerikaner, die seinen Motiven misstrauten, waren mit diesem Plan nicht einverstanden, dessen Realisierung daher ein rein britisches Unternehmen bleiben musste. So landeten britische Truppen auf den kleineren Inseln des Dodekanes; die Landung auf Rhodos wurde vereitelt, da die italienische Garnison der Insel vor den Deutschen kapitulierte. Außerdem standen Luft- und Flottenunterstützung nur in sehr begrenztem Umfang zur Verfügung; das hatte zur Folge, dass die britischen Garnisonen praktisch isoliert waren. Ende Oktober fielen die Inseln dann in die Hände der Deutschen.

Im Raum Salerno mussten die Alliierten schwere deutsche Gegenangriffe abwehren, bevor sie einen Landekopf errichten konnten. Am 16. September traf die aus dem Süden vorstoßende britische 8. Armee unter Montgomery mit der amerikanischen 5. US-Armee zusammen. Die deutschen Truppen begannen sich zurückzuziehen. Rommel und Kesselring waren sich indessen noch nicht darüber einig geworden, ob Rom von Norden oder von Süden her verteidigt werden sollte. Kesselring befehligte die Heeresgruppe Süd, die südlich von Rom stand, Rommel blieb mit der Heeresgruppe B in Norditalien. Kesselring hatte unter Ausnutzung des gebirgigen Terrains südlich von Rom mit dem Bau von Befestigungen, der so genannten Gustavlinie, begonnen. Nach einer Besprechung mit Hitler Ende September erhielt Rommel den Befehl zwei Divisionen an Kesselring abzugeben, der den Auftrag hatte die Alliierten möglichst lange an der Bernhardlinie, einer Nebenstellung vor der Gustavlinie, aufzuhalten. Damit schien Kesselring die Streitfrage für sich entschieden

Britische Soldaten im September 1943 bei Salerno beim Verlassen eines Panzerlandungsbootes. Die ersten Landungen gelangen unter relativ geringen Verlusten, doch als die Alliierten ihren Landekopf verstärkten, ehe sie ins Landesinnere vorstießen, leisteten die Deutschen heftigen Widerstand.

Vorstoß der britischen 8. Armee in Richtung Norden auf die Gustavlinie. Die Alliierten wie auch die Deutschen verwendeten als zusätzlichen Frontschutz für ihre Panzer häufig Teile von Panzerketten, die sie an den Abdachungsplatten ihrer Fahrzeuge befestigten.

zu haben, doch noch vor Ablauf eines Monats ernannte ihn Hitler zum Oberkommandierenden in Italien und betraute auch Rommel mit anderen Aufgaben.

Die Alliierten stießen im Westen mit der 5. US-Armee unter Mark Clark und im Osten mit der britischen 8. Armee vor. Die Tatsache, dass das südliche Italien – insbesondere auf der Adriaseite – von zahlreichen Flussläufen durchzogen ist, verschaffte Kesselring wertvolle Zeit, da die Alliierten diese Flüsse mit viel Aufwand überqueren mussten. So konnte Clark die Bernhardlinie erst im November durchstoßen. Da inzwischen der Winter hereingebrochen war, gelang es den Alliierten nicht mehr, auch die Gustavlinie zu überwinden. Montgomery schaffte zwar den Durchbruch, wurde dann aber durch schwere personelle Verluste zum Halten gezwungen.

Eisenhower, der noch immer Oberbefehlshaber der alliierten Streitkräfte im Mittelmeerraum war, befürchtete eine Pattsituation und kam zu dem Schluss, dass die einzige Möglichkeit zur Einnahme Roms die Umgehung der Gustavlinie durch eine amphibische Operation war. Als Ziel der Operation wurde das 80 km südlich von Rom liegende Anzio gewählt. Allerdings musste ein Großteil der Landungsschiffe im Mittelmeerraum zur Vorbereitung der Operation „Overlord" nach Großbritannien zurückgeführt werden. Außerdem hatten die Großen Drei – Churchill, Roosevelt und Stalin – bei ihrer Zusammenkunft im November 1943 in Jalta die Priorität der Operation „Overlord" gegenüber den Kampfhandlungen in Italien bestätigt. Aus Italien wurden auch schon kampferfahrende britische und amerikanische Divisionen abgezogen, die für die Landung in der Normandie vorgesehen waren. Dazu kam, dass man sich über eine Landungsoperation in Südfrankreich geeinigt hatte, an der ebenfalls Truppen teilnehmen sollten, die derzeit in Italien kämpften. Die Landung bei Anzio schien daher die einzige Gelegenheit zu sein in Italien einen entscheidenden Schlag zu führen. Also wurde sie genehmigt und als Datum der 22. Januar 1944 festgelegt. Die Landungsschiffe mussten dann zwei Wochen später nach Großbritannien zurückgeschickt werden.

Gegen Ende des Jahres 1943 wurden die alliierten Streitkräfte im Mittelmeer-

Nach den Bombenangriffen am 15. Februar 1944 durch die Alliierten besetzen deutsche Fallschirmeinheiten die Ruinen des Klosters auf dem Monte Cassino.

raum reorganisiert. Das polnische II. Korps unter Władysław Anders kam als Ersatz für die britischen Divisionen, die für die Operation „Overlord" nach Großbritannien verlegt wurden. Das von General Alphonse Juin befehligte Französische Expeditionskorps, das sich größtenteils aus nordwestafrikanischen Truppen zusammensetzte, wurde in den Bestand der 5. Armee eingegliedert. Die Apenninenhalbinsel entwickelte sich zu einem ausgesprochen kosmopolitischen Kriegsschauplatz, auf dem kanadische, südafrikanische, indische und auch italienische Divisionen – letztere jetzt an der Seite der Alliierten – kämpften.

Auch im Führungsbereich gab es vor allem wegen der geplanten Landungsoperation in der Normandie Veränderungen. Morgan hatte empfohlen einen Amerikaner zum Oberkommandierenden des Unternehmens „Overlord" zu ernennen und diesem britische Oberbefehlshaber zu unterstellen. Admiral Sir Bertram Ramsay, der die Evakuierung des Britischen Expeditionskorps aus Dünkirchen geleitet hatte,

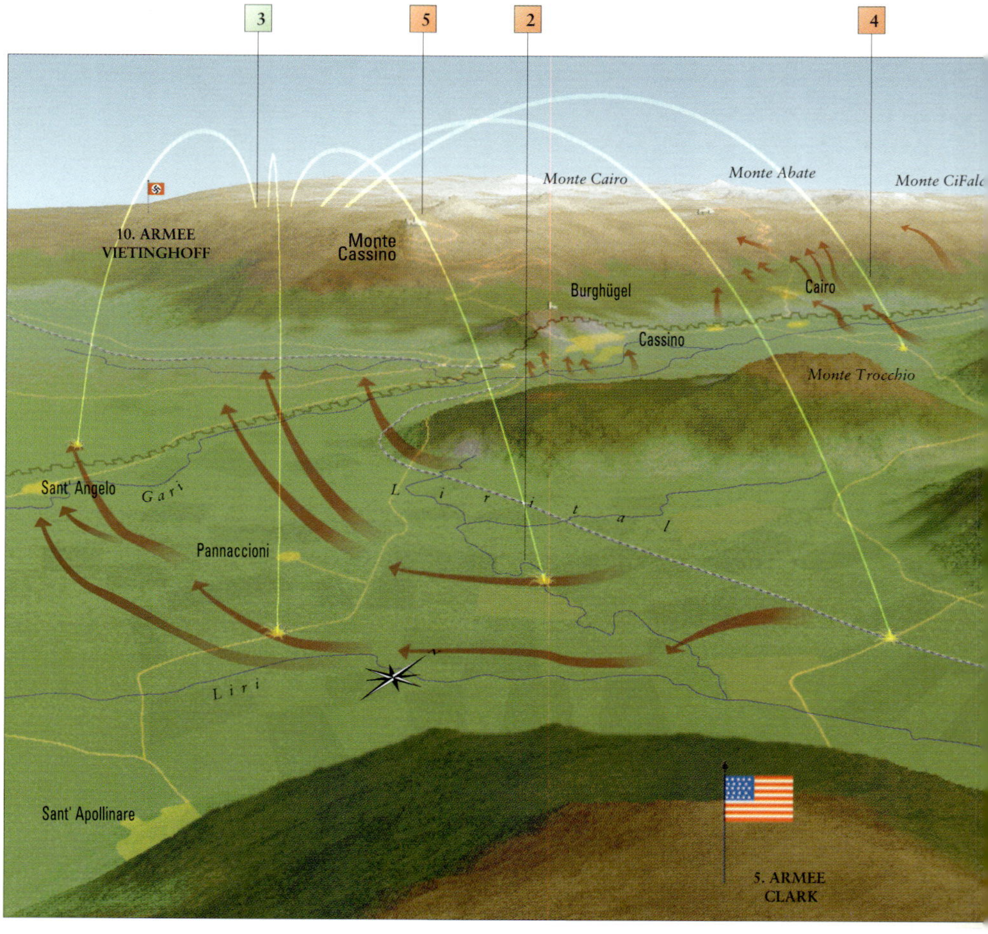

1 17. Januar: General Clark befiehlt einen Frontalangriff mit dem Ziel, Flussübergänge zu erobern und die Gustavlinie zu durchbrechen. Am 11. Februar werden die wenig erfolgreichen Angriffe abgebrochen.

2 Alliierte Truppen stoßen durch das Lirital vor; ihr gut getarnter Gegner hat sie dabei von den Bergen aus im Blick.

3 Präzise angeleitet von Beobachtungsposten auf den Hügeln der Umgebung, feuert die deutsche Artillerie auf die vorrückenden Alliierten.

4 15. Februar: Ein zweiter Angriff wird befohlen. Das Kloster Monte Cassino soll vorsichtshalber zerstört werden. Am 20. Februar werden die erfolglosen Angriffe der Alliierten auf den Monte Cassino eingestellt.

5 16. Februar: Die Klosterruinen werden von deutschen Fallschirmeinheiten besetzt und in einen nahezu unüberwindlichen Stützpunkt verwandelt.

Italien (1944 – 1945)
Angriffe der alliierten Truppen
Rückzug deutscher Truppen
Frontlinie der Alliierten
deutsche Frontlinie
befestigte deutsche Verteidigungslinie
Alliierte Frontlinie am:
1 22. Mai 1944
2 Ende Mai 1944
3 4. Juni 1944
4 17. Juni 1944
5 Ende Dezember 1944
6 23. April 1945
ÖSTERREICH
SCHWEIZ
LIECHTENSTEIN
ITALIEN
Innsbruck
Brenner
Predlitz
Villach
Bozen
Trento
Rovereto
Belluno
Udine
Ljubljana
Triest
Koper
Fiume
Novigrad
Pula
Treviso
Venedig
Vicenza
Padua
Verona
Chioggia
Varese
Como
Biella
Ivrea
Busto Arsizio
Bergamo
Brescia
Mailand
Vercelli
Casale
Turin
Alessandria
Piacenza
Cremona
Mantua
Parma
Modena
Ferrara
Codigoro
Argenta
Bologna
Imola
Ravenna
Forli
Rimini
Pesaro
Urbino
Ancona
Iesi
Macerata
Fermo
Ascoli
Teramo
Pescara
L'Aquila
Sulmona
Genua
Savona
La Spezia
Carrara
Viareggio
Lucca
Pistoia
Florenz
Pisa
Livorno
Siena
Arezzo
Cortona
Gubbio
Fabriano
Perugia
Foligno
Piombino
Grosseto
Orvieto
Terni
Rieti
Viterbo
Civitavecchia
Tivoli
Rom
Anzio
Terracina
Cassino
Neapel
Salerno
italien. Partisanen
Alpen-linie
Adige-linie
Po-linie
Gotenlinie
Gustavlinie
Piave
Tessin
Mincio
Po
Ligurisches Meer
Adriatisches Meer
XXXX 7
XXXX 14 LEMELSEN
XXXX 10 HERR
XXXX JUGOSL.
XXXXX C KESSELRING/ VIETINGHOFF
XXXX 1 LIGURIEN (ital.)
XXXX 14 MACKENSEN
XXXX 10 VIETINGHOFF
XXX LXVI
XXX LI (Geb.)
XXX XIV
XXXX 8 McCREERY
XXXX 5 TRUSCOTT
XXXXX 15 CLARK
XXX Franz. Exp.
XXXX 10 VIETINGHOFF
XXXX 14 MACKENSEN
XXXX 8 LEESE
XXXXX 15 ALEXANDER
XXXX 5 CLARK
XXX V
XXX XIII
XXXX 8 LEESE
XXX Franz. Exp.
XXX III
XXXXX 15 ALEXANDER
XXXX 5 CLARK
XXX X
XXX VI
1
Monte San Croce
Sant'Elia
8. ARMEE LEESE
Rocca
San Ambrogio
Garigliano
N
100 km
100 Meilen
4000
3000
2000
1000
500
200
0 m

wurde zum Befehlshaber des Flottenverbandes der Alliierten Expeditionsstreitkräfte ernannt; Luftmarschall Sir Trafford Leigh-Mallory, der bei der Luftschlacht um England als Kommandierender des Jägerkommandos Gruppe 12 eine wichtige Rolle gespielt hatte, erhielt den Befehl über die Alliierten Expeditionsfliegerkräfte. Der britische Luftmarschall Sir Arthur Tedder, der bei Eisenhower bereits Oberbefehlshaber der alliierten Luftstreitkräfte auf dem Mittelmeerkriegsschauplatz gewesen war, wurde der Stellvertreter des Oberbefehlshabers der Alliierten Expeditionsstreitkräfte. Die Entscheidung über die Besetzung der höchsten Befehlsebene wurde erst im Dezember gefällt. Bis dahin galt General George C. Marshall, der Chef des Stabes der US-Armee, als aussichtsreicher Kandidat. Doch Roosevelt schätzte die Zusammenarbeit mit ihm, und so fiel die Wahl auf Eisenhower, der bereits Erfahrungen in der Führung gemeinsamer Feldzüge gesammelt hatte. Die Ernennung des Oberbefehlshabers für die alliierten Landstreitkräfte dauerte etwas länger. Eisenhower favorisierte Alexander, der die Bodentruppen in Italien befehligte und mit dem er gut zurechtkam. Churchill jedoch hatte andere Vorstellungen. Er wollte in dieser Funktion den dynamischen und ehrgeizigen Montgomery sehen, und so fiel die Entscheidung zu dessen Gunsten.

Eisenhower und Montgomery beschlossen den Plan des Oberbefehlshabers der Alliierten Expeditionsstreitkräfte noch einmal eingehend zu prüfen. Beide, insbesondere Montgomery, waren von der Konzeption nicht sehr angetan. Die Front aus drei Divisionen erschien ihnen zu schmal, und so bestanden sie darauf, die Landung von fünf Divisionen ausführen zu lassen. Zur Sicherung der Flanken des Landekopfes sollten Luftlandedivisionen eingesetzt werden. Die zusätzlichen Schiffe für die amphibische Operation, insbesondere die sehr wichtigen Panzerlandungsschiffe (LST), musste man irgendwie auftreiben.

Die Deutschen auf der anderen Seite des Kanals bereiteten sich ebenfalls auf das Unvermeidliche vor. Bis zum Herbst 1943 hatte Hitler der Verteidigung des Westens nur wenig Vorrang eingeräumt. Frankreich, Belgien und die Niederlande waren mit zweitrangigen Divisionen belegt. Andere Verbände wurden nur zum Ausruhen nach den Kämpfen an der Ostfront und zum Auffrischen dorthin geschickt. Kaum waren sie neu ausgerüstet und die Soldaten wieder zu Kräften gekommen, ging es zurück an die Front. Das war für Rundstedt, den Oberbefehlshaber West, recht entmutigend, doch seine Beschwerden darüber, dass er für die Bewachung der rund 2500 km langen Küste in seinem Befehlsbereich viel zu wenig Truppen habe, blieben ungehört. Hitler hielt den so genannten Atlantikwall, an dem seit 1941 gebaut wurde, für einen ausreichenden Schutz vor Eindringlingen, selbst wenn die Arbeiten daran nur langsam vorankamen und der Wall insgesamt noch nicht fertig gestellt war.

Erst im Herbst 1943 wurde sich Hitler der Bedrohung bewusst. Anteil daran hatte auch ein ausführlicher Bericht, den Rundstedt ihm vortrug. Er wies darauf hin, dass eine starre Befestigung in Form des Atlantikwalls nicht für längere Zeit aufrechterhalten werden könne und das Ergebnis der bevorstehenden Schlacht von den beweglichen Reserven abhinge. Er verfüge lediglich über drei Panzergrenadierdivisionen, von denen zwei gerade erst aufgestellt würden. Hitlers Antwort darauf war eine Weisung zur Stärkung der Westfront.

Rommel galt bei Rundstedt und vielen anderen ranghöheren deutschen Befehlshabern als „Küken“, das noch keine Erfahrung mit dem „richtigen Krieg“ an der Ostfront gemacht und sich lediglich an kleineren Kriegsschauplätzen hervorgetan hatte. Rommel wiederum war der Ansicht, dass sich die „alten Hasen“, die gegen die Sowjetarmee gekämpft hatten, wohl kaum einen Begriff von den gewaltigen Mengen an Waffen machten, über die die Westalliierten verfügten. So herrschte zwischen

Rommel und Rundstedt gegenseitige Antipathie, auch wenn sich ihr Verhältnis zueinander mit der Zeit bessern sollte. Es war um die Weihnachtszeit, als Rommel seinen Bericht bei Rundstedt abgab. Er war der Meinung, dass die Schlacht bereits verloren sei, wenn man den Alliierten die Möglichkeit lasse festen Fuß zu fassen und eine Landekopffront zu schaffen. Also müssten sie bereits an den Landungsstränden geschlagen werden. Das bedeute, dass die beweglichen Reserven weit vorn, insbesondere im Abschnitt Boulogne – Somme zu konzentrieren seien, den Rommel für das wahrscheinlichste Ziel der Invasion hielt. Rundstedt hingegen wollte erst mit Sicherheit festgestellt haben, dass es sich bei einer Landung der Alliierten wirklich um den Hauptangriff handelte, ehe man alle Panzerkräfte in die Schlacht warf.

Rommels Ansicht rief eine Auseinandersetzung mit General Leo Freiherr Geyr von Schweppenburg, dem Oberbefehlshaber der Panzergruppe West, hervor, in deren Bestand sich alle mobilen Reserven befanden. Der General der Panzertruppen vertraute noch mehr als Rundstedt auf eine zentrale Reserve, die auf den Hauptangriff der Alliierten reagieren könne, sobald er als solcher identifiziert worden sei. Rundstedt lenkte schließlich ein und gab ein Drittel der mobilen Reserven an die Heeresgruppe B, die jetzt für die Verteidigung Nordfrankreichs, Belgiens und der Niederlande verantwortlich war. Ein Drittel bewilligte er der Heeresgruppe G, die Südfrankreich abdecken sollte; der Rest blieb im Zentrum. Jetzt griff allerdings Hitler ein. Die Täuschungsmaßnahmen der Alliierten hielten seine Zweifel über den Ort ihrer Landung wach. Er ließ zwar gelten, dass es mit großer Wahrscheinlichkeit der Pas-de-Calais sei und dass auch die Normandie in Frage käme, doch konnte die Invasion überall erfolgen. Um aber die persönliche Kontrolle über die Ereignisse zu behalten bestand er darauf, die zentrale mobile Reserve unter seiner unmittelbaren Verfügungsgewalt zu haben. Unterdessen nutzte Rommel die ersten Monate des Jahres 1944 zur Verstärkung der Strandbefestigungen in Nordfrankreich.

Während sich die Stäbe der Operation „Overlord“ in Großbritannien mit den unzähligen Kleinigkeiten abmühten, die sich zu einem der umfassendsten Operationspläne in der Militärgeschichte zusammenfügen sollten, war in Italien die Aufmerksamkeit auf Anzio gerichtet. Die Landungsoperation in diesem Raum ging pünktlich vonstatten, doch ließen die Alliierten den erzielten Überraschungseffekt ungenutzt. Das lag zum Teil daran, dass aus Clarks Befehlen nicht eindeutig hervorging, ob man diesen Vorteil sofort wahrnehmen sollte ohne vorher den Landekopf richtig auszubauen. Eine der bemerkenswerten Eigenschaften des deutschen Heeres in diesem wie auch im Krieg von 1914–1918 war dessen Fähigkeit, nach Geländeverlusten durch feindliche Angriffe sofort Gegenangriffe vortragen zu können. So war es auch jetzt wieder; es gelang den Deutschen, die Alliierten während der nächsten vier Monate an ihrem Landekopf festzuhalten. Demzufolge mussten einige Schiffe, die eigentlich nach Großbritannien hätten zurückkehren sollen, vor der italienischen Küste bleiben. Das letzte Panzerlandungsschiff erreichte die Britischen Inseln erst wenige Wochen vor der Landung der Alliierten in der Normandie.

Durch den Misserfolg bei Anzio blieben auch die Zugänge zur Gustavlinie verschlossen, und so hatten die Alliierten nur die Möglichkeit diese Stellung frontal anzugreifen. Die Kampfhandlungen selbst konzentrierten sich auf den Monte Cassino. Bei grässlicher Witterung, in gebirgigem, rauem Gelände unternahmen die Alliierten mehrere Angriffe auf diesen Frontabschnitt. Die Verteidiger – deutsche Fallschirmjäger und Panzergrenadiere – leisteten heftigen, zähen Widerstand, so dass die gegen das Bergmassiv anrennenden französischen, neuseeländischen und indischen Soldaten nur wenig Erfolg hatten. Die gleiche Situation herrschte bei den im Süden angreifenden Amerikanern. Die Verluste waren so hoch, dass der Personalbestand der Infanterie der britischen Truppen und der Verbände aus den Dominions rapide zurückging. Mit diesem Problem sollten die Briten auch in Nordwesteuropa konfrontiert werden; dort war Montgomery später sogar gezwungen Infanteriedivisionen aufzulösen. Das Problem in Italien veranlasste Clark den im Bestand seiner 5. Armee kämpfenden Briten mangelnden Elan anzulasten; dabei ließ er völlig außer Acht, dass die amerikanischen Verbände noch relativ gut aufgefüllt waren und er seine Mannschaften daher großzügiger einsetzen konnte.

Während die Angriffe auf den Monte Cassino fortgesetzt wurden, arbeitete Alexander einen neuen Operationsplan aus. Ziel des Unternehmens mit der Tarnbezeichnung „Diadem" war die italienische Hauptstadt. Um einen konzentrierten Schlag gegen die Gustavlinie führen zu können musste der Hauptteil der 8. Armee auf die Westseite des Apennins schwenken. Im Zusammenhang damit sollte ein Ausbruch aus dem Landekopf im Raum Anzio stattfinden, der die nordwärts nach Rom führenden deutschen Kommunikationslinien abschneiden sollte. Ebenfalls gegen die Verbindungslinien sollten sich die treffend als „Strangle" bezeichneten Operationen der alliierten Fliegerkräfte richten. Mit dem Angriff konnte Alexander allerdings erst im Mai beginnen – und das auch nur, indem er Truppen einsetzte, die eigentlich für die Operation „Anvil", die Landung in Südfrankreich, vorgesehen waren. Diese Landung sollte vor allem nach amerikanischen Vorstellungen zeitlich mit der Operation „Overlord" zusammenfallen. Das Vereinigte Komitee der Stabschefs stimmte dem Plan für „Diadem" dennoch zu; damit musste „Anvil" auf einen Zeitpunkt nach der Landung der Alliierten in der Normandie verschoben werden.

Alexander startete seinen Angriff in der Nacht vom 11. zum 12. Mai. Das polnische 2. Korps bestürmte den Monte Cassino, erreichte aber nur wenig. Ebenso erging es den britischen Truppen, die zwar den Rapido überschreiten, nicht aber ihre Brückenköpfe ausnutzen konnten. Im Frontabschnitt der 5. Armee ging es besser voran; dort gelang französischen Verbänden der Durchbruch durch die Aurunci-Berge, die die Deutschen eigentlich für unpassierbar gehalten hatten. Das war für die Alliierten der Schlüssel zur Gustavlinie. Nach einem weiteren polnischen Angriff auf den Monte Cassino, den die Alliierten nach vier Monaten verbissenster Kämpfe schließlich einnehmen konnten, befahl Kesselring den Rückzug auf eine Nebenstellung. Der wachsende gegnerische Druck zwang die Deutschen nun zu weiterem Zurückgehen. Am 23. Mai brach das VI. US-Korps schließlich aus dem Landekopf im Raum Anzio aus und vereinigte sich zwei Tage darauf mit der 5. Armee. Der Plan sah nun einen Vorstoß der 5. Armee in Richtung Osten vor, mit dem die zurückweichende deutsche 10. Armee abgeschnitten werden sollte. Clark indes war inzwischen von dem Ziel Rom fasziniert und rückte nach Norden vor. Es gelang Kesselring, ihn einige Tage lang in den Albaner Bergen festzuhalten. Doch dann erhielt er von Hitler die

In den Kämpfen des Zweiten Weltkrieges setzten beide Seiten Raketenwerfersysteme ein. VON OBEN: *Variante eines Raketenwerfers des deutschen SdKfz 251, US-amerikanischer Sherman mit Werferaufbau, sowjetischer Raketenwerfer Katjuscha (sog. „Stalinorgel"), deutscher Nebelwerfer.*

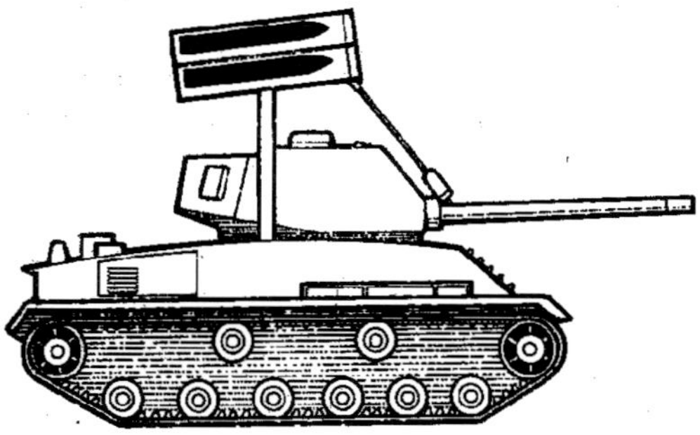

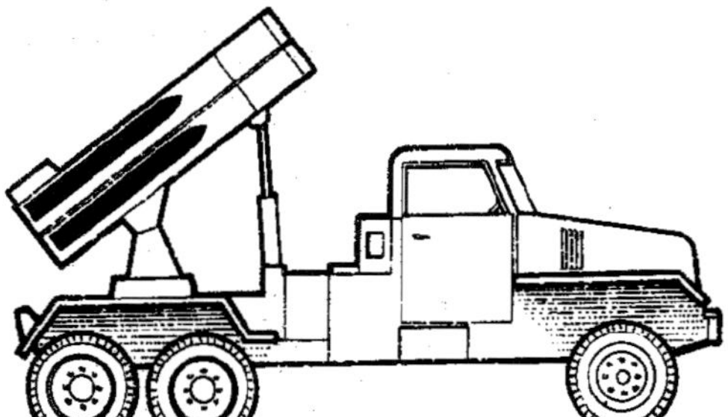

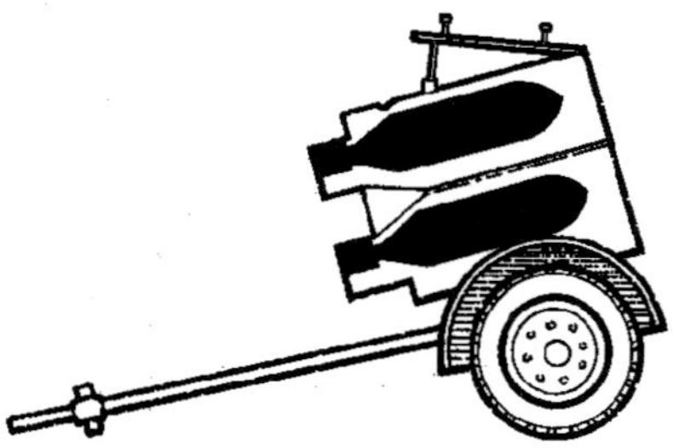

Erlaubnis zur Räumung der italienischen Hauptstadt, in die die Alliierten am 5. Juni einmarschierten. Dieser Triumph wurde jedoch von der Landung in der Normandie in den Schatten gestellt, die am nächsten Tag stattfand.

Da die Geheimhaltung der Vorbereitungen auf die Operation „Overlord" vor den Deutschen immer schwieriger wurde, mussten die Alliierten nun verstärkt zu Täuschungsmanövern greifen. Um die Bedrohung Norwegens aufrechtzuerhalten wurde in Schottland eine fiktive 4. Armee aufgestellt, während die 1. US-Armeegruppe (FUSAG) in Südostengland, die mit Patton einen „realen" Oberbefehlshaber hatte, die Deutschen glauben machen sollte, dass das Hauptziel der Alliierten der Pas-de-Calais sei und die Normandie lediglich mit einem Nebenangriff zu rechnen habe. Die Fliegerkräfte der Alliierten hatten die Aufgabe die deutsche Luftwaffe zu schwächen. Daneben griffen sie auch mit strategischen Bombern, die von den Luftangriffen auf Deutschland abgezogen wurden, in einem sehr langen Luftfeldzug die Verbindungslinien in Nordfrankreich an um die Verlegung deutscher Verstärkungen in die Normandie zu behindern. In die Operationen wurden auch die Aktivitäten der französischen Widerstandsbewegung einbezogen.

Trotz der Bedenken bezüglich der Wetterlage, die Eisenhower zwang die Landung praktisch in letzter Minute um 24 Stunden zu verschieben, gingen die alliierten Truppen am Morgen des 6. Juni in der Normandie an Land. Das Wetter hatte die Täuschungsmanöver der Alliierten unterstützt und die Deutschen rechneten an diesem Tag nicht mit einer Landung. So befanden sich viele Offiziere, die Schlüsselstellungen innehatten, nicht auf ihren Posten. Dieser Umstand, die überwältigende Luftüberlegenheit der Alliierten und die massive Feuerunterstützung durch die Schiffsartillerie sorgten dafür, dass bis zum Abend alle fünf geplanten Landeköpfe eingenommen und nicht weniger als 155 000 Mann angelandet waren. Das einzig

Plakat, das die Rolle des britischen Weltreichs im Zweiten Weltkrieg hervorhebt. Besonders in Italien machten die Truppen des Commonwealth einen bedeutenden Teil der britischen 8. Armee aus. Eine Ausnahme bildete Australien, dessen Truppen nach dem Sieg in der Schlacht von El Alamein zurückgezogen wurden um gegen Japan zu kämpfen.

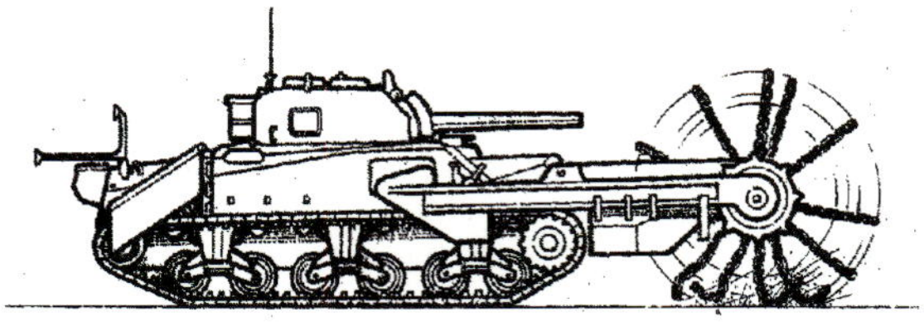

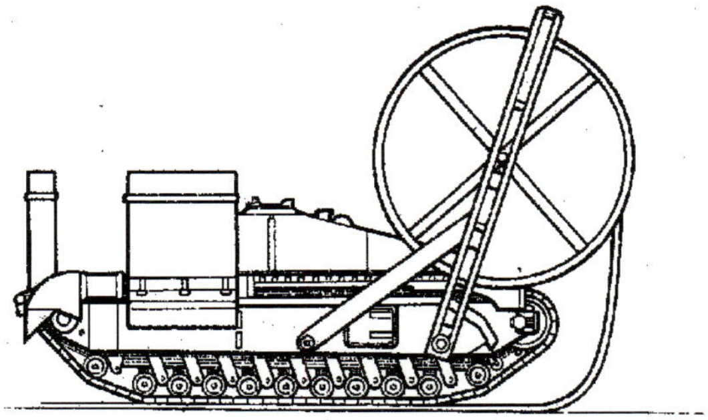

ABB. OBEN: *Einige Arten von Spezialpanzerfahrzeugen, die die Alliierten bei der Landung in der Normandie einsetzten. Der Sherman DD oder Duplex Drive* (OBEN LINKS)*, der zur Fortbewegung im Wasser an der Rückseite einen Propellerantrieb hatte, wurde bei der ersten Landungswelle verwendet. Der Sherman Crab* (OBEN RECHTS) *war mit einem Kettenausleger versehen, der Gassen durch die Minenfelder räumte; eine Variante des Churchill legte auf sumpfigem Boden eine Art Teppich aus. Weitere Spezialfahrzeuge waren gepanzerte Flammenwerfer, Bergepanzer, verschiedene Typen von Brückenlegern, Panzer mit Sprengladungen, die ebenfalls Minen räumten, und ein spezieller Sturmpanzer mit Faschinen, die in Gräben ausgelegt wurden, und mit einem 165-mm-Geschütz zum Angriff auf Stützpunkte mit starken Mauern aus Beton.*

ABB. GEGENÜBER: *So sah ein Künstler die Landung der Alliierten am Küstenabschnitt Omaha Beach, wo die Soldaten nur unter großen Schwierigkeiten das Ufer erreichten, da die Landungsboote zu weit vor der Küste abgesetzt worden waren.*

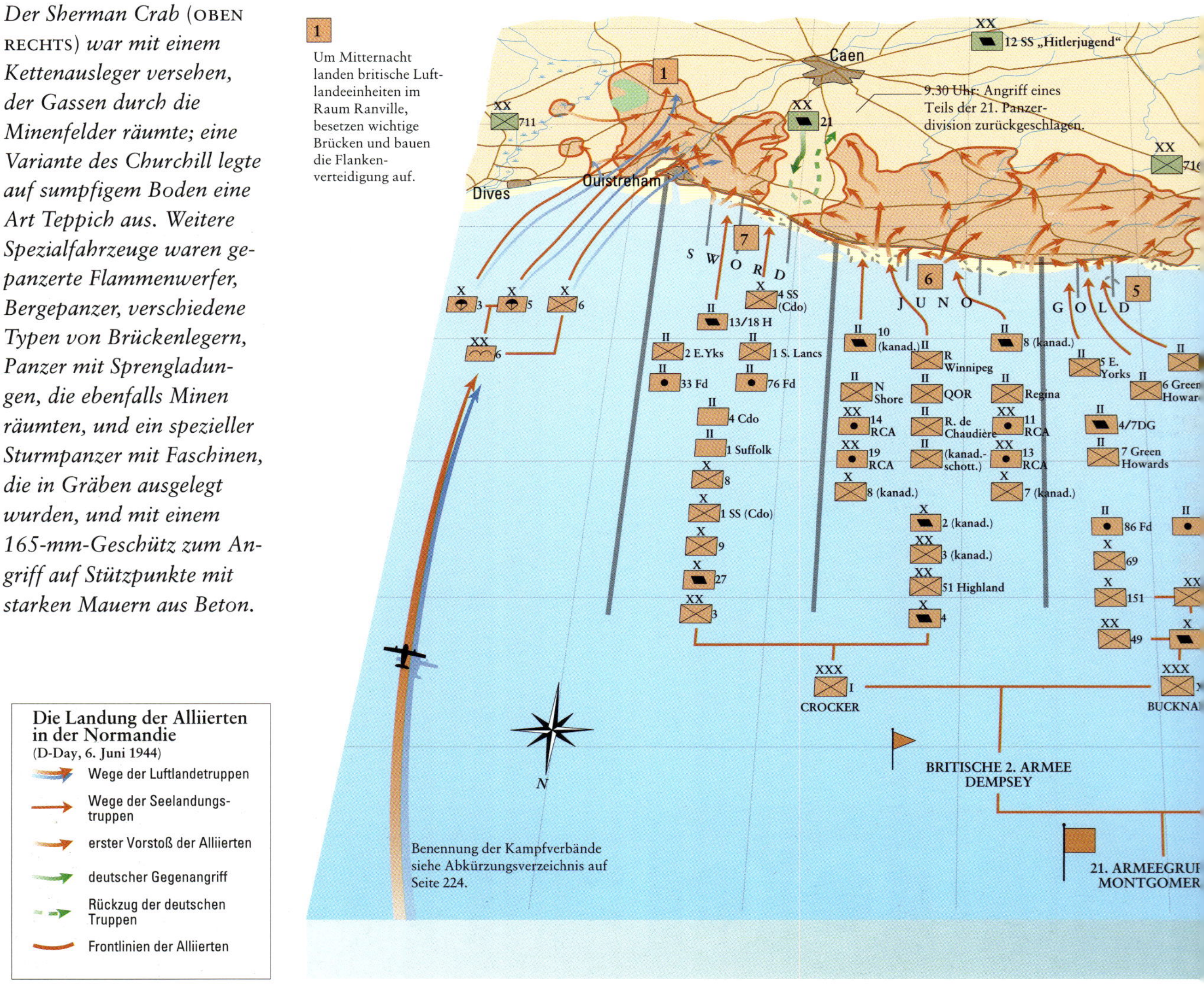

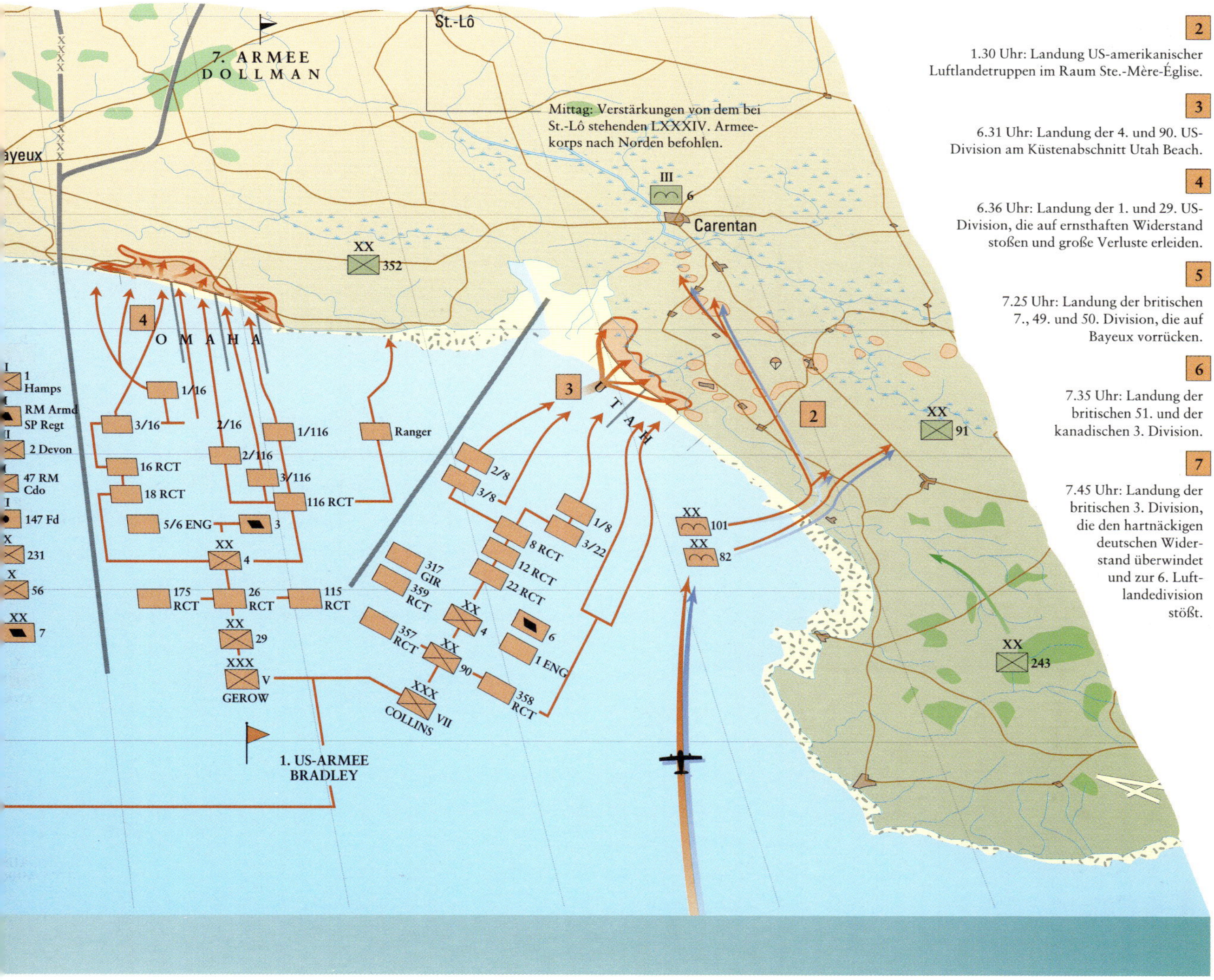

2

1.30 Uhr: Landung US-amerikanischer Luftlandetruppen im Raum Ste.-Mère-Église.

3

6.31 Uhr: Landung der 4. und 90. US-Division am Küstenabschnitt Utah Beach.

4

6.36 Uhr: Landung der 1. und 29. US-Division, die auf ernsthaften Widerstand stoßen und große Verluste erleiden.

5

7.25 Uhr: Landung der britischen 7., 49. und 50. Division, die auf Bayeux vorrücken.

6

7.35 Uhr: Landung der britischen 51. und der kanadischen 3. Division.

7

7.45 Uhr: Landung der britischen 3. Division, die den hartnäckigen deutschen Widerstand überwindet und zur 6. Luftlandedivision stößt.

General Dwight D. Eisenhower. Als Oberbefehlshaber der alliierten Streitkräfte bei der Operation „Overlord" stand er vor einer schweren Prüfung. Er musste nicht nur Briten und Amerikaner an sich, sondern auch deren Boden-, Marine- und Luftverbände zu einem Ganzen zusammenschweißen.

wirkliche Problem war die Überfüllung der Strände, die den Abmarsch der Soldaten in Richtung Landesinneres verlangsamte. Damit konnten bis zum Abend die Ziele dieses Tages, vor allem die Stadt Caen, nicht erreicht werden. Durch die Verzögerung gelang es der 21. Panzerdivision, einer der beweglichen deutschen Formationen in diesem Raum, in Richtung Küste vorzudringen; zu einem Gegenangriff war der Verband bis zum Abend allerdings nicht in der Lage.

Die Unsicherheit darüber, ob die Landung in der Normandie die einzige bliebe oder ob der Hauptschlag gegen den Pas-de-Calais geführt würde, brachte die Deutschen in eine Zwangslage. Hitler glaubte an letztere Variante und weigerte sich bis in den späten Nachmittag hinein, die beweglichen Reserven der Panzergruppe West freizugeben. Auch Rundstedt war dagegen, die beiden nördlich der Seine stehenden Panzerdivisionen in die Normandie abschwenken zu lassen. Als die Reserven dann endlich herangezogen wurden, nahmen ihre Manöver beträchtlich mehr Zeit in Anspruch als vorgesehen, denn die alliierten Fliegerkräfte und der französische Widerstand hatten wichtige Brücken unbrauchbar gemacht. Zudem erlitten sie durch die gegnerischen Flugzeuge, die ständig über ihnen waren, immer neue Verluste. So konnten die Divisionen nicht konzentriert, sondern nur Regiment für Regiment in die Kampfhandlungen eingeführt werden. Damit war es natürlich unmöglich, einen koordinierten und wirksamen Gegenangriff auf die Landeköpfe zu unternehmen, und die Panzerformationen konnten nur die Infanterie unterstützen, die eine Ausweitung der Landeköpfe zu verhindern suchte.

Bei den Alliierten verlief indessen nicht alles nach Plan. Die Normandie besteht zu einem großen Teil aus dem Bocage – kleinen Feldern, die von Erdwällen und darauf gepflanzten Bäumen und Büschen umgeben sind. Die Alliierten hatten sich zwar auf die Anlandung selbst gut vorbereitet, in die Planung und die Ausbildung der Soldaten aber nicht diese landschaftliche Eigenart einbezogen, die die Verteidigungsoperationen des Gegners begünstigte. Besonders die alliierten Panzerkräfte gerieten dadurch in die Klemme. Sie erlitten schwere Verluste, da sie den deutschen Panzern vom Typ Panther und Tiger an Feuerkraft unterlegen und den Panzerabwehrkanonen gegenüber ungeschützt waren. Die Kampfhandlungen zeigten auch, dass die Einsatzorganisation und die Taktik der Alliierten im Vergleich zu denen der Deutschen noch allzu starr waren. So lernten die Alliierten bei ihrem langsamen Vorrücken in der Normandie aus ihren Kampferfahrungen.

Montgomery konzentrierte sich jetzt darauf, den Großteil der deutschen Panzerkräfte in Richtung Osten auf die britische 2. Armee zu ziehen um den Amerikanern im Westen den Ausbruch zu ermöglichen. Er unternahm dazu mehrere Angriffe im Raum Caen. Die Deutschen, vor allem die fanatischen Burschen von der 12. SS-Panzerdivision „Hitlerjugend", leisteten heftigen Widerstand, und so fiel Caen erst fünf Wochen nach der Landung der Alliierten.

Trotzdem begann der unverminderte Druck auf die Deutschen Wirkung zu zeigen. Rundstedts und Rommels Bitten an Hitler, ihnen Infanterieverstärkung zu bewilligen, damit die Panzerverbände von der Front zurückgezogen und zu einem konzertierten Angriff aufgestellt werden könnten, trafen größtenteils auf taube Ohren. Dann schlugen beide vor die Normandie zugunsten einer neuen Verteidigungsstellung an der Seine zu räumen, doch Hitler lehnte das Ansinnen kurzerhand ab. Er entließ Rundstedt und ersetzte ihn durch Kluge.

Am 17. Juli wurde Rommel von einem gegnerischen Tiefflieger angegriffen und schwer verletzt. Drei Tage später fand im Führerhauptquartier bei Rastenburg ein Attentat auf Hitler statt. In Paris sorgte der Militärbefehlshaber von Frankreich, General Karl-Heinrich von Stülpnagel, für die Verhaftung von Mitgliedern der Gestapo und der SS, doch war dieser Schritt verfrüht. In Berlin ließ Joseph Goebbels, der in Erfahrung gebracht hatte, dass Hitler nach der Bombenexplosion noch am Leben war, das Hauptquartier des Ersatzheeres vom Wachbataillon „Großdeutschland“ umstellen. Die führenden Verschwörer, die dort leitende Positionen innehatten, wurden verhaftet und ohne Verzug hingerichtet.

Die meisten ranghohen deutschen Befehlshaber, die an aktiven Kriegsschauplätzen dienten, wurden mit dem Vorschlag zu Hitlers Sturz konfrontiert, vertraten jedoch zum größten Teil die Meinung Mansteins, der erklärte, dass preußische Feldmarschälle nicht meuterten. Was immer sie auch persönlich über den „Führer“ dachten, sie fühlten sich doch zu stark an den Treueeid gegenüber Hitler gebunden. An allen Fronten waren sie mit dem inzwischen verzweifelten Kampf gegen die Alliierten beschäftigt und dieser Kampf hatte Vorrang. Einige Offiziere waren allerdings allein durch ihr Wissen um das Attentat in die Sache verstrickt. Anfang August wurde Kluge nach Deutschland zurückgerufen. Auf dem Weg in die Heimat beging er Selbstmord. Auch Rommel wurde schließlich zu diesem Schritt gezwungen um seiner Familie die angedrohten Repressalien zu ersparen.

Generalfeldmarschall Gerd von Rundstedt, der Oberbefehlshaber West, bespricht mit Hitler Pläne für den Kampf gegen die Invasionstruppen der Alliierten. Trotz Rundstedts Bitten um Verstärkung gab der „Führer“, konfrontiert mit dem ständig wachsenden sowjetischen Druck im Osten und der Notwendigkeit, die westlichen Alliierten in Italien zu fesseln, die Kräfte erst frei, als es schon fast zu spät war.

Am 25. Juli, fünf Tage nach dem Attentat auf Hitler, brachen die amerikanischen Verbände aus der Normandie aus. Dem Sturm ging ein Angriff schwerer alliierter Bomber auf die deutschen Stellungen voraus – eine Taktik, die bereits in den Kämpfen im Raum Caen angewandt worden war. Der Bombenteppich ließ den Verteidiger zweifellos eine Zeit lang wie betäubt erstarren, doch war dieses Vorgehen ein zweischneidiges Schwert. Ein solcher Angriff riss den Boden so stark auf, dass er dann die Beweglichkeit des Angreifenden einschränkte und, wie es am 25. Juli geschah, gar Opfer unter den eigenen Truppen forderte. Dennoch war der Ausbruch nach sechs Tagen gelungen, und es war nun an der Zeit, die kurz zuvor gelandete 3. US-Armee unter Patton durch die entstandene Lücke zu führen.

Die Truppen der Alliierten wurden in zwei Armeegruppen reorganisiert – die 12. unter Generalleutnant Omar N. Bradley und die 21. unter Montgomery. Letzterer war der Oberbefehlshaber der an der Invasion beteiligten Landstreitkräfte der Alliierten gewesen, doch Eisenhower hatte stets danach getrachtet, die Sache selbst in die Hand zu nehmen, wenn erst der Ausbruch aus der Normandie gelungen war.

Pattons Truppen rückten rasch nach Westen in die Bretagne sowie nach Süden und Osten vor. Auch Montgomerys Verbände drängten aus der Normandie heraus und versuchten die deutsche 7. Armee einzuschließen. Ein großer Teil der Armee

Luftlandeangriff während der Operation „Dragoon" (alte Tarnbezeichnung „Anvil") am 15. August 1944 in Südfrankreich. Die 1. Luftlandekampfgruppe war ein anglo-amerikanischer Verband, der im Inland abgesetzt wurde, damit der Landekopf sofort an Tiefe gewann.

wurde durch die im Raum Falaise stationierten Fliegerkräfte vernichtet, doch gelang es einigen Truppenteilen, der Einkreisung zu entkommen. Die deutschen Verbände hatten den Zusammenhalt verloren und zogen sich rasch nach Osten zurück. Jetzt war die Befreiung Frankreichs wirklich in Gang gebracht worden.

Am 19. August gelang es den Alliierten, westlich von Paris den ersten Brückenkopf über die Seine zu errichten. Am selben Tag erhoben sich in Paris die Forces Françaises de l'Interieur (FFI), eine Vereinigung aller französischen Widerstandsgruppen, gegen die Deutschen. Sechs Tage später marschierten die Alliierten in die Stadt ein und an jenem Abend reiste auch de Gaulle an um einem Plan der französischen Kommunisten zur Machtübernahme zuvorzukommen. Die Befreiung der Stadt wurde von der Bevölkerung freudig begrüßt, doch hatte dieses Ereignis auch seine Schattenseite. Paris hatte vier Jahre unter der Naziherrschaft gelebt und jetzt empfanden dessen Bewohner den starken Wunsch jene zu bestrafen, die mit den Deutschen zusammengearbeitet hatten – darunter viele junge Frauen, die man mit kahl geschorenen Köpfen öffentlich der Erniedrigung preisgab. Zweifellos gab es dabei auch Versuche private Rechnungen zu begleichen. In Frankreich sind bis zum heutigen Tag die Narben der Okkupation zu sehen.

Nach der Befreiung von Paris sahen sich die Deutschen in Frankreich einer neuen Bedrohung gegenüber. Am 15. August waren die Alliierten in Südfrankreich ge-

landet und die 7. US-Armee sowie die französische 7. Armee begannen rasch nordwärts vorzustoßen. Im Norden indessen, wo der Ansturm der Alliierten in Richtung Osten weiterging, tauchte schnell ein neues Problem auf. Die Nachschublieferungen der Alliierten wurden noch immer ausschließlich über Cherbourg abgewickelt. Der Grund dafür war, dass Hitler alle französischen Hafenstädte an der Kanal- und der Atlantikküste zu Festungen erklärt hatte. Gegen diese Festungen kam man nur durch Belagerung an; wurden die Städte dann schließlich eingenommen, waren die Hafenanlagen zerstört. Um das Problem der immer länger werdenden Nachschubwege zu überwinden organisierten die Amerikaner den Red Ball Express, eine endlose Kette aus Lastkraftwagen, die zwischen der Normandie und der Front unterwegs waren. Doch mit zunehmender Entfernung der beiden Endpunkte voneinander trat auch hier Materialknappheit auf, denn die Transportfahrzeuge verbrauchten auf ihrem Weg mehr und mehr von dem Treibstoff, den sie eigentlich an die Front bringen sollten.

Im Augenblick jedoch ging der Vorstoß weiter. Am 3. September befreiten britische Truppen Brüssel und im Süden rückten am gleichen Tag französische Verbände in Lyon ein. Bisher hatte Eisenhower das Ganze fest unter Kontrolle und erließ am folgenden Tag eine Weisung, nach der Montgomery die deutschen Armeen ins Ruhrgebiet verfolgen und Bradley ins Saarland vorstoßen sollte. Im Bewusstsein

Raketenbeschuss deutscher Panzer durch Typhoons. Die 60-pfündigen Panzerabwehrraketen wurden im Tiefflug abgefeuert. Obwohl die Treffgenauigkeit hier nicht besonders groß war, erschütterten die Geschosse doch den Kampfgeist der gegnerischen Panzerbesatzungen, die angesichts eines Typhoon-Angriffs mitunter ihre Fahrzeuge im Stich ließen.

der zunehmenden logistischen Probleme wandte Montgomery ein, dass ein Vormarsch auf breiter Front nicht durchzuhalten sei. Damit begann eine Kontroverse, die die Alliierten den ganzen Feldzug in Nordwesteuropa hindurch verfolgen sollte. Montgomerys Argument war vom militärischen Standpunkt zwar durchaus vernünftig, doch Eisenhower musste auch die politischen Zusammenhänge in Betracht ziehen. Ein Vorstoß auf schmaler Front würde nur eine Armeegruppe beschäftigen und die anderen Verbände, darunter auch die erst kurz zuvor aufgestellte 6. US-Armee, die von Süden her kam, aus dem Mittelpunkt des Interesses drängen. Das würde unweigerlich zu Differenzen in den britisch-amerikanischen Beziehungen führen, die Eisenhower aber um jeden Preis verhindern wollte. So bestand er auf einem Vorrücken auf breiter Front.

Am 11. September überschritten amerikanische Stoßtrupps bei Luxemburg die deutsche Grenze, doch der Treibstoffmangel ließ den Vorstoß überall zum Halten kommen. Das verschaffte den nahezu zerschlagenen deutschen Truppen eine Atempause. Die Hoffnungen der Alliierten auf einen schnellen Sieg im Westen begannen zu schwinden, doch gab es noch immer eine Chance den entscheidenden Schlag zu führen.

Anfang des Jahres war in Großbritannien die alliierte 1. Luftlandearmee aufgestellt worden. Drei ihrer Divisionen – eine britische und zwei amerikanische – waren an der Invasion beteiligt gewesen. Für ihren Einsatz bei den anschließenden

US-amerikanische Soldaten dringen während der Operation „Cobra“, dem Ausbruch aus der Normandie, durch Mörsersperrfeuer vor.

Kampfhandlungen in der Normandie hatte es mehr als zwanzig Pläne gegeben, doch war keiner davon verwirklicht worden. Jetzt unterbreitete Montgomery Eisenhower den Vorschlag Teile der Armee bei einer Operation einzusetzen, die die Umgehung der deutschen Flanke durch einen Angriff über den Niederrhein auf niederländischem Territorium zum Ziel hatte. Durch drei Luftlandungen sollten die Brücken über die Kanäle im Raum Eindhoven, über die Maas bei Grave, über die Waal bei Nijmegen und schließlich über den Rhein bei Arnhem besetzt werden. Zur gleichen Zeit sollte das britische XXX. Korps nach Holland hinein vorrücken und sich dort den Luftlandekräften anschließen.

Der Red Ball Express in Betrieb. Allein am 29. August 1944 transportierten 5958 Lastkraftwagen 12 342 Tonnen Nachschub an die Front. Allerdings verbrauchten die Fahrzeuge selbst durchschnittlich 1 135 600 Liter Treibstoff pro Tag.

Die Operation „Market-Garden" begann am 17. September. Anfangs verlief alles nach Plan; die 82. US-Division und die 101. US-Luftlandedivision nahmen die Brücken bei Eindhoven, Grave und Nijmegen ein und schlossen sich bei Eindhoven rasch mit dem XXX. Korps zusammen. Bei Arnhem lag die Absetzstelle für die Luftlandeeinheiten jedoch rund 10 km von der Brücke entfernt. Auch befanden sich in dem Raum zwei SS-Panzerdivisionen, die nach den Kämpfen in der Normandie neu ausgerüstet wurden. Die Aufklärung der Alliierten hatte die Bedeutung dieses Umstandes unterschätzt, und so bekamen die britische 1. Luftlandedivision und die Polnische Fallschirmjägerbrigade die Anwesenheit der Deutschen bald zu spüren. Es gelang ihnen zwar, die Brücke von Arnhem zu besetzen, doch gerieten sie unter immer stärkeren Druck der schwerer bewaffneten Männer von der Waffen-SS. Hinzu kam, dass das XXX. Korps nördlich von Eindhoven praktisch nur auf einer einzigen, zu beiden Seiten von tief liegendem, feuchtem Boden begrenzten Straße vorrücken konnte. Deutsche Angriffe auf die Flügel des Korps verlangsamten dessen Vormarsch, während die Fallschirmtruppen bei Arnhem selbst in immer aussichtsloser werdende Kämpfe verwickelt waren.

Schließlich gelangte das britische XXX. Korps an den Rhein und vereinigte sich mit den polnischen Fallschirmjägern, konnte jedoch nicht die 1. Luftlandedivision erreichen, von der nur ein Fünftel über den Rhein kam. Die Operation „Market-Garden" ist häufig als übermäßig ehrgeiziges Unternehmen kritisiert worden, doch konnten die Deutschen hier nur einen knappen Sieg erringen. Sie war für die Alliierten die letzte Gelegenheit den Krieg in Europa noch im Jahr 1944 zu beenden. Ihr Vorstoß in Richtung Oberrhein wurde schwierig, denn er musste sich gegen eine zunehmend fester werdende Verteidigung unter der geschickten Führung von Rundstedt durchsetzen. Besonders die Amerikaner kämpften verbissen, um Aachen, die erste bedeutende deutsche Stadt hinter der Grenze, zu erobern. Danach folgten heftige Kämpfe in dem östlich davon gelegenen Hürtgenwald.

Im Spätherbst waren die meisten französischen Hafenstädte am Atlantik und an der Kanalküste befreit; Dünkirchen konnten die Deutschen bis zum Jahresende halten. Doch selbst von diesen Häfen war es noch ein weiter Weg bis zur Front. Zwar befand sich Antwerpen seit Anfang September in der Hand der Alliierten, doch konnte der Hafen, einer der größten in Europa, nicht benutzt werden, da die Deutschen noch immer beide Ufer der Schelde besetzt hielten. Nach der Räumung des Kessels von Breskens am Südufer landeten am 1. November alliierte Verbände

Ein im Schlamm versunkener LKW der amerikanischen Verbände, die sich in den ersten Tagen der Ardennenoffensive zurückziehen mussten.

auf der Insel Walcheren. Während einwöchiger Kämpfe unter scheußlichen Witterungsbedingungen konnte die Insel eingenommen werden; anschließend wurde die Schelde von Minen geräumt. Noch vor Ende November konnte der Antwerpener Hafen für den Handel und die Nachschublieferungen freigegeben werden, dennoch zu spät um das Kriegsglück der Alliierten im Jahr 1944 positiv zu beeinflussen.

Auch in Italien hatten die Alliierten am Jahresende wieder einmal einen toten Punkt erreicht. Die Euphorie nach der Befreiung Roms war schnell verflogen. Der nördlich der Hauptstadt fortgesetzte Vorstoß stoppte am Arno, denn jetzt wurden die für die Operation „Anvil" bestimmten Truppen sowie ein bedeutender Teil der Artillerie der 15. Armeegruppe abgezogen. Als Ersatz kamen ein Armeekorps aus Brasilien, das im August 1942 in den Krieg eingetreten war, und eine amerikanische Division, in der nur Farbige dienten und die der erste Kampfverband dieser Art in der US-Armee war. Allerdings fehlte es beiden an Kampferfahrung. Dennoch glaubte Alexander den Durchbruch durch Kesselrings nächste große Verteidigungsstellung, die Gotenlinie, zu schaffen, bei deren Bau die Deutschen alle Vorteile des Apenninengebirges genutzt hatten.

Den Angriff auf die Gotenlinie unternahm Alexander am 12. September. In über sechswöchigen Kämpfen, die oftmals von schweren Regenfällen begleitet waren, gelang es der 5. US-Armee, in die Berge vorzudringen, ehe ihre Verluste und die unerträglichen Bedingungen sie zum Halten zwangen. Im Osten war die britische 8. Armee wieder einmal mit einer schier endlosen Reihe von Flussläufen konfrontiert. Sie überschritt bei zunehmend schlechter werdendem Wetter einen Fluss nach dem anderen. Nachdem sie die Gotenlinie durchbrochen hatte, trennte der Apennin den Vorstoß der 8. Armee immer mehr von dem der Nachbararmee. Ende Dezember waren die Briten völlig erschöpft. Alexander, nun zum Oberbefehlshaber

über den Kriegsschauplatz im Mittelmeerraum befördert, stoppte daher bis zum Frühjahr alle Angriffsoperationen.

Alexanders Aufmerksamkeit war nun auf das gerade befreite Griechenland gerichtet, wo das Machtgerangel zwischen kommunistischen und nichtkommunistischen Widerstandsgruppen einen Bürgerkrieg entfesselt hatte. Aus Italien mussten britische Truppen ins Land gebracht werden um die Kämpfe zu beenden und die Errichtung einer arbeitsfähigen Regierung zu überwachen.

In Nordwesteuropa ging das Jahr 1944 nicht wie in Italien sang- und klanglos zu Ende. Seit Anfang Herbst hatte sich Hitler mit der Planung einer ehrgeizigen Gegenoffensive beschäftigt. Sein Ziel war, mit einem Vorstoß auf Antwerpen die britischen und amerikanischen Armeen aufzuspalten. Damit hoffte er im Westen Zeit zu gewinnen um sich auf die Eindämmung der unvermeidlichen sowjetischen Offensive über die Weichsel und in Richtung Berlin konzentrieren zu können. Der Oberbefehlshaber West Rundstedt und auch Model, der die Heeresgruppe B führte, versuchten Hitler umzustimmen und schlugen einen gemäßigteren Angriff zum Einkesseln der im Raum Aachen stehenden amerikanischen Truppen vor. Hitler ging nicht darauf ein, stimmte aber einer Verschiebung der Offensive vom 25. November auf Mitte Dezember zu.

Die Ardennen, in denen der Angriff stattfinden sollte, galten bei den Amerikanern als ruhiger Frontabschnitt. Deshalb standen dort Divisionen, die gerade aus den USA eingetroffen waren, und andere Verbände, die sich von den erbitterten Kämpfen im Hürtgenwald erholen sollten. Trotz der strengen Geheimhaltung bei den Deutschen, die sämtliche Vorbereitungen im Schutze der Dunkelheit trafen, machten die Nachrichtendienste der Alliierten, unter ihnen auch die Ultra-Gruppe, Anfang Dezember immer mehr Anzeichen für einen bevorstehenden Angriff aus. In

Soldaten der 1. US-Infanteriedivision während des deutschen Rückzuges aus den Ardennen. Dieser Verband hatte bereits an der Operation „Torch“ in Südfrankreich sowie an den Feldzügen in Tunesien und auf Sizilien teilgenommen. Am 6. Juni landete die Division am Küstenabschnitt Omaha Beach und schlug sich dann von Frankreich bis nach Deutschland durch. Während der Kämpfe in den Ardennen war sie an der Nordseite des deutschen Frontvorsprungs eingesetzt.

Soldaten der 6. SS-Panzerarmee, die an ihren Tarnuniformen zu erkennen waren, in den ersten Tagen der Ardennenoffensive nach einem Angriff aus dem Hinterhalt auf eine amerikanische Kolonne. Das bergige, dicht bewaldete Gelände in ihrem Frontabschnitt und die Schneefälle erschwerten den Kampf der Männer unter Generaloberst Josef Dietrich. Der Mangel an Treibstoff war ein weiteres Problem. Im Südabschnitt kämpften General Hasso von Manteuffels Truppen zwar unter weniger widrigen Bedingungen, doch gelang es ihnen nicht, die am Kreuzungspunkt wichtiger Nachschubwege liegende Stadt Bastogne einzunehmen. Die Rückzugsstellung der Alliierten war die Maas, deren Übergänge von Montgomerys Truppen gesichert werden sollten. Die deutsche Offensive kam jedoch schon kurz vor der Maas zum Stehen. Sie war zu diesem Zeitpunkt durch die langen offenen Flanken stark gefährdet.

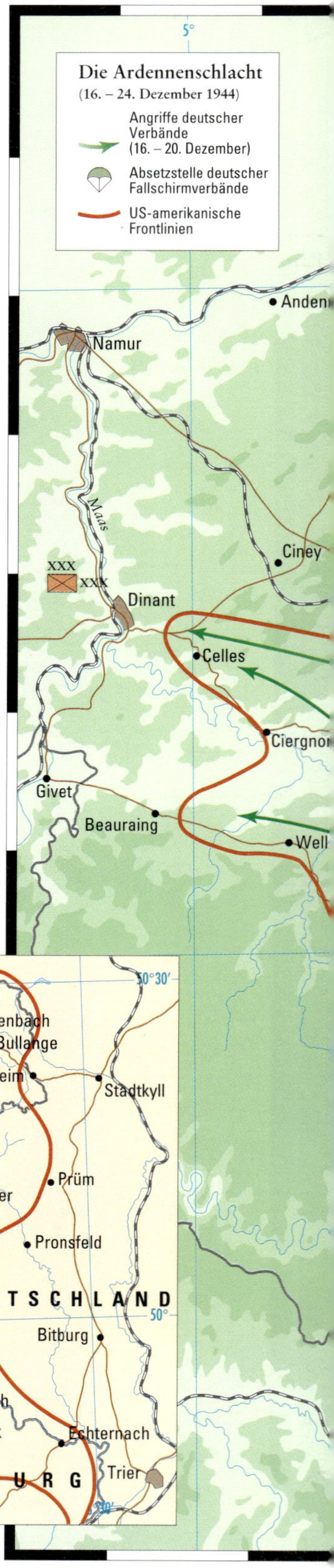

5°30′
6°
6°30′
50°30′
50°
N
0 5 km
0 5 Meilen
Lüttich
Eupen
Monschau
Maas
Vesdre
Huy
XXXX 1 HODGES
Ambleue
Spa
XXX V
XXX LXXIV
XXXX 15 ZANGEN
XXX LXVII
Butgenbach
Malmedy
Bullange
XXX XVIII
Stoumont
Werbomont
Trois-Ponts
Stavelot
Losheim
XXX ISS
Stadtkyll
XXX VII
XXX IISS
XXXX 6 DIETRICH
St.-Vith
LGIEN
XXX VIII
Prüm
Marche-en-Famenne
Ourthe
La Roche-en-Ardenne
Gouvy
Oudler
Rochefort
Houffalize
Pronsfeld
XXX LXVI
Ardennen
DEUTSCHLAND
XXXX 5 MANTEUFFEL
Ortheuville
Clervaux
XXX LVIII
St.-Hubert
Amberloup
Bastogne
XXX XLVII
Bitburg
Wiltz
Consthum
Libramont
XXX LXXXV
XXX LXXX
XXXX 7 BRANDENBERGER
Diekirch
Ettelbrück
Neufchateau
XXX VIII
Martelange
Echternach
LUXEMBURG
Trier
XXXX 3 PATTON
XXX III
XXX XII
XXX LXXXIII
Arlon
Mosel
Luxemburg
500
300
200
0 m
1 Frontlinie der Alliierten (15. Dezember 1944)
2 Absetzzone deutscher Fallschirmverbände (Abend des 16. Dezember)
3 Frontlinie der Alliierten (20. Dezember 1944)
4 Frontlinie der Alliierten (24. Dezember 1944)

Weihnachten 1944 in den Ardennen. Durch eine Schneedecke getarnt, bereiten sich diese Sherman-Panzer auf den Vorstoß im Rahmen des Gegenangriffs von Generalleutnant Patton auf die deutsche Südflanke vor.

der Überzeugung, dass die Zeiten großer deutscher Offensiven vorüber seien, weigerten sich die Befehlshaber jedoch die Hinweise ernst zu nehmen.

Als die Panzer und Geschütze der 5. Panzerarmee unter Manteuffel und der 6. SS-Panzerarmee unter Dietrich in Position gingen, begab sich Hitler in eines seiner inzwischen zahlreichen Feldhauptquartiere um den Angriff persönlich zu überwachen. Innerhalb von zwei Tagen hatte er alle Befehlshaber bis zu den Korpskommandeuren eingewiesen und darauf gedrungen, Rundstedt völlig zu umgehen und direkt mit Models Stab Verbindung zu halten.

Am 16. Dezember begann die Offensive nach kurzem Artilleriesperrfeuer. Es herrschte Nebel, der wie so oft auch hier der Verbündete des Angreifers war. In den Reihen der völlig überraschten Amerikaner brach Chaos aus, das von den eingeschleusten deutschen Agenten in amerikanischen Uniformen und Jeeps noch gefördert wurde, die Wegweiser veränderten und Telefonkabel durchschnitten. Während der folgenden zwei Tage kam der Angriff gut voran, doch dann änderte sich die Lage. Die einsetzenden Schneefälle behinderten das Manövrieren der schweren

deutschen Panzer auf den engen, gewundenen Straßen Belgiens. Ein US-amerikanisches Pionierbataillon bremste den deutschen Vormarsch durch die Sprengung von Brücken im Angriffsabschnitt der 6. SS-Panzerarmee, deren Fahrzeuge dadurch zu zeitraubenden Umwegen gezwungen waren. Im Kampfabschnitt Manteuffels gelang es nicht, den von den Fallschirmjägern der kampferfahrenen 101. Luftlandedivision verstärkten Kreuzungspunkt Bastogne zu nehmen. Schließlich klarte der Himmel auf und die alliierten Fliegerkräfte konnten ihre Luftherrschaft ausspielen.

Jetzt griff Montgomery ein und übernahm die Kontrolle über die Nordhälfte des gerade geschaffenen deutschen Frontvorsprungs. Im Süden verlagerte Patton in der Vorausahnung, dass er seine 3. Armee brauchen würde, deren Angriffsachse um 90° und stand bereit, als es darum ging, Bastogne zu entsetzen. Am 23. Dezember war der Vormarsch der 6. SS-Panzerarmee gestoppt und drei Tage später die Belagerung der Stadt Bastogne durchbrochen. Hitler hatte begriffen, dass er im Westen seine letzte Kugel verschossen hatte, und war bereits aus seinem Hauptquartier abgereist.

KAPITEL ACHT

DER LETZTE FELDZUG (1945)

EINE ÜBERRASCHEND FRÖHLICHE kanadische Infanteristengruppe bei der Fahrt auf einem Sherman Firefly während der erbitterten Kämpfe im Februar im Reichswald. Die Firefly-Panzer waren mit einer langrohrigen 76,2-mm-Kanone ausgerüstet, die mächtiger als das 75-mm-Geschütz des herkömmlichen Sherman war. Sie wurden zur Bekämpfung der deutschen Tiger- und Panther-Panzer eingesetzt. Die Infanteristen tragen Patronengurte mit Gewehrmunition – ein Zeichen dafür, dass sie auf dem Weg an die Front sind.

DER LETZTE FELDZUG (1945)

Er trug einen schmutzigen Verband um den Kopf und ritt auf dem Rücken eines Ochsen, der einen kleinen Munitionswagen zog, dem das Benzin ausgegangen war. Mit einem Gefühl für Frontromantik, das allen erfahrenen Soldaten eigen ist, behauptete er den ganzen Weg von Stalingrad auf dem Ochsen gesessen und den Wagen gezogen zu haben; hätte er das nicht getan, dann hätten die Alliierten jetzt noch ziemlich viel Ärger. Ich fragte ihn, was er jetzt, da der Krieg fast vorüber sei, mit dem Ochsen zu tun gedenke. Er sagte: „Aufessen." Es gibt nicht den geringsten Zweifel daran, dass er das wirklich getan hat.

OBERST NICHOLAS IGNATIEFF, RUSSISCHSTÄMMIGER KANADIER VOM BRITISCHEN MILITÄRISCHEN NACHRICHTENDIENST, AM 25. APRIL IN TORGAU AN DER ELBE

Deutschland befand sich Anfang 1945 in einer verzweifelten Lage. Seine Zukunft gründete sich auf den Rhein im Westen und die Weichsel im Osten. Die ungarische Hauptstadt Budapest behauptete sich zwar noch immer, doch das Land selbst war besetzt und Österreich bedroht. Auch in Italien mussten die Alliierten ihre Offensive wieder aufnehmen. Deutschland erlebte Tag und Nacht Luftangriffe. Die Treibstoffquellen waren nahezu versiegt, die Straßen- und Eisenbahnverbindungen unterbrochen. Vor dem Deutschen Reich stand drohend die Niederlage. Dennoch kämpfte das deutsche Volk weiter.

Der Grund dafür war vor allem die den Deutschen eigene Disziplin und die Tatsache, dass das Land zwölf Jahre lang unter einer strengen Diktatur gelebt hatte.

Ein Churchill AVRE (Armoured Vehicle, Royal Engineers – Panzerfahrzeug, Kgl.-Brit. Pioniere) während der Kämpfe im Reichswald. Der Panzer vom Typ Churchill war ursprünglich zur Unterstützung der Infanterie konzipiert, übernahm dann jedoch viele Spezialaufgaben für Panzerfahrzeuge. An seinem Turm saß ein 165-mm-Mörser, der in einem „Mülleimer" steckende 25-pfündige Sprengladungen verfeuerte. Der Churchill wurde gegen Betonziele und andere stark befestigte Bauten eingesetzt.

Die nationalsozialistische Propagandamaschinerie stellte demonstrativ die Forderung der Alliierten nach bedingungsloser Kapitulation vor und behauptete, dass das Reich damit alles verliere und in Ödland verwandelt würde. Also sei durch ein Waffenstillstandsersuchen bei den Alliierten nichts zu gewinnen. Hitler, der seinen Wohnsitz jetzt im Führerbunker in Berlin aufgeschlagen hatte, versprach eine neue Generation von „Wunderwaffen“ , die das Blatt mit Sicherheit wenden würden. Gleichzeitig nährten er und viele andere die Hoffnung, dass die westlichen Alliierten schließlich der wirklichen Gefahr für Westeuropa, nämlich des aus dem Osten kommenden Bolschewismus gewahr würden.

Doch erst nach dem Attentat vom 20. Juli 1944 ordnete Hitler die Mobilisierung für den totalen Krieg an. In den folgenden sechs Monaten wurde eine neue Art Division – die Volksgrenadierdivision – aufgestellt, die kleiner als die übliche Infanteriedivision und für die Verteidigung ausgerüstet war. Auch der Volkssturm wurde geschaffen. Er war eine Art Bürgerwehr, die sich vorwiegend aus so genannten „unabkömmlichen“ Arbeitern und Angestellten und bis dahin nicht zum Wehrdienst eingezogenen Männern zwischen 16 und 60 Jahren zusammensetzte. Viele von ih-

Hier deckt ein schweres Maschinengewehr Modell Maxim PM 1910 sowjetische Infanteristen während der Weichsel-Oder-Operation im Januar 1945. Wie das britische Maschinengewehr Modell Vickers-Berthier, das von 1910 an bis zum Ende des Zweiten Weltkrieges produziert wurde, so zeigte sich auch die sowjetische Waffe langlebig. Zuletzt wurde sie im Koreakrieg eingesetzt.

ABB. GEGENÜBER: *Ausgerüstet mit Schwimmwesten, brechen die britischen Infanteristen im März 1945 zur Operation „Plunder", der Überquerung des Rheins, auf.*

nen waren mit Panzerfäusten ausgerüstet, einer neuen Generation von rückstoßfreien Panzerabwehrwaffen, die in der zweiten Kriegshälfte von den USA wie auch von Deutschland entwickelt und eingesetzt wurden.

Da sich die Deutschen auf die letzten Schlachten vorbereiteten, war die Nazipropaganda immer heftiger geworden. Eine ähnliche Entwicklung gab es auch in der Sowjetunion. Ilja Grigorjewitsch Ehrenburg, der im Zweiten Weltkrieg zu fanatischer Feindlichkeit gegenüber den Deutschen aufrief, gab den Soldaten der Roten Armee, die vor dem Einmarsch auf deutsches Territorium standen, eine einfache Botschaft mit: „Brot für Brot, Blut für Blut". Das hieß, dass die Gräueltaten der Deutschen in der Sowjetunion auf gleiche Weise vergolten werden sollten. Das Ergebnis waren Vergewaltigungen und Plünderungen in einem in Europa über Jahrhunderte hinweg unbekannten Ausmaß.

Die lang erwartete sowjetische Offensive über die Weichsel hinweg begann am 12. Januar 1945. Als Erste griff die 1. Ukrainische Front unter Konew im äußersten Süden an und erzielte einen sofortigen Durchbruch, bei dem die Truppen allein am ersten Tag bis zu 19 km tief in die gegnerische Verteidigung eindrangen. Am folgenden Tag trat die 3. Belorussische Front zum Angriff auf Ostpreußen an. Dann überschritten die Fronten unter Rokossowski und Shukow nördlich und südlich von Warschau die Weichsel und befreiten die polnische Hauptstadt schließlich. Im Gefolge von Kolonnen verängstigter Flüchtlinge, die Schreckensgeschichten verbreiteten, strömten die sowjetischen Truppen westwärts. Gegen Ende des Monats hatte Shukow die Oder, Konew die Neiße erreicht. Das von den Deutschen gehaltene ostpreußische Territorium war auf einen kleinen Kessel bei Königsberg zusammengeschrumpft.

Die andere aktive Front im Osten war Ungarn. Die Hauptstadt Budapest wurde Anfang 1945 und den gesamten Januar hindurch noch gehalten. Die Heeresgruppe Süd unter General Otto Wöhler kämpfte sich vor um die Stadt zu entsetzen; sie kam bis auf etwa 19 km an die Budapester Außenbezirke heran. Die Anstrengungen waren jedoch vergebens und nach heftigen Straßenkämpfen kapitulierte die Stadt am 13. Februar schließlich vor der von Marschall R. J. Malinowski befehligten 2. Ukrainischen Front. Hitler hatte indes seine Angriffsoperationen in Ungarn noch nicht beendet. Er war entschlossen, die Ölfelder im Balatonraum zurückzuerobern, und befahl zu diesem Zweck die Verlegung der 6. SS-Panzerdivision aus dem Westen nach Ungarn.

Unter der Tarnbezeichnung „Frühlingserwachen" griff Dietrich dann in den frühen Morgenstunden des 6. März neben der von General Hermann Balck geführten 6. Armee an. Das Tauwetter behinderte die Truppen, es hatte den Boden stark aufgeweicht, und so war der Vorstoß von Anfang an ein mühsames Unterfangen. Nach einwöchigen Kämpfen, an deren Ende die 3. Ukrainische Front einen Gegenangriff unternahm, der Balcks und Dietrichs Verbindungslinien bedrohte, kam die Offensive zum Stehen und die Deutschen wurden zum Rückzug gezwungen. Hitler war darüber so erbost, dass er den beteiligten SS-Verbänden befahl ihre hoch geschätzten Litzen von den Ärmelaufschlägen zu entfernen.

Im Norden waren die Deutschen ebenfalls in der Offensive, als die 3. Panzerarmee unter General Walther Wenck in die lange und ungeschützte Nordflanke der 1. Belorussischen Front hineinstieß. Der Angriff kam zunächst gut voran, stockte dann aber, nachdem sich Wenck bei einem Autounfall Verletzungen zugezogen hatte. Shukow erkannte, dass vor dem letzten Sturm auf Berlin zunächst Pommern eingenommen werden müsse. Also griffen er und Rokossowski in Richtung Norden an und räumten das Gebiet rasch von gegnerischen Einheiten. Das völlig iso-

Luftlandeoperation der Alliierten während des Unternehmens „Plunder“ vom 24. März 1945. Daran nahmen britische und kanadische Luftlandetruppen teil. Ihr Ziel war die Besetzung des Gebietes jenseits des Ostufers des Rheins. Allerdings lagen ihre Absetzzonen im Feuerbereich deutscher Geschütze, was ihnen Verluste an Transportflugzeugen und Lastenseglern einbrachte. Dennoch erreichten sie bis Tagesende ihr Ziel.

lierte Königsberg behauptete sich jedoch weiterhin. Zur gleichen Zeit säuberte Konew das Gebiet zwischen Oder und Neiße.

Im Süden wurde rasch der Rest Ungarns besetzt und die Rote Armee überschritt die Grenze nach Österreich. Am 6. April standen die Truppen vor Wien, das nach einwöchigen Kämpfen fiel. Am 10. April kapitulierte schließlich auch Königsberg. Nun konnte sich die Aufmerksamkeit der Sowjets voll und ganz auf Berlin konzentrieren.

Der Misserfolg der Deutschen in den Ardennen bedeutete nicht, dass deren Verteidigung zerbrochen war. Im Gegenteil: Die Alliierten sahen sich heftigem Widerstand gegenüber, als sie sich dem Rhein näherten. Im Süden war die französische 1. Armee unter General Jean-Marie de Lattre de Tassigny Anfang Februar eine schwierige Woche lang mit der Vernichtung der Colmarer Tasche am Ostufer des Flusses beschäftigt. Die 3. US-Armee unter Patton und die 1. US-Armee unter Hodges hatten eine etwas leichtere Aufgabe, wozu allerdings auch die Wiedergewinnung des bei der Gegenoffensive in den Ardennen verlorenen Terrains gehörte. Die

Entfernungen, die sie dabei zurückzulegen hatten, ließen ihren Weg zum Rhein beträchtlich länger werden. Die 21. Armeegruppe unter Montgomery musste bei winterlichem Wetter sehr harte Kämpfe bestehen, als sie die von Generalmajor Eugen Meindl geführte 1. Fallschirmarmee zum Niederrhein zurückdrängte. Besonders die britischen und die kanadischen Truppen waren beim Säubern des nur schwer zu durchdringenden Reichswaldes mit Bedingungen konfrontiert, die an Frankreich und Flandern in den Jahren 1914–1918 erinnerten.

Anfang März erhielt Rundstedt von Hitler schließlich die Erlaubnis seine Kräfte östlich des Flusses zurückzuziehen und die noch verbliebenen Rheinbrücken zu zerstören. Am 7. März gelang es Truppenteilen der 1. US-Armee, eine Brücke bei Remagen südlich von Bonn einzunehmen, ehe diese völlig vernichtet werden konnte.

Dieses Bravurstück kostete Rundstedt zum dritten und letzten Mal in diesem Krieg seinen Posten. In den folgenden zwei Wochen unternahmen die Deutschen verzweifelte Versuche die Brücke zu zerstören; dabei setzten sie auch Fliegerkräfte und Taucher ein. Schließlich brach das Bauwerk zusammen, doch das Gelände am Ostufer war so schwierig, dass die Rheinüberquerung auf jeden Fall an anderer Stelle erfolgen musste.

Hitler, der allmählich den Verstand verlor, erließ nun den „Nerobefehl", in dem er zur Taktik der verbrannten Erde aufforderte. Den Alliierten durfte nichts bleiben, was von Wert war, und die gesamte deutsche Bevölkerung sollte ins Landesinnere gebracht werden. Das war natürlich nicht zu bewerkstelligen, und es wurde nichts unternommen um die Aufforderung in die Tat umzusetzen. Was die Verwüstung Deutschlands betraf, so war es Albert Speer, Hitlers Reichsminister für Bewaffnung und Munition, der die Ausführung des Befehls im westlichen Teil des Landes sabotierte, da er der Ansicht war, dass die Regierung für ihr Volk ein Minimum an Lebensstandard aufrechterhalten müsse.

Soldaten der 3. US-Armee landen bei einem von Pattons „Sprüngen" über den Rhein mit ihren Sturmbooten am Ostufer des Flusses.

Die erste große Rheinüberquerung der Alliierten fand in der Nacht vom 22. zum 23. März bei Oppenheim, oberhalb des Zusammenflusses von Rhein und Main statt. Der 3. US-Armee unter Patton gelang aus der Bewegung heraus der „Sprung" über den Fluss. Viele Deutsche wurden von den Ereignissen praktisch im Schlaf überrascht. Der Übergang der britischen 2. Armee im Raum Wesel war im Gegensatz dazu mehr als drei Wochen vorbereitet worden. An der letzten Luftlandeoperation in Eurpoa waren britische und amerikanische Fallschirmtruppen beteiligt, die das erhöhte Gelände jenseits des Ufers sichern sollten, wenn die Sturmtruppen den Rhein überschritten. Danach wurde der Fluss noch an verschiedenen Stellen in seinem Mittellauf überquert.

Nach der Forcierung des Rheins lebte die Kontroverse über den Vormarsch auf

Nach der Besetzung von Brückenköpfen über den Rhein wurden rasch Pontonbrücken zusammengesetzt, auf denen die für die Ausbruchphase erforderlichen Panzer und Nachschublieferungen ans andere Ufer rollen konnten.

breiter bzw. auf schmaler Front wieder auf. Ohne die amerikanische oder die britische Regierung zu konsultieren sandte Eisenhower am 28. März eine Mitteilung an Stalin, in der er feststellte, dass er nicht die Absicht habe, auf Berlin vorzustoßen, und damit die Einnahme der deutschen Hauptstadt der Roten Armee überlasse. Stattdessen sei die hauptsächliche Angriffsrichtung der Alliierten Dresden. In Wirklichkeit aber war Eisenhower bemüht keinen Zusammenstoß mit den Sowjets zu riskieren, der den letztendlichen Sieg noch verderben konnte. Er war auch besorgt über Informationen der Nachrichtendienste, die von der Absicht der Nazis sprachen, im Alpenraum eine starke Verteidigungsstellung auszubauen, die so genannte „Alpenfestung". Zwar befahl Hitler die Schaffung zweier Hauptquartiere – des OKW Nord in Schleswig-Holstein und des OKW Süd in den Alpen – um das Land auf eine Zweiteilung durch die Offensiven der Alliierten vorzubereiten, doch die Existenz der „Alpenfestung" war eine Legende.

Stalin, der seinen Blick nun fest auf die deutsche Hauptstadt richtete, war über Eisenhowers Zusage erfreut; er versicherte ihm, dass das Zusammentreffen mit den westlichen Alliierten auf deutschem Territorium und die Spaltung des Landes in zwei Teile bei ihm oberste Priorität habe. Er erklärte, dass Berlin für ihn nicht

länger von besonderem Interesse sei und dass er in der zweiten Maihälfte, sobald der Boden trocken sei, seine nächste Offensive starten werde. Das entsprach nicht der eigentlichen Absicht Stalins, doch sollte es den Argwohn der Briten und Amerikaner besänftigen. Churchill indessen war bestürzt, als er davon erfuhr, und erklärte, dass Berlin ein strategisches Ziel sei und das Zusammentreffen mit der Sowjetarmee möglichst weit im Osten stattfinden müsse. Auch Montgomery war entsetzt; er hatte geglaubt, die 21. Armeegruppe führe den Hauptangriff der Alliierten, der in Richtung der deutschen Hauptstadt vorgetragen würde. Eisenhower legte fest, dass Montgomery nach der Vernichtung des Ruhrkessels die 9. US-Armee unter Generalleutnant William H. Simpson, die seit der Ardennenschlacht unter seinem Befehl gestanden hatte, zurückgeben und sich auf die Befreiung der Niederlande und die Säuberung der norddeutschen Küste konzentrieren werde.

In Wirklichkeit war Großbritannien jetzt der Juniorpartner im Bündnis gegen Hitlerdeutschland. Das war Anfang Februar 1945 auf der Strategiekonferenz in Jalta auf der Krim sehr deutlich geworden. Der inzwischen schwer kranke Roosevelt war zu Zugeständnissen an Stalin bereit um den Bundesgenossen zum Eintritt

US-amerikanische Soldaten bringen während der Operationen auf dem östlichen Rheinufer deutsche Kriegsgefangene ein. Viele der Gefangenen waren kaum den Kinderschuhen entwachsen. Gegen Ende des Krieges hatte Deutschland einfach nicht mehr genügend Soldaten.

in den Krieg gegen Japan unmittelbar nach der Niederlage Deutschlands zu bewegen. Churchill musste feststellen, dass er hier nur wenig ausrichten konnte.

Das Ruhrgebiet wurde in einer Zangenbewegung von der 1. und der 9. US-Armee eingeschlossen. Das riss eine gewaltige Lücke in die deutsche Verteidigung, die Bradley mit seiner 12. Armeegruppe rasch ausnutzte, indem er einige Divisionen so weit wie möglich in Richtung Osten eilen ließ. Im Ruhrkessel befanden sich die Überreste der von Model befehligten Heeresgruppe B, die die westlichen Alliierten seit deren Landung in der Normandie bekämpft hatte. Es dauerte 18 Tage, bis der Kessel vernichtet war und 325 000 deutsche Soldaten in Gefangenschaft gingen – die bedeutendste Kapitulation, die die westlichen Alliierten je in einer einzigen Schlacht erreicht hatten. Model beging Selbstmord.

Unterdessen ging der Vorstoß in Richtung Osten weiter; häufig stellten sich ihm Gruppen fanatischer SS-Männer entgegen. Bereits am 11. April erreichten Truppenteile der von Simpson geführten 9. US-Armee die Elbe im Raum Magdeburg, nur etwa 120 km von Berlin entfernt. Simpson bat darum, auf die deutsche Hauptstadt marschieren zu dürfen, doch Eisenhower blieb hart: Keine seiner Truppen würde östlich der Elbe vorstoßen, selbst wenn der sowjetische Sturm auf Berlin noch nicht begonnen hätte.

Die Ereignisse in Norditalien entwickelten sich ebenso schnell. Die deutschen Truppen in Italien konnten zwar kaum etwas tun, was die immer schlechter werdende Situation in der Heimat hätte beeinflussen können, doch den westlichen Alliierten war bewusst, dass sich ihr Gegner, wenn er die Erlaubnis zum Rückzug bekäme, in den Alpen verschanzen würde und von dort nur sehr schwer herauszuholen wäre. Dann müsste eine weitere Offensive vorbereitet und durchgeführt werden. Der Plan lautete also, die Heeresgruppe C einzuschließen, die jetzt unter dem Befehl von Generaloberst Heinrich von Vietinghoff stand, da Kesselring die Nachfolge Rundstedts als Oberbefehlshaber West angetreten hatte. Die britische 8. Armee musste den wichtigen, stark ausgebauten Stützpunkt Argenta zwischen dem Valli-di-Comacchio und dem Reno einnehmen, während die 5. US-Armee nördlich und westlich von Bologna vorstieß. Doch als die Vorbereitungen für den Angriff im Gange waren, gab es erste Anzeichen für einen möglichen Zusammenbruch des Dritten Reichs. Anfang März unterbreitete der SS-Adjutant des deutschen Militärbefehlshabers von Norditalien dem OSS (Office of Strategic Services – Strategischer Geheimdienst, ein Äquivalent zur britischen SOE) in der Schweiz das Angebot eines separaten Waffenstillstandes für die im Lande stehenden deutschen Truppen. Himmler, der den westlichen Alliierten bereits zu Jahresbeginn vorgeschlagen hatte, an der Seite Deutschlands gegen die UdSSR zu Felde zu ziehen, erfuhr davon und machte den Verhandlungen ein Ende.

Die Schlussoffensive der Alliierten in Italien begann am 9. April. Die deutschen Truppen, denen es an Treibstoff mangelte und deren Verbindungslinien durch Luftangriffe schwer beschädigt waren, hatten dem Angriff nur wenig entgegenzusetzen, und so rückten die Alliierten schon bald in Richtung Norden vor. Vietinghoff, der begriffen hatte, dass eine Niederlage unvermeidlich war, beschloss die Verhandlungen mit den Alliierten wieder aufzunehmen, ohne jedoch Berlin davon in Kenntnis zu setzen. Alexander gab sein Einverständnis erst am 27. April. Am Tag darauf starb Mussolini, der von Partisanen gefangen genommen worden war. Die Leichen des Duce und seiner Geliebten wurden auf einem der größten Plätze Mailands aufgehängt. Am 29. April schließlich unterzeichneten die deutschen Streitkräfte in Italien die bedingungslose Kapitulation. Damit war der Krieg in Europa fast zu Ende.

Eisenhowers Befehl, die Elbe nicht zu überschreiten, ließ die 6. und die 12. Armeegruppe auf eine südöstliche Vormarschrichtung nach der Tschechoslowakei und nach Bayern einschwenken. Montgomerys Truppen setzten die Säuberung der norddeutschen Küste fort, wobei sie besonders auf Bremen und Hamburg zielten. Doch die Aufmerksamkeit konzentrierte sich die ganze Zeit auf Berlin.

Entgegen seiner Erklärung gegenüber Eisenhower hatte Stalin befohlen Berlin bis zum 1. Mai einzunehmen. Den Plan dafür hatte er am 1. April persönlich bestätigt. Danach sollte Shukow die Stadt besetzen und dann zur Elbe vorstoßen, Konew im Süden die Oder überschreiten, auf seinem Weg alle deutschen Verbände vernichten und nach Dresden vordringen. Im Norden sollte Rokossowski zur Elbe und zur Ostseeküste vorrücken. Als Beginn der Offensive war der 16. April festgelegt worden.

Die drei Fronten der Sowjetarmee wiesen einen Personalbestand von annähernd zwei Millionen Mann auf. Sie und die 6250 Panzer, 41 600 Geschütze und Mörser sowie die zur Unterstützung der Angriffe aufgebotenen 7500 Flugzeuge aufzustellen war angesichts der kurzen Zeitspanne eine enorme Herausforderung. Jedes Waldstück östlich der Oder war mit Fahrzeugen und Soldaten voll gestopft. Wo es keine natürliche Deckung gab, wurden Kilometer um Kilometer Tarnnetze gespannt. Dass die Vorbereitungen rechtzeitig abgeschlossen wurden, zeigt, welches Maß an Effektivität die Rote Armee in den vier zurückliegenden Kriegsjahren erworben hatte.

Am Westufer der Oder erwarteten drei deutsche Armeen den Angriff. In ihrem Bestand befanden sich 33 nur unvollständig aufgefüllte Divisionen. Westlich von Berlin stand ein weiterer, bunt zusammengewürfelter Kampfverband, die 12. Armee unter Wenck, deren 12 Divisionen die Stellung an der Elbe verteidigten. Um die Verteidigungsstellungen an der Oder pioniertechnisch auszubauen, hatten die Deutschen allerdings viel Zeit gehabt.

Die 1. Belorussische Front unter Shukow griff als Erste an. Nach kurzer Artillerie- und Luftvorbereitung und unter Ausnutzung künstlichen „Mondlichts“ – von den Wolken reflektierten Scheinwerferlichts – setzten die Truppen in den frühen Morgenstunden des 16. April über den Fluss, konnten die Seelower Höhen, die diesen Abschnitt der Oder beherrschten, jedoch nicht einnehmen. Konew hingegen, der am selben Tag losschlug, war schon am Abend zum Durchbruch bereit. Am nächsten Tag hatte er die deutsche Verteidigung überwunden, während Shukow noch immer um die Errichtung eines Brückenkopfes kämpfte. Ohne Shukow zu informieren teilte Stalin Konew mit, dass er mit der 1. Ukrainischen Front nun auf Berlin marschieren könne. Am 18. April ging Rokossowski mit der 2. Belorussischen Front zur Offensive über. Da seine Truppen von sumpfigem Boden behindert wurden, kamen sie in den ersten beiden Tagen nur langsam voran. Dennoch konnte er die 3. Panzerarmee daran hindern, an der Verteidigung Berlins teilzunehmen.

Am 20. April feierte Hitler seinen 56. Geburtstag. Er erklärte, in der Hauptstadt bleiben zu wollen, erlaubte aber verschiedenen Regierungsorganen Berlin zu verlassen. Er wies Großadmiral Karl Dönitz an den Befehl über die Streitkräfte in Norddeutschland zu übernehmen; die deutschen Streitkräfte im Süden sollten Kesselring unterstellt werden. Am Tag darauf stießen Konews Truppen über den Autobahnring vor, der die eigentliche Grenze Berlins darstellte, und die Artillerie begann das Stadtzentrum zu beschießen. Hitler, der erkannt hatte, dass die westlichen Alliierten nicht die Absicht hatten östlich der Elbe vorzustoßen, hoffte auf Rettung von Wencks Truppen. Sein Glaube, dass dessen zwölf schwache Divisionen noch etwas an dem unvermeidlichen Ausgang des Krieges ändern könnten, widerspiegelte eigentlich nur das völlig wirklichkeitsferne Denken, das jetzt im Führerbunker herrschte.

Am 25. April vereinigten sich Shukows Truppen, die den Befehl gehabt hatten in das Gebiet nördlich von Berlin vorzustoßen, mit den Verbänden Konews. Sie schlossen den Ring um die deutsche Hauptstadt. Zur gleichen Zeit trafen nordöstlich von Leipzig – bei Torgau an der Elbe – Truppenteile der 1. Ukrainischen Front mit der von Hodges geführten 1. US-Armee zusammen. Deutschland war damit in zwei Teile gespalten.

Jetzt begann die letzte Schlacht, da die Rote Armee immer näher an das Zentrum Berlins heranrückte. Wie bei allen Kämpfen in Stadtgebieten, so ging es auch hier nur langsam und unter großen Opfern voran, doch am 29. April erreichten die sowjetischen Verbände das Gebiet um den Reichstag und die Reichskanzlei. Hitler erklärte seinen letzten Willen, ernannte Dönitz zu seinem Nachfolger und ehelichte

Die letzten Phasen der Schlacht um Berlin. Die anhaltenden Straßenkämpfe forderten auf beiden Seiten sehr viele Opfer. Im Verlauf der gesamten Offensive, die am 16. April begonnen hatte, verloren die drei sowjetischen Fronten insgesamt mehr als 350 000 Soldaten. Über die Verluste auf deutscher Seite existieren zwar keine genauen Angaben, doch einschließlich der Opfer unter der Zivilbevölkerung lagen sie etwa in der gleichen Größenordnung.

seine langjährige Geliebte Eva Braun. Am Tag darauf beging er Selbstmord. Andere Personen aus seinem Gefolge, darunter auch Goebbels und dessen Familie, brachten sich am nächsten Tag um. Am 2. Mai, einen Tag nach der von Stalin gesetzten Frist, erklärte General Helmuth Weidling schließlich die Kapitulation der Stadt.

An anderen Orten ging der Kampf weiter. Die 21. Armeegruppe unter Montgomery hatte nach erbitterten Kämpfen Bremen eingenommen und war dann zur Elbe gejagt. Hamburg fiel kampflos am 3. Mai. Die britischen Truppen stießen nordwärts nach Schleswig-Holstein vor und eilten dann nach Osten um noch vor der Ankunft der Roten Armee Lübeck einzunehmen. Weit im Süden hatte die 3. US-Armee unter Patton die tschechische Grenze überschritten und rückte nun ostwärts gegen die Überreste der Heeresgruppe Mitte vor, die zur gleichen Zeit von vier sowjetischen Fronten auf die tschechische Hauptstadt Prag zurückgedrängt wurde. Die französische 1. Armee und die 7. US-Armee näherten sich der Grenze zur Schweiz, während die alliierten Armeen in Italien durch die Alpen und nach Österreich vordrangen.

Am 3. Mai wurde Montgomery das erste formelle Kapitulationsangebot unterbreitet. Die deutsche Delegation wünschte eine Übergabe der in Norddeutschland stehenden Streitkräfte einschließlich der Verbände, die auf dem Rückzug vor Rokossowski waren, doch Montgomery wollte nur eine Kapitulation akzeptieren, die neben den Streitkräften in Norddeutschland auch die in den Niederlanden und in Dänemark umfasste. Dann schlugen die Deutschen eine Teilkapitulation vor den westlichen Alliierten vor, doch Eisenhower lehnte dieses Angebot ab. Unterdessen wurden die Kämpfe in der Tschechoslowakei fortgesetzt. In Prag kam es zum bewaffneten Aufstand tschechischer Patrioten gegen die deutsche Garnison.

Schließlich akzeptierten die Deutschen, dass sie keine andere Wahl als eine bedingungslose Kapitulation gegenüber den Alliierten hatten. Die Zeremonie, bei der

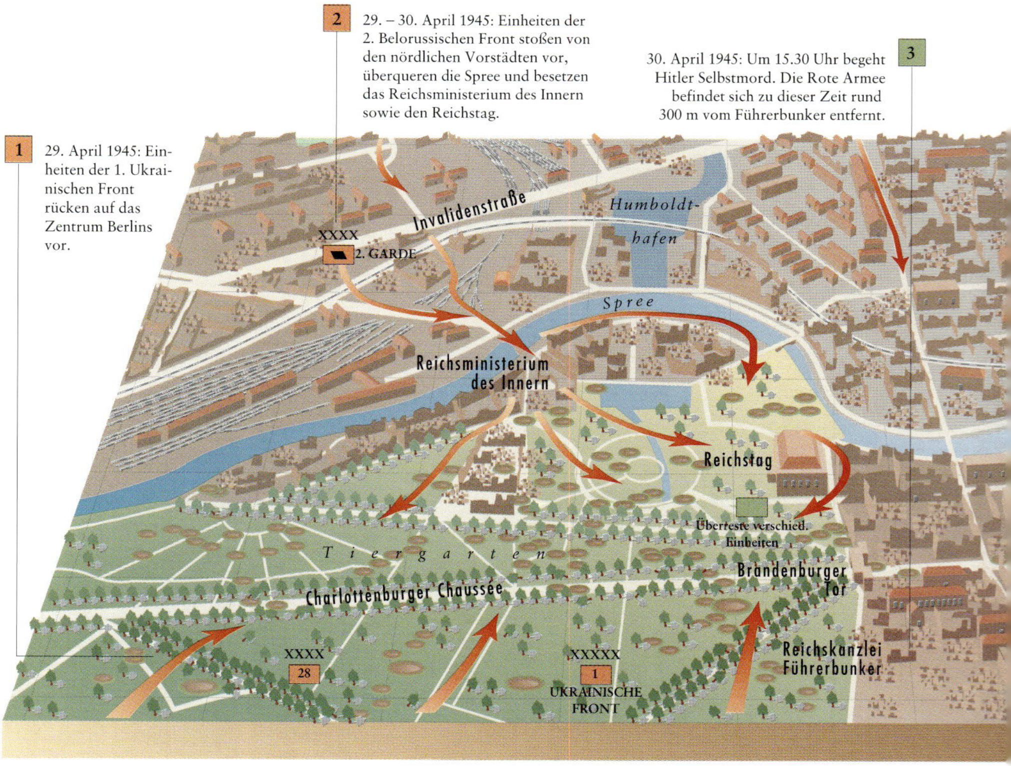

Die Schlacht um Berlin
(15. April – 6. Mai 1945)
Vorstoß der Alliierten
deutscher Gegenangriff
Frontlinie der Alliierten
deutsche Verteidigungslinie
eingeschlossene deutsche Verbände
0 50 km
0 50 Meilen
N
Frontlinien der Alliierten am:
1 15. April 1945
2 18. April 1945
3 25. April 1945
12°
13°
14°
15°
54°
53°
52°
51°
Ostsee
Bergen
Stralsund
Ribnitz
Rostock
Greifswald
Wismar
Demmin
Peene
Swinemünde
Güstrow
Schwerin
Friedland
Neubrandenburg
Waren
Ludwigslust
Stettin
Prenzlau
Dömitz
Pritzwalk
Schwedt
Wittenberge
Oranienburg
Oder
Stendal
Küstrin
BERLIN
Brandenburg
Potsdam
Elbe
Frankfurt
Beelitz
Zossen
Magdeburg
Bucholz
Dessau
Wittenberg
Luckau
Herzberg
Cottbus
Torgau
Halle
Elsterwerda
Leipzig
Kamenz
Colditz
Dresden
Chemnitz
XXXX 65
XXXX 19
XXXX 70
XXXX 2
XXXX 3
XXXX 49
XXXXX WEICHSEL HEINRICI (TIPPELSKIRCH)
XXXX 61
XXXX 1
XXXX 9
XXXX 47
XXXX 12 WENCK
XXXX 69
XXXX 33
XXXXX MITTE SCHÖRNER
XXXX 4
XXXX 17
XXXX 2 STOSS
XXXXX 2 BELORUSSISCHE FRONT ROKOSSOWSKI
XXXX 1 POLN.
XXXX 2. GARDE
XXXX 3 STOSS
XXXXX 1 BELORUSSISCHE FRONT SHUKOW
XXXX 5 STOSS
XXXX 8 GARDE
XXXX 1. GARDE
XXXX 3 GARDE
XXXX 3. GARDE
XXXX 13
XXXXX 1 UKRAINISCHE FRONT KONEW
XXXX 5 GARDE
XXXX 4. GARDE
XXXX 2 POLN.
XXXX 52
XX Überreste MÜNCHEBERG
Unter den Linden
200
100
0 m

ABB. GEGENÜBER: *Das Ende eines langen Weges – sowjetische Soldaten auf dem Dach des schwer beschädigten Reichstagsgebäudes im Zentrum von Berlin.*

die Kapitulationsurkunde unterzeichnet wurde, fand am 7. Mai in Eisenhowers Hauptquartier in Reims statt. Die Feindseligkeiten endeten am 8. Mai, 23.01 Uhr MEZ. In Großbritannien und in den USA bereitete man sich auf die Bekanntgabe der Kapitulation vor; hier sollte der 8. Mai zum Tag des Sieges gemacht werden. Stalin indes forderte für den 8. Mai eine weitere Zeremonie, und zwar auf dem Territorium des besiegten Deutschland. Die Nachricht von der endgültigen Niederlage Deutschlands konnte allerdings nicht mehr zurückgehalten werden, so dass zum Zeitpunkt der Zeremonie in Berlin bereits Millionen von Menschen in Westeuropa, Amerika und in anderen Teilen der Erde den Sieg feierten.

In der Tschechoslowakei dauerten die Kampfhandlungen noch bis zum 11. Mai an; erst an diesem Tag legten die Soldaten der Heeresgruppe Mitte die Waffen endgültig nieder. Drei Tage später erfolgte die letzte Übergabe – die bedingungslose Kapitulation der Überreste der Heeresgruppe E vor den Truppen Titos in Nordjugoslawien. Doch das Dritte Reich lag noch immer nicht völlig am Boden. Die Alliierten hatten Dönitz erlaubt seine Regierungsgeschäfte in Flensburg weiterzuführen, damit er die Kapitulation der noch auf hoher See befindlichen U-Boote organisieren konnte. Nachdem er diese Aufgabe erfüllt hatte, wurde er am 23. Mai verhaftet. Der Zweite Weltkrieg war endlich vorüber.

Am 25. April 1945 trafen bei Torgau an der Elbe amerikanische und sowjetische Soldaten zusammen.

KAPITEL NEUN

DER ZWEITE WELTKRIEG IM RÜCKBLICK

AM 20. APRIL 1945 rücken in Nürnberg die Panzer der 7. US-Armee ein. Die Zerstörung, die hauptsächlich das Ergebnis der anglo-amerikanischen strategischen Bomberoffensive gegen Deutschland war, prägte das Gesicht fast jeder deutschen Großstadt. Die Infrastruktur des Landes war in einem solchen Ausmaß ruiniert, dass es für die Alliierten schwierig wurde, die deutsche Bevölkerung unmittelbar nach Kriegsende hinlänglich zu versorgen.

Der Zweite Weltkrieg im Rückblick

Der Zweite Weltkrieg in Europa gestaltete sich viel umfassender als der vorangegangene Krieg von 1914–1918. Das Territorium, um das der Kampf geführt wurde, war um ein Vielfaches größer als jene Gebiete, um die es im Ersten Weltkrieg gegangen war. Es erstreckte sich allein in Europa von den nördlichsten Regionen Norwegens bis zur „Stiefelspitze" Italiens und vom Kanal bis zur Wolga. In Afrika erreichten die Kämpfe den äußersten Süden Äthiopiens und erstreckten sich über die nördlichen Küstengebiete des Kontinents. Dieser Krieg war in seinem Charakter deutlich grausamer und heftiger, nicht weil die Waffen eine größere Zerstörungskraft als die im Ersten Weltkrieg besaßen, sondern weil es ein Krieg zwischen gegensätzlichen Ideologien war.

Die Zivilbevölkerung war der Gewalt in viel höherem Maße ausgesetzt als je zuvor. Daran hatten nicht nur die ausgedehnten Luftangriffe Schuld; oftmals erreichte der Sturm der Schlacht die Menschen, ehe sie auch nur Zeit hatten ihre Häuser zu verlassen und sich in Sicherheit zu bringen. Die Massenvernichtung der Juden kostete mehr als sechs Millionen jüdische Bürger Europas das Leben. Die Zahl der Opfer unter den Militärangehörigen war im Westen im Verhältnis gesehen geringer als 25 Jahre zuvor, als sich der Konflikt an der Westfront zu einem anhaltenden und verlustreichen Stellungskrieg gewandelt hatte. Im Osten war die Lage jedoch ganz anders. Hier büßten die sowjetischen Streitkräfte über acht Millionen Mann an Gefallenen ein, gerieten fast vier Millionen sowjetische Soldaten in Gefangenschaft. Die deutschen Streitkräfte hatten an allen Fronten zusammen 3,5 Millionen Gefallene, das zeigt den relativen Wert, den man einem Menschenleben beimaß. Doch die Tatsache, dass der größte Teil dieser Deutschen an der Ostfront ums Leben gekommen war, weist auch auf die Härte hin, mit der dieser Krieg von beiden Seiten geführt wurde.

Die zerschossenen sowjetischen Panzer und die trümmerübersäten Straßen vermitteln einen Eindruck von der Härte der letzten Schlacht um Berlin.

Angesichts der Emanzipation der Frauen, die der Krieg von 1914–1918 ausgelöst hatte, wäre es nur natürlich gewesen anzunehmen, dass diese im Zweiten Weltkrieg weiter vorangebracht würde. Diese Annahme stimmte jedoch nur zu einem gewissen Grad mit der Wirklichkeit überein. Die weiterentwickelte Technik stellte höhere Anforderungen an das Arbeitskräftepotenzial der Industrie, wodurch vor allem in den USA, in Großbritannien und in der UdSSR zunehmend weibliche Fabrikarbeiter eingestellt werden mussten. Es gab auch mehr Frauen, die in die Streitkräfte eintraten. Im Westen bestanden immer noch hartnäckige Vorbehalte gegenüber Frauen, die direkt an den Kampfhandlungen teilnahmen, obwohl es dafür eigentlich wenig Anlass gab; vor allem bei der Fliegerabwehr gehörte zu den Aufgaben der Frauen nämlich alles Mögliche, nur nicht das Abfeuern der Geschütze. In der Roten Armee und bei den Partisanen war kein Platz für solche Art Empfindlichkeit. Erstaunlich ist jedoch, dass Hitler selbst zu einer Zeit, als Deutschland schon in einer schwierigen Lage war, noch immer daran glaubte, dass der Platz einer Frau im Hause sei.

Dafür, dass bei den Kampfhandlungen der Landstreitkräfte in diesem Krieg eine besondere Rolle dem Angriff zukam, sorgten die immer effektiver werdenden Verbrennungsmotoren und die Entwicklung des Funkwesens. Sie brachten wieder Bewegung auf das Schlachtfeld. Zwar gab es vor allem in Italien auch noch Zeiten des Stellungskrieges, doch war diese Art des Kampfes meist dem Gelände oder den Witterungsbedingungen und nicht selten dem Mangel an Mitteln und Ideen für einen Durchbruch geschuldet. Mit dem gewachsenen Tempo der Operationen konnten nur Befehlshaber Schritt halten, die sehr viel schneller dachten und reagierten als die Kommandeure 25 Jahre zuvor. Auch setzte sich besonders bei den Deutschen die Erkenntnis durch, dass ein Schlüssel zum Sieg das enge Zusammenwirken aller Waffengattungen war – der Infanterie, der Panzerwaffe, der Artillerie und der Pioniere.

Ein amerikanisches Halbkettenfahrzeug White passiert die Leiche eines unbekannten deutschen Soldaten. In mehr als fünfeinhalb Jahren Krieg kamen dreieinhalb Millionen deutsche Soldaten, Matrosen und Flieger sowie zwei Millionen Zivilisten ums Leben.

Die letzten Reste der zweidimensionalen Natur des Gefechtsfeldes verschwanden ebenfalls rasch. Diesen Prozess hatte die Entwicklung des Flugzeuges zu Beginn des 20. Jahrhunderts eingeleitet. 1939 gab es keinen Befehlshaber der Landstreitkräfte mehr, der daran zweifelte, dass ohne die Luftüberlegenheit zumindest über das Schlachtfeld am Anfang des Krieges die Siegesaussichten stark verringert würden. Später trugen die Nahunterstützung aus der Luft und die Behinderung des Gegners

durch Fliegerkräfte, zwei Aufgaben der Luftwaffe, die sich im Ersten Weltkrieg herauskristallisiert hatten, zum Erfolg bei den Bodenkämpfen bei. Dabei machte die verbesserte Boden-Luft-Kommunikation die Fliegerkräfte viel flexibler. Mit dem Einsatz von Luftlandetruppen wurde die dritte Dimension noch stärker in die Kampfhandlungen einbezogen. Abgesehen von Kreta waren allein handelnde Luftlandeverbände allerdings nie kampfentscheidend. Sinnvoll eingesetzt und mit der Garantie, nach dem Absetzen rasch mit Bodentruppen zusammenzutreffen, waren sie aber eine wertvolle Ergänzung der übrigen Waffengattungen.

Auch die Kriegsmarine spielte vor allem auf der Seite der Alliierten eine wichtige Rolle. In der Zeit von 1942 bis 1944 beherrschten Seelandungsoperationen die Strategie der Alliierten nicht nur auf dem europäischen Kriegsschauplatz, sondern auch im Pazifikraum. Die Anlandung von Truppenverbänden an feindlichen Küs-

Die schrecklichste Seite des Zweiten Weltkrieges in Europa waren zweifellos die Konzentrationslager. Hier sind KZ-Häftlinge kurz nach ihrer Befreiung zu sehen. Für manche kam die Hilfe allerdings zu spät; sie lagen bereits im Sterben und konnten nicht mehr gerettet werden.

ten wurde regelrecht zu einer Kunst qualifiziert, die die Entwicklung von Spezialwaffen nach sich zog – vor allem den Bau spezieller Varianten von Panzerkampfwagen zum Vordringen vom Strand ins Landesinnere. Die Schiffsartillerie leistete den Bodentruppen durch Feuerunterstützung besonders in den ersten Tagen nach der Landung in der Normandie gute Dienste.

Die neue, bewegliche Kriegführung der Jahre 1939–1945 beanspruchte die Logistik immer stärker; Treibstoff wurde zur wichtigsten Ware. Die größere Vielfalt der Waffen, besonders der Schnellfeuerwaffen, führte indes zu zusätzlichen Problemen bei der Versorgung mit Munition. Dort, wo wie in der Sowjetunion das Straßen- und Eisenbahnnetz nur spärlich ausgebaut war, ergaben sich für die Deutschen vor allem in den Wintermonaten immense Schwierigkeiten mit dem Nachschub. Aus diesem Grunde hatten ihre Armeen auch keine Winterkleidung, als sie im Dezember 1941 vor Moskau zum Stehen gebracht wurden. Für die Rote Armee gab es diese Probleme nicht. General Hasso von Manteuffel machte die Beobachtung, dass deren Panzerspitzen bei einem Vorstoß für gewöhnlich eine riesige Menge teilweise berittener Soldaten folgte, die auf ihren Rücken Säcke mit trockenen Brotkanten und auf dem Marsch durch Dörfer und Städte gesammeltem rohem Gemüse trugen. Die Pferde fraßen Stroh von den Dächern; viel mehr schienen sie an Futter nicht zu bekommen. Manteuffel stellte fest, dass die Rotarmisten wohl daran gewöhnt seien, auf dem Vormarsch bis zu drei Wochen lang mit so einfachen Mitteln auszukommen.

Anders die Soldaten aus den westlichen Demokratien mit ihren Industriegesellschaften und dem relativ hohen Lebensstandard. Sie stellten größere Ansprüche an das Leben im Felde. Warmes Essen, angemessene Kleidung, einen gut funktionierenden Postdienst sowie Ruhe- und Erholungszentren betrachtete man als wichtige Beiträge zur Aufrechterhaltung der Kampfmoral. Dazu kamen außerdem kompliziertere Waffen und Ausrüstungen der Truppen. All das hatte zur Folge, dass für einen amerikanischen Frontsoldaten acht andere Soldaten auf den Verbindungslinien eingesetzt werden mussten; bei der Roten Armee waren es lediglich zwei. Der große Anteil der rückwärtigen Dienste war einer der Gründe dafür, dass besonders die Briten gegen Ende des Krieges unter dem Mangel an Infanteriesoldaten litten.

Die höheren Erwartungen der amerikanischen und britischen Soldaten haben schon so manchen Kritiker zu der Behauptung veranlasst, dass die Väter dieser Soldaten, die in den Gräben des Ersten Weltkriegs gekämpft haben, viel mehr Durchhaltevermögen besessen und in ihren Einheiten weit höhere Verluste ertragen hätten, ehe sie kampfunfähig gewesen wären. Jene Soldaten, die bei Tobruk, am Monte Cassino und in Bastogne gekämpft haben, wären wohl die Ersten, die hier widersprechen würden, denn in Wahrheit hatten ihre Generäle im Ersten Weltkrieg das Gemetzel an der Westfront persönlich erlebt und waren entschlossen die neue Generation junger Kämpfer nicht den gleichen Schrecken auszusetzen. Also zogen sie die Einheiten nach Möglichkeit lieber zu früh als zu spät aus den Kampfhandlungen zurück. Entgegen den kritischen Behauptungen zeigten die Soldaten durchaus nicht weniger Ausdauer als die Kämpfer des Ersten Weltkrieges an der Westfront.

Ein weiterer wichtiger Aspekt des Zweiten Weltkriegs war die medizinische Behandlung der Verwundeten. Die Verbesserungen auf dem Gebiet der Medizin, vor allem die Möglichkeit den Soldaten Penicillin verabreichen und die Verwundeten auch auf dem Luftweg evakuieren zu können, waren so deutlich, dass die Überlebenschancen 25-mal größer waren als im Ersten Weltkrieg. Auf die Sowjetarmee traf das allerdings nicht zu. Sie verfügte anfangs nur über einfache Mittel zur medizinischen Versorgung, die im Laufe des Krieges allerdings vervollkommnet wurden. Die Erfahrungen aus dem Ersten Weltkrieg hatten auch mehr Erkenntnisse über die Kriegsneurose gebracht. Eine einfühlsame Behandlung ermöglichte es einem großen Teil der betroffenen britischen und amerikanischen Soldaten, völlig geheilt in den Kampf zurückzukehren. In Deutschland und in der Sowjetunion wurde die Kriegsneurose als militärisches und nicht als medizinisches Problem betrachtet. Hier hatten die Erkrankten häufig weiterhin unter einer rauen Behandlung zu leiden.

Wie so oft bestimmten auch im Zweiten Weltkrieg die nationalen Führer den Charakter des Konflikts. Die Diktatoren Hitler, Stalin und eine Zeit lang auch Mussolini regierten als oberste Kriegsherren mit eiserner Faust. Stalin herrschte, indem er Angst verbreitete. Die Furcht vor dem Exekutionskommando, vor den Strafbataillonen und den Arbeitslagern in Sibirien war ein ständiger Begleiter seiner Befehlshaber. Hitler hingegen konnte seine Generäle stets an den Treueeid erinnern, den sie ihm geleistet hatten. Auch gaben ihm seine anfänglichen Blitzkriegerfolge das Selbstvertrauen die Oberhand über seine Generäle gewinnen zu können, die in den Anfangsphasen des Krieges oftmals Zweifel an seiner Strategie geäußert hatten. Später ging er immer mehr dazu über, jene zu entlassen, die sich seinem Diktat widersetzten. Doch auch Churchill mischte sich gern in die militärischen Angelegenheiten ein, und so bedurfte es des starken Generalstabschefs Alan F. Brooke, der den Premierminister in den Grenzen des Machbaren hielt. Die britischen Überfälle auf den Balkan zeigten jedoch, dass Brooke nicht immer Erfolg hatte. Der Staatsführer, der sich militärischen Ratschlägen gegenüber am zugänglichsten zeigte, war ohne Zweifel Roosevelt, der in diesem Punkt von seinen Stabschefs und vor allem von Generalstabschef Marshall abhängig war. Roosevelt starb nur wenige Wochen vor dem endgültigen Sieg über Nazideutschland.

Für die siegreichen alliierten Streitkräfte in Ost und West, die im Mai 1945 auf den Trümmern des Dritten Reiches standen, waren diese Betrachtungen jedoch eine Angelegenheit der Zukunft. Sie wussten, dass der Krieg mit Japan weiterging und dass einige unter ihnen nach dem Sieg in Europa in den Pazifikraum verlegt würden. Inmitten einer abgestumpften, verdrossenen Bevölkerung und langer Kolonnen befreiter KZ-Häftlinge, ehemaliger nach Deutschland verpflichteter Fremdarbeiter, inmitten von Flüchtlingen und gerade befreiten Kriegsgefangenen gab es viel zu tun um das Chaos, das mehr als fünfeinhalb Jahre Krieg verursacht hatte, aufzulösen. Auch herrschten zwischen der Sowjetunion und deren westlichen Verbündeten Meinungsverschiedenheiten über die Gestaltung eines Nachkriegs-Europa, die sich bereits bemerkbar machten.

BEFEHLSHABER DES ZWEITEN WELTKRIEGES

USA

BRADLEY, OMAR N. (1893–1981)
1915 Ernennung zum Offizier der Infanterie; 1917–1918 Kompanieführer in Stateside; 1924–1925 Student an der Infantry School in Fort Benning; 1925–1928 Bataillonskommandeur auf Hawaii; 1928–1929 Command and General Staff School in Fort Leavenworth; 1929–1933 Ausbilder an der Infantry School; 1933–1934 Army War College; 1934–1938 Ausbilder im Fach Taktik in West Point; 1938–1939 G-1 (Mannschafts-)Division, Kriegsministerium; 1939–1941 Untersekretär des Generalstabs; 1941 Kommandant der Infantry School; 1941–1942 Befehlshaber und Ausbilder der 82. und 28. Division; 1943 Stellvertreter des Befehlshabers und Kommandeur des II. Korps in Tunesien und auf Sizilien; 1943–1944 Oberbefehlshaber der 1. US-Armee in Großbritannien und in der Normandie; 1944–1945 Oberbefehlshaber der 12. US-Armeegruppe in Nordwesteuropa; 1945–1948 Vorsitzender der Veterans' Association; 1947–1949 Generalstabschef des Heeres; 1949–1953 Chef der „Vereinigten Stabschefs".

CLARK, MARK W. (1896–1984)
1917 Ernennung zum Offizier der Infanterie; 1917–1918 Kompanieführer und bis zu einer Verwundung kurze Zeit Bataillonskommandeur, dann Dienst im Hauptquartier der Versorgungsabteilung der 1. US-Armee in Frankreich; 1928 Verwaltungsbeamter einer Infanteriebrigade; 1929–1933 Ausbilder der National Guard Division; 1933–1935 Command and General Staff College in Fort Leavenworth; 1935–1936 Stellvertreter des Stabschefs von G-2 (Nachrichtendienst) und G-3 (Operationen) bei Division und Korps; 1936 Army War College; 1937–1940 Stellvertreter des Stabschefs von G-2/G-3 beim Divisionshauptquartier; 1941–1942 Dienst im Generalhauptquartier, Beförderung zum Stabschef der Bodentruppen; 1942 Kommandeur des II. Korps, dann Stellvertretender Oberbefehlshaber bei der Operation „Torch"; 1943–1944 Oberbefehlshaber der 5. US-Armee in Nordafrika und Italien; 1944–1945 OB der 15. Armeegruppe in Italien; 1944–1945 OB der US-amerikanischen Truppen in Österreich; 1947–1949 OB der 6. US-Armee; 1949–1952 Chef der Bodentruppen des Heeres; 1952–1953 OB des Kommandobereichs Vereinte Nationen und Ferner Osten.

EISENHOWER, DWIGHT D. (1890–1969)
1915 Ernennung zum Offizier der Infanterie; 1917–1918 Ausbildung junger Offiziere und Leiter der Panzerausbildungsschule; 1919–1921 Infantry Tank School; 1922–1924 Verwaltungsbeamter einer Infanteriebrigade in Panama; 1925–1926 Command and General Staff School in Fort Leavenworth; 1927–1928 Army War College; 1929–1933 militärischer Mitarbeiter des Stellvertretenden Kriegsministers; 1933–1939 persönlicher Sekretär bei General MacArthur, der zu dieser Zeit Stabschef des Heeres und militärischer Berater der philippinischen Regierung war; 1940–1941 Regimentsverwaltungsbeamter und Bataillonskommandeur; 1941 Stabschef eines Korps, dann einer Armee; 1941–1942 Stellvertretender Chef der Kriegsplanungsabteilung im Kriegsministerium; 1942 Chef der Operationsabteilung des Kriegsministeriums, dann Kommandierender General der US-amerikanischen Truppen auf dem europäischen Kriegsschauplatz; 1942–1943 Alliierter Oberbefehlshaber der Operation „Torch" und Kommandierender General der alliierten Streitkräfte in Nordafrika, Oberster Befehlshaber der alliierten Streitkräfte im Mittelmeerraum; 1944–1945 Oberster Befehlshaber der alliierten Streitkräfte in Europa; 1945–1948 Generalstabschef des Heeres; 1950–1952 Oberster Befehlshaber der NATO-Streitkräfte; 1952 und 1956 zum Präsident der USA gewählt.

MARSHALL, GEORGE C. (1880–1959)
1902 Ernennung zum Offizier der Infanterie; 1907–1910 Command and General Staff School in Fort Leavenworth, dann Ausbilder; 1912–1916 Kompanieführer in den USA und auf den Philippinen; 1917–1918 Divisionsstabsoffizier und Operationschef der 1. US-Armee in Frankreich; 1919–1924 Chefberater bei General Pershing; 1924–1927 Verwaltungsbeamter des 15. Infanterieregiments in Tientsin (China); 1927–1932 Kommandant der Infantry School in Fort Benning; 1932–1933 Bataillons- und Regimentskommandeur; 1933–1936 Chefausbilder der Illinois National Guard; 1936–1938 Brigadekommandeur; 1938–1939 Chef der Kriegsplanungsabteilung im Kriegsministerium, dann Stellvertreter des Generalstabschefs des Heeres; 1939–1945 Generalstabschef des Heeres; 1945–1946 Sonderbotschafter in China; 1947–1949 Außenminister; 1951–1952 Verteidigungsminister.

PATTON, GEORGE S. (1885–1945)
1909 Ernennung zum Offizier der Kavallerie; 1916 Teilnahme an der Intervention in Mexiko; 1917–1918 Adjutant im Hauptquartier des Amerikanischen Expeditionskorps, dann Kommandeur einer leichten Panzerbrigade, Verwundung; 1919–1920 Infantry Tank School; 1923–1924 Command and General Staff College in Fort Leavenworth; 1924–1928 Stabsarbeit in den USA und auf Hawaii; 1928–1931 Büro des Chefs der Kavallerie; 1931–1932 Army War College; 1932–1934 Verwaltungsoffizier eines Kavallerieregiments; 1935–1937 Leiter von G-2 (Nachrichtendienst) der Abteilung Hawaii; 1938–1940 Verwaltungsoffizier, dann Kommandeur eines Kavallerieregiments; 1940–1942 Kommandeur einer Panzerbrigade und einer Division; 1942 Kommandeur des I. Panzerkorps und des Desert Training Center, dann Befehlshaber über die Seelandung in Marokko

(Operation „Torch"); 1943 Kommandeur des II. Korps in Tunesien und Befehlshaber der 7. US-Armee auf Sizilien; 1944–1945 Befehlshaber der 3. US-Armee in Nordwesteuropa; 1945 Ernennung zum Oberbefehlshaber der 15. US-Armee; tödlicher Verkehrsunfall in Deutschland.

Grossbritannien

Alexander, Harold (1891–1969)
1911 Ernennung zum Offizier der Irischen Garde; 1914–1918 Truppendienst an der Westfront; 1919 Kampf im Baltikum gegen die Rote Armee; 1922–1926 Bataillonskommandeur, Einsatz beim Zwischenfall von Chanak; 1926 Staff College; 1930–1932 Imperial Defence College; 1934–1938 Brigadekommandeur in Indien; 1938–1940 Kommandeur der 1. Division und des I. Korps; 1940 Oberbefehlshaber des britischen Southern Command; 1942 OB der britischen Streitkräfte in Burma, dann der 1. Armee in Großbritannien; 1942–1943 OB Nahost; 1943–1944 OB der 15. Armeegruppe in Tunesien, auf Sizilien und in Italien; 1944–1945 Oberster Befehlshaber der alliierten Streitkräfte auf dem Kriegsschauplatz im Mittelmeerraum; 1946–1952 Generalgouverneur von Kanada; 1952–1954 Verteidigungsminister.

Auchinleck, Claude (1884–1981)
1902 Offizierspatent, später Stabsaufgaben in der Indienarmee, Einsatz in Tibet; 1914–1918 Truppendienst in Ägypten und Mesopotamien; 1919 Divisionsstab in Kurdistan; 1920 Indian Staff College; 1927 Imperial Defence College; 1928–1930 Bataillonskommandeur in Indien; 1930–1932 Ausbilder am Indian Staff College; 1932–1936 Brigadekommandeur in Indien; 1936–1938 Stellvertreter des Generalstabschefs in Indien; 1938–1940 Distriktkommandeur in Indien; 1940 Kommandeur des IV. Korps in England und Nordnorwegen und des V. Korps in England, danach Dienst im britischen Southern Command; 1941–1942 Oberbefehlshaber Nahost; 1943–1947 OB Indien.

Brooke, Alan F. (1883–1963)
1902 Ernennung zum Offizier der Kgl.-Brit. Artillerie; 1914–1918 an der Westfront hauptsächlich Dienst im Artilleriestab auf Divisions-, Korps- und Armeeebene; 1919 Staff College; 1920–1927 Stabsarbeit; 1927 Student am Imperial Defence College; 1920–1932 Ausbilder am Imperial Defence College; 1934–1935 Kommandeur einer Infanteriebrigade; 1935 Inspekteur der Artillerie; 1936 Direktor für Militärische Ausbildung; 1937 Kommandeur einer Beweglichen Division; 1938 Kommandeur eines Fliegerabwehrkorps; 1939–1940 Kommandeur des II. Korps in Frankreich und Flandern; 1940–1941 Oberbefehlshaber der Home Forces; 1941–1946 Chef des Empire-Generalstabs.

Montgomery, Bernhard L. (1887–1976)
1908 Ernennung zum Offizier des Royal Warwickshire Regiment; 1914 in Frankreich schwer verwundet; 1915–1918 Dienst an der Westfront in Brigade-, Divisions- und Korpsstäben; 1920 Staff College; 1921–1926 Dienst in Brigade- und Divisionsstäben, dann Kompanieführer; 1926–1928 Ausbilder am Staff College; 1929–1934 Truppendienst und Bataillonskommandeur in Ägypten; 1934–1937 Ausbilder am Indian Staff College; 1937–1938 Kommandeur einer Infanteriebrigade; 1938–1939 während des arabischen Aufstands Divisionskommandeur in Palästina; 1939–1940 Kommandeur der 3. Infanteriedivision in Frankreich und Flandern; 1940–1942 Korpskommandeur und Oberbefehlshaber der Südostarmee in England; 1942–1944 OB der 8. Armee in Nordafrika, auf Sizilien und in Italien; 1944 OB der 21. Armeegruppe; 1946–1948 Chef des Empire-Generalstabs; 1951–1958 Stellvertreter des Oberbefehlshabers der NATO-Streitkräfte in Europa.

Wavell, Archibald P. (1883–1950)
1901 Beginn der Offizierslaufbahn; ab 1901 Teilnahme am Burenkrieg in Südafrika, Einsatz in Indien; 1909–1910 Staff College; 1912–1914 Leitung für Militärische Operationen; 1914–1916 Dienst in einem Brigadestab (Verwundung) und im Generalhauptquartier in Frankreich und Flandern; 1916–1917 britischer Militärvertreter im Hauptquartier des russischen Zaren Nikolaus II. im Kaukasus; 1917–1920 Verbindungsoffizier, dann Korpsstabschef in Palästina; 1921–1930 Dienst im War Office und in einem Divisionsstab; 1930–1934 Kommandeur einer Infanteriebrigade; 1935–1937 Divisionskommandeur; 1937–1938 während des arabischen Aufstands Oberbefehlshaber der britischen Streitkräfte in Palästina; 1938–1939 OB des britischen Southern Command; 1939–1941 OB Nahost; 1941–1943 OB in Indien, kurzzeitig Oberster Befehlshaber der alliierten Streitkräfte im Südwestpazifik; 1943–1947 Vizekönig von Indien.

Deutschland

Brauchitsch, Walter von (1881–1948)
1900 Ernennung zum Offizier des 3. Gardeinfanterieregiments, dann Verlegung zur Gardefeldartillerie; 1910–1912 Militärakademie; 1914–1918 Dienst in Divisions- und Korpsstäben; 1919–1932 Batterie- und Artilleriebataillonskommandeur sowie Stabsarbeit, Beförderung zum Generalmajor; 1932 Inspekteur der Artillerie; 1933–1937 Divisions- und Korpskommandeur; 1937 Oberbefehlshaber der Heeresgruppe 4; 1938 OB des Heeres; 1941 Pensionierung; 1948 Tod in britischer Gefangenschaft.

Keitel, Wilhelm (1883–1946)
1901 Ernennung zum Offizier der preußischen Feldartillerie; 1914 verwundet; 1915–1918 Dienst in Divisions- und Korpsstäben; 1919–1926 Kommandeur einer Batterie und eines Artilleriebataillons; 1926–1933 Leiter der Heeres-Organisationsabteilung im Truppenamt; 1934 Divisionskommandeur; 1935 Chef des Wehrmachtsamtes im Reichswehrministerium; 1938–1945 Chef des OKW; 1945 in Nürnberg als Kriegsverbrecher verurteilt und 1946 hingerichtet.

KESSELRING, ALBERT (1885–1960)
1904 Eintritt in das Heer; 1914 Westfront; 1915–1917 Artilleriestab in Frankreich; 1917–1918 an der Ostfront Dienst in Divisions-, Korps- und Armeestäben; 1922–1931 Truppenamt; 1932 Kommandeur eines Artillerieregiments; 1933 Versetzung zum Reichsluftfahrtministerium; 1936 Generalstabschef der Luftwaffe; 1937 Befehlshaber des 3. Höheren Luftamtes; 1938 Befehlshaber der 1. Luftflotte, in der Funktion Teilnahme am Polenfeldzug; 1940 Befehlshaber der 2. Luftflotte im Westen, später für den Einsatz beim Überfall auf die Sowjetunion; 1941 Oberbefehlshaber Süd der deutschen Luftstreitkräfte im Mittelmeerraum; 1944 OB in Italien und OB der Heeresgruppe C; 1945 OB West; 1947 von den Briten als Kriegsverbrecher zum Tode verurteilt, später zu lebenslanger Haft begnadigt und 1952 freigelassen.

KLUGE, HANS GÜNTHER VON (1882–1944)
1901 Ernennung zum Offizier des Niedersächsischen Artillerieregiments; 1908–1914 Kriegsakademie und Generalstab; 1914–1918 Stabsoffizier an der Westfront; 1919–1934 Truppen- und Stabsdienst; 1934–1937 Divisionskommandeur; 1937–1938 Korpskommandeur; 1939–1941 Befehlshaber der 6. (später 4.) Armee im Frankreich- und im Polenfeldzug und beim Einmarsch in die UdSSR; 1941–1943 bis zu schwerer Verwundung bei einem Autounfall Oberbefehlshaber der Heeresgruppe Mitte an der Ostfront; 1944 Juli – August OB West, dann entlassen. Beging Selbstmord.

MANSTEIN, ERICH VON (1887–1973)
1906 Ernennung zum Offizier des 3. Garderegiments; 1914 an der Ostfront schwer verwundet; 1915–1918 Dienst in Heeresgruppen-, Armee- und Divisionsstäben; 1919 Mitarbeit an der Planung für die Aufstellung eines Heeres nach dem Versailler Vertrag; 1920–1934 Truppen- und Stabsdienst; 1934 Chef des Stabes des Wehrkreises 3 in Berlin; 1935 Leiter der 1. Operationsabteilung des Generalstabes des Heeres; 1936 Stellvertreter des Heeresstabschefs; 1938 Divisionskommandeur; 1939 Stabschef der Heeresgruppe Süd in Polen; 1940 im Westfeldzug Korpskommandeur; 1941 Panzerkorpskommandeur für den Einmarsch in die UdSSR, dann Befehlshaber der 11. Armee; 1942 Oberbefehlshaber der Heeresgruppe Don (später HG Süd); 1944 entlassen; 1949 von den Briten als Kriegsverbrecher zu 18 Jahren Gefängnis verurteilt, später Haftverkürzung; 1953 entlassen.

MODEL, WALTHER (1891–1945)
1910 Ernennung zum Offizier des 52. Infanterieregiments; 1914–1918 Truppen- und Stabsdienst an der Westfront; 1919–1935 Stabs- und Truppendienst; 1935–1938 Generalstab in Berlin; 1938 Stabschef des IV. Korps, Teilnahme am Polenfeldzug; 1939–1940 Stabschef der 16. Armee, Teilnahme am Westfeldzug; 1940–1941 Befehlshaber einer Panzerdivision und eines Korps, in der Funktion auch Teilnahme am Feldzug gegen die UdSSR; 1942–1944 Befehlshaber der 9. Armee an der Ostfront; 1944 Oberbefehlshaber der Heeresgruppe Nord, der HG Nordukraine und der HG Mitte; 1944–1945 kurzzeitig OB West, dann OB der Heeresgruppe B. Beging im Ruhrkessel Selbstmord.

ROMMEL, ERWIN (1891–1944)
1912 Ernennung zum Offizier des 124. Infanterieregiments; 1914–1916 Dienst an der Westfront, dort zweimal verwundet; 1917–1918 mit Gebirgstruppen in Rumänien und Italien; 1919–1935 Truppendienst und Infanterieausbilder; 1935–1937 Ausbilder an der Kriegsakademie; 1938–1939 Kommandant des Führerhauptquartiers; 1940 im Frankreichfeldzug Kommandeur einer Panzerdivision; 1941 Befehlshaber des Deutschen Afrikakorps (1942 Panzerarmee Afrika, 1943 Oberbefehlshaber der Heeresgruppe Afrika) in Tunesien, dann OB der Heeresgruppe B in Norditalien und Frankreich; 1944 schwer verwundet und später zum Selbstmord gezwungen.

RUNDSTEDT, GERD VON (1875–1953)
1893 Beginn der Offizierslaufbahn (Infanterie); 1903–1912 Kriegsakademie, danach Berufungen zum Stabsdienst; 1914–1918 Dienst in Divisions- und Korpsstäben an der West- und der Ostfront; 1919–1927 Kommandeur eines Infanterieregiments, Berufungen zum Stabsdienst; 1928 Kommandeur einer Kavalleriedivision; 1932 Oberbefehlshaber des Gruppenkommandos 1 in Berlin; 1938 Rücktritt; 1939 zur Planung des Polenfeldzuges wieder in den Dienst aufgenommen, später Oberbefehlshaber der Heeresgruppe Süd in Polen; 1939–1940 während des Westfeldzuges OB der Heeresgruppe A, danach OB West; 1941 OB der Heeresgruppe Süd an der Ostfront, Abberufung am Jahresende; OB West März 1942 – Juli 1944 sowie September 1944 – März 1945; 1949 von den Briten wegen Kriegsverbrechen angeklagt, aus gesundheitlichen Gründen für verhandlungsunfähig erklärt und entlassen.

SOWJETUNION

KONEW, IWAN STEPANOWITSCH (1897–1973)
1916–1917 Dienst als Unteroffizier bei der Artillerie; 1918–1925 Militärkommissar; 1926 Studium an der Frunse-Akademie; 1927–1932 Kommandeur eines Schützenregiments, dann einer Division; 1932–1934 Weiterbildung für höhere Offiziere an der Frunse-Akademie; 1934–1937 Oberbefehlshaber des Belorussischen Militärbezirks; 1937–1941 Korpskommandeur in der Mongolei, dann in Folge Befehlshaber der 2. Selbständigen Rotbannerarmee im Fernen Osten, OB des Transbaikalischen Militärbezirks und der Nordkaukasusfront; 1941–1942 während des deutschen Einmarsches Befehlshaber der 19. Armee, dann OB der Kalininer Front; 1942–1943 OB der Westfront; 1943–1944 OB der Nordwestfront, dann der Steppenfront (später 2. Ukrainische Front); 1944–1945 OB der 1. Ukrainischen Front; 1945–1946 OB der zentralen Gruppe der sowjetischen Landstreitkräfte in Österreich und Ungarn; 1946–1956 OB der sowjetischen Landstreitkräfte; 1955–1960 Oberkommandierender der Streitkräfte

des Warschauer Vertrages und Stellvertreter des sowjetischen Verteidigungsministers; 1961–1962 Oberkommandierender der Gruppe der sowjetischen Streitkräfte in Deutschland; 1963 wieder zum Chefinspekteur des Verteidigungsministeriums ernannt.

ROKOSSOWSKI, KONSTANTIN KONSTANTINOWITSCH (1896–1968)
1914–1917 Dienst in einem Dragonerregiment bis zu einem niederen Offiziersgrad; 1917–1921 Teilnahme am Bürgerkrieg, Aufstieg zum Kommandeur eines Kavallerieregiments; 1922–1924 Ferner Osten, schließlich Kommandeur einer Kavalleriebrigade; 1925–1928 Militärmission in der Mongolei; 1928 Weiterbildung für ranghöhere Offiziere an der Frunse-Akademie; 1929–1930 Kommandeur einer Kavalleriebrigade an der sowjetisch-chinesischen Grenze; 1930–1937 Kommandeur einer Kavalleriedivision und eines Korps; 1937 Verhaftung im Rahmen der Stalinschen Säuberungsaktionen, Haft bis 1940; 1940–1941 Kommandeur eines Kavalleriekorps, dann eines mechanisierten Korps; 1941–1942 bei der Verteidigung Moskaus Befehlshaber der 16. Armee; 1942–1943 Oberbefehlshaber der Brjansker Front, dann der Donfront (später Zentralfront); 1943–1944 OB der 1. Belorussischen Front; 1944–1945 OB der 2. Belorussischen Front; 1945–1949 Oberkommandierender der sowjetischen Truppen in Polen; 1949–1956 polnischer Verteidigungsminister; 1956–1957 Stellvertreter des sowjetischen Verteidigungsministers; 1957–1958 Chefinspekteur des sowjetischen Verteidigungsministeriums, dann OB des Transkaukasischen Militärbezirks; 1958–1962 Stellvertreter im sowjetischen Verteidigungsministerium.

SHUKOW, GEORGI KONSTANTINOWITSCH (1896–1974)
1914–1916 Dienst in einer Aufklärungseinheit, schwere Verwundung; 1918 Eintritt als Freiwilliger in die Rote Armee, Aufstieg zum Schwadronskommandeur, erneute Verwundung; 1923–1933 Kommandeur eines Kavallerieregiments und einer Brigade, Höhere Kavallerieschule und Lehrgänge für ranghöhere Offiziere; 1933–1938 Kommandeur einer Kavalleriedivision und eines Korps; 1938–1939 Stellvertreter des Oberbefehlshabers des Białystoker Militärbezirks; 1939–1940 OB der 1. Armeegruppe an der mongolischen Grenze, Kampfhandlungen gegen japanische Truppen; 1940–1941 OB des Kiewer Militärbezirks; 1941 Generalstabschef, dann OB der Reservefront und der Leningrader Front, später Leitung der Verteidigung Moskaus; 1942–1944 Stellvertreter des Obersten Befehlshabers und Erster Stellvertreter des Volkskommissars für Verteidigung; 1944–1945 OB der 1. Ukrainischen, dann der 1. Belorussischen Front; 1945–1946 Oberkommandierender der sowjetischen Truppen in Deutschland; 1946–1947 OB der Landstreitkräfte und Stellvertreter des sowjetischen Verteidigungsministers, dann OB des Odessaer Militärbezirks; 1948–1953 Stellvertreter des Verteidigungsministers; 1955–1957 sowjetischer Verteidigungsminister.

TIMOSCHENKO, SEMJON KONSTANTINOWITSCH (1895–1970)
1914–1918 Dienst als MG-Schütze; 1918–1920 Eintritt in die Rote Armee und Teilnahme am Bürgerkrieg, Aufstieg zum Kommandeur einer Kavalleriedivision, danach schwere Verwundung; 1921–1933 Kommandeur eines Kavalleriekorps, dann Weiterbildung für höhere Offiziere; 1933–1939 Stellvertreter des Oberbefehlshabers verschiedener Militärbezirke, 1939 OB der Ukrainischen Front für den Einmarsch in Polen; 1940 im Krieg gegen Finnland OB der Nordwestfront, dann Volkskommissar für Verteidigung; 1941–1942 nach dem deutschen Einmarsch OB der West-, dann der Südwestfront; 1942–1943 OB der Nordwestfront; 1943–1945 Stalins persönlicher Vertreter an verschiedenen Fronten; 1946–1960 OB verschiedener Militärbezirke; 1960 Generalinspekteur des sowjetischen Verteidigungsministeriums.

WEITERFÜHRENDE LITERATUR

Boog, Horst: *Der Angriff auf die Sowjetunion.* Frankfurt am Main: Fischer Taschenbuch-Verlag, 1996.

Carell, Paul: *Unternehmen Barbarossa.* Augsburg: Bechtermünz, 1999.

Chalfont, Alun: *Der Sieger von El-Alamein.* Frankfurt/Main, Berlin: Ullstein, 1991.

Churchill, Winston S.: *Der zweite Weltkrieg.* Bern, München, Wien: Scherz Verlag, 1989.

Die Invasion der Alliierten. Elville am Rhein: Bechtermünz, 1994.

Falin, Valentin: *Zweite Front. Die Interessenkonflikte in der Anti-Hitler-Koalition.* München: Droemer Knaur, 1997.

Förster, Gerhard; Groehler, Olaf: *Der zweite Weltkrieg. Dokumente.* Berlin: Militärverlag der Deutschen Demokratischen Republik, 1989.

Forty, George: *Die deutsche Panzerwaffe im Zweiten Weltkrieg.* Augsburg: Weltbild Verlag GmbH, 1998.

Fraser, David: *Rommel.* Berlin: Siedler, 1995.

Frieser, Karl-Heinz: *Blitzkrieg-Legende. Der Westfeldzug 1940.* München: Oldenbourg 1996.

Geschichte des zweiten Weltkrieges 1939–1945. (Bd. 1–12). Berlin: Militärverlag der Deutschen Demokratischen Republik, 1975–1984.

Hitlers Generäle und ihre Schlachten. Bayreuth: Gondrom, 1978.

Kozaczuk, Władisław: *Im Banne der Enigma.* Berlin: Militärverlag der Deutschen Demokratischen Republik, 1987.

Lang, Jochen von: *Krieg der Bomber.* Augsburg: Bechtermünz, 1999.

Macksey, Kenneth: *Guderian, der Panzergeneral.* Klagenfurt: Kaiser, 1994.

Melnik, Timofej: *Nach Berlin. Kriegsfotografie 1941–1945.* Berlin: Elefantenpress, 1998.

Ogerreck, Ralf: *Die Einsatzgruppen und die „Genesis der Endlösung".* Berlin: Metropol, 1996.

Piekalkiewicz, Janusz: *Der Zweite Weltkrieg.* Herrsching: Pawlak, 1986 (Sonderausgabe).

Piekalkiewicz, Janusz: *Stalingrad. Anatomie einer Schlacht.* München: Südwest-Verlag, 1977.

Piekalkiewicz, Janusz: *Unternehmen Zitadelle.* Herrsching: Pawlak, 1989.

REGISTER

Die *kursiv* gesetzten Seitenzahlen beziehen sich auf Bildunterschriften.

ABC-Gespräche 67
ABC-Plan 118
Abrüstung 23–24, 26
Achse Berlin-Rom 29
Admiral Graf Spee, Panzerschiff 46
Ägypten 33, *71*, 72, 73, *73*, 75, 81, 84, 86, 89, 123, 124, 125, 126
Albanien 36, 75, 79
Alexander, Sir Harold, 1. Earl Alexander von Tunis 127, 134, 174, 176, 186–187, 202, 215
Alexandria 72
Algerien 128, 129
Ali al-Gailani, Raschid 81
Aliakmonlinie 81
Ambrosio, Vittorio 132
Anders, Władysław 159, 172
Anderson, Kenneth 129, 130
Anschluss 33
Antonescu, Ion 75, 155
Antwerpen 185, 187
Anzio 171, 175, 176
Ardennen 54, *54*, 58, *186*, 187, *187*, *188*, *190*, 190, 196, 198, 201
Arkadia-Konferenz 118, 119, 120
Arnim, Hans-Jürgen von 132, 133
Arras *59–60*
Äthiopien 29, *30*, 32, 72, *76*, 78, 210
Atlantikwall *168*, 174
Auchinleck, Sir Claude 85, 86, 88, 89, 122, 124, 126–127, 215
Auschwitz *62*
Australien/Australier 75, 76, 86
AVRE *194*

Balaton, Ölfelder im -raum 155
Balbo, Italo 73
Balck, Hermann 196
Balkan 19, 74–75, 78, 81, 93, 96, 135, 137, 157, 158, 164, 169, 213
Baltische Staaten 18, *20*, 37, 46, 93, 95, 97, *98*, 163
Bastogne *188*, 191, 212
Bayern 18, 24
BBC 68
Belgien 44–45, 50, 58, 67
Belgische Armee 53, 54, 60, 61
Belgrad 164
Benghasi 76, 80, 122
Berlin 18, *19*, 94, 198, 202, 203, *204*, *210*
  Reichstag *17*, 25, 26, *206*
Bernhardlinie 170, 171
Bir Hacheim 124
Bletchley Park 76
Blitzkrieg 27, *39*, 40–68, 134, 143, 213
Bock, Fedor von 97, 103, 105, 108, 109
Bombenteppichwurf 181
Bór-Komorowski, Tadeusz 160, 163
Bosnien-Herzegowina 164
Bradley, Omar N. 181, 183, 201, 214
Brauchitsch, Walther von 98, 99, 105, 216
Braun, Eva 204
Bremen 204
Briand-Kellogg-Pakt 25
Britisches Heer 22, *22*, *25*, 32, 54, *59*, *61*, 63, *71*, 73, 74, 75, 76, 78, *78*, 80, 81–82, 83, 121, 123, 124, 125, 133, 170, *196*, 198, 212
  1. Armee 129, 132, 134
  2. Armee 199
  4. Armee 177
  8. Armee 88, 89, 122, *123*, 124, 125, *125*, 127, 128, 129, *133*, 134–137, 159, 170, 171, *171*, 176, *177*, 186, 202
  9. Armee 88
  10. Armee 88
  Britisches Expeditionskorps (BEF) 36, 44, 53, 60, 62, 63
  Einsatzkommandos 86, 119, 128, 129
  Long Range Desert Group (LRDG) 86
  Middle East Commandos 86
  Royal Tank Corps *39*
  Territorialarmee (TA) 32, 33, 36
  Western Desert Force 75, 88
Britisches Weltreich 20, 63, *177*
Britisch-Somaliland 72, 73, 78
Brooke, Sir Alan 213, 215
Brüssel 183
Budapest 164, 194, 196
Bukarest *160*
Bulgarien 19, 74, 75, 81, 94, 164
Burma 122, 127
Busch, Ernst 151, 158, 159

Caen 180, 181
Casablanca, Konferenz von 131–132, 133–134
Castellano, Guiseppe 136–137
Četniki 164
Chamberlain, Neville 34, 35, *52*, 53
Charkow 142–143
Churchill, Sir Winston 53, 60, 62–63, 64, 66, 68, 73, 75, 76, 78, 81, 82, 84, 86, 118, 120–121, 122, 126–127, 131, 132, 136, 160, 164, 169–170, 171, 174, 201, 213
Clark, Mark W. 128, 136, 171, 175, 176, 214
COSSAC (Chief of Staff to the Supreme Allied Commander – Chef des Stabes beim Oberbefehlshaber der Alliierten Expeditionsstreitkräfte) 168, 174
Cunningham, Sir Alan 89
Cyrenaika 78, 79, 80, 89, 120, 121, 122, 129

Daladier, Édouard *52*
Dänemark 53, 204
Danzig (Gdansk) *35*
Dardanellen 20, 94, 119
Darlan, François-Jean 128, 133
Dawesplan 24
D-Day (Tag der Entscheidung) 180, *187*
Desert Air Force 89, 122, 125, *125*, 127
Deutsch-Britisches Flottenabkommen 29, 46
Deutsche Arbeiterpartei (DAP) 24
Deutsche Kriegsmarine 18, 29, 32, 52, 63, 84
Deutsche Luftwaffe 26, 28–29, 40, 42, *44*, 52, 53, 55, 58, 60, *60*, 61, 63–64, *64*, 79–82, 84, 93, 97, 99, 102, 106, 112, 114, 177
Deutsches Heer 28, 29, *32*, 33, *34*, 35, 37, 52, 58–62, *59*, 60, 63, *68*, *91*, 93, 95, 96, 97, 100, *104*, 105, *115*, 125, *131*, 132, 143, 148, 164–165, 175, 183, *201*
  6. Armee 108, 110, 112, *114*, 115, 140, 191, 196
  7. Armee 181
  9. Armee 144, 148
  10. Armee 176
  11. Armee 108
  12. Armee 203
  18. Armee 152–153, 154
  Deutsches Afrikakorps (DAK) *71*, 79, *84*, 85, 89, 122, 124, 129

Hauptquartier der Heeresgruppe B 135
Heeresgrupe A 48, *50*, *54*, *58*, 107, 109, 110, 142, 150, 151
Heeresgruppe B 50, 60, 107, 109, 113, 114, 135, 142, 170, 175, 187, 201–202
Heeresgruppe C 170, 202
Heeresgruppe Don 112, 114
Heeresgruppe E 164, 206
Heeresgruppe F 164
Heeresgruppe G 175
Heeresgruppe Mitte *99*, 102, 148, 151, 152, 154, 155, 158, 159, 204, 206
Heeresgruppe Nord 97, *98*, 100, 102, 104, 152, 153, 157, 159, 163
Heeresgruppe Nordukraine 159
Heeresgruppe Süd *97*, 102, 105, 107, 109, 110, 142, 148, 150, 151, 154, 157, 196
Kampfgruppe 125, 129
Oberkommando der Wehrmacht (OKW) 98
Oberkommando des Heeres (OKH) 98
Panzerarmee Afrika 122, 132
3. Panzerarmee 196, 203
4. Panzerarmee 110, 112, 144, 148
5. Panzerarmee 132, 190
6. Panzerarmee *188*, 190, 191
Panzerdivisionen *39*, 42, 43, *44*, 54, *54*, 58–61, 79, *84*, 85, 88–89, *95*, 98, 99, *99*, 174, 175, 185
SA *19*, *32*
6. SS-Panzerarmee 196
Sturmtruppe 27
Volksgrenadier 196
Volkssturm 196
Wehrmacht 33, 86, 98, 100, *139*
Deutschland *17*, 18, 19, 20, *20*, 22, 24–29, 33, 34, 36, 37, 45, 63, 74, 81, *92*, 118, 132, 155, 159, 169, 177, 194–195, 202, 204, *209*, 213
Dieppe, Überfall auf 126, 169
Dietrich, Sepp *188*, 190, 196
Dodekanes 20, 169
Dönitz, Karl 203, 206
Douhet, Giulio 22
Dreimächtepakt 81, 94
Dünkirchen 60–61, *61*, 63, 172
Dylelinie 58, 59

Ehrenburg, Ilja 196
Einsatzgruppe 100
Eisenhower, Dwight D. 128, 133, 134, 137, 171, 174, *180*, 183, 184, 200–201, 202, 205, 206
El Alamein *123*, 124–125, 127, 128–129, 131, *177*
El Gasala-Linie 122, 123–124
Enigma 76
Eritrea 29, 72, 75, 78
Erster Weltkrieg 18, 210, 213
Estland 46, 159
Europäischer Kriegsschauplatz (European Theatre of Operations – ETO) 128

Fall Sichelschnitt 50
Ferner Osten 66, 67, 132
Festungen 183, 200
Finnland/Finnen 18, 46, *46*, 48, 52, 93–96, 102, *103*, 153, 155, 158, 163, 164
Südostarmee 152
Flottenvertrag, Deutsch-Britischer 24, 32
Flugzeuge:
Hurribomber *125*
Hurricane 64
Iljuschin Il-2 *149*
Junkers Ju 52 *82*
Junkers Ju 87 (Stuka) 31, *44*, 98
Me 210 50
Messerschmitt Me 109 64
Polikarpow I-15 30
Polikarpow I-16 30
Spitfire 64
Typhoon *183*
Forces Françaises de l'Interieur (FFI) 182
Franco, General (Franco Bahamonde, Francisco) 30, *31*, 79, 110
Frankreich 18, 19–20, 22, 24, 26, 29, 32, 34, 35, 36, 37, 43, 44, 46, *52*, *55*, 60, 62, 67, *68*, 84, 132, 155, *167*, 168–169, 174, 175, 177–183, 185
siehe auch Vichy-Frankreich
Französische Kriegsmarine 23–24, 84
Französische Luftwaffe 29, 58
Französisches Expeditionskorps 172
Französisches Heer 33, 44, 52, 53–54, 58, 61–62, *61*, 129, 133, 183
1. Armee 182, 198, 204
Freifranzosen 84, 124
Gebirgsjäger *50*
Frauen
in der Kriegswirtschaft 63, 210
in der Sowjetarmee 105–106
und Kollaboration 182
Free Forces 67
Freifranzosen 84, 119, 128
Freikorps 18, *19*, 20
Freyberg, Bernard 82, 84
Frunse, M. W. 27
Führerarmee 26
Fuller, J. F. C. *22*, 23, 27
Funk *28*, *39*, *44*, *85*, 89, 122, 137, 160

Gamelin, Maurice *55*, *58*
Gaulle, Charles de 33, *52*, 84, 119, 128, 133, 182
Genfer Konvention 100
Georges, Alphonse *55*, *58*
Gestapo 181
Geyr von Schweppenburg, Leo Freiherr *175*
Gibraltar 72, *79*
Giraud, Henri Honoré 128, 133
Goebbels, Joseph 181, 196, 204
Golikow, F. I. 142
Göring, Hermann 60, 61, 64, 112
Gort, Lord John *58*, 60
Gotenlinie 186
Graziani, Rodolfo 74
Griechenland/Griechen 20, 75, 76, 78, 79, 81, 82, 86, 96, 164
Großbritannien/Briten 22, 24, 29, 32, 34, 35, 36, 37, 43, 44, 45, 46, 52, 53, 61, 63, 67, 72, 93, 109, 110, 118–120, 125, 132, 134, 160, 163, 175, 206, 210
Guderian, Heinz 18, 45, *54*, 60, 102
Guernica 31
Gustavlinie 170, 171, *171*, 175, 176

Habbaniyah 81
Hácha, Emil 35, 36
Haile Selassie I., Kaiser 73, 78
Hamburg 204
Harding, Warren 20
Himmler, Heinrich 143, 202
Hindenburg, Paul von 25, 26
Hitler, Adolf *17*, 24–26, 28–30, *32*, 33–37, 44–46, 48, 52, 53, 57, 60, 62, 63, 66, 74, 75, 79, 81, 89, 93–96, 98, 99, 100, 105, 106, 108, 109, 110, 112, 115, 122, 123, 135, 137, 142–146, 150, 151, 153, 154, 155, 157, 158, 164, 170, 171, 174, 176, 181, *181*, 185, 190, 191, 195, 196, 203–204, 210, 213
Hitlerjugend 180
Hiwis 100
Holocaust 210
Horn von Afrika 72, 73

Horthy, Admiral Miklós *19*, 36, 74
Hoth, Hermann 110, 148

Ignatieff, Nicholas 194
Indien/Inder 81, 122, 175
Infanteriewaffen:
Bren-Maschinengewehre *67*
Granatwerfer *23*
Infanteriegeschütze *112*
Maschinengewehre *23*, *80*, *106*, *195*
Maschinenpistolen *108*
MG 34 *106*
MG 42 *106*
Panzerfaust 196
Interalliierte Kontrollkommissionen 25
Internationale Brigaden 30
Irak 72, 81, 86, 88
Iran 87–88, 119
Italien 20, *23*, 24, 29, *30*, 33, 62, 66, 72, 73, 81, 122, *131*, 132, 135, 136–137, 148, 163, *167*, 168–176, 186, 202, 204
2. Armee 142
Italienische Kriegsmarine 23–24, 72, 73, 78
Italienische Luftwaffe 73
Italienisches Heer *30*, *71*, 73, 74, 75, 76, 78, 113, 122, 124, 135, 170
1. Armee 132, 134
10. Armee 76
Sahara-Gruppe 86–87
Italienisch-Somaliland 29, 78

Jalta-Konferenz 201
Japan 18, 24, 26, 32, 43, 45, 66, 67, 81, 89, 96, 118, 122, 132, 213
Japanische Kriegsmarine 23–24, 32
Jodl, Alfred *57*
Juden 24, *62*, *66*, 68, 73, 100, 163, 210
Jugoslawien *19*, *20*, 81, 96, 164, 206
Juin, Alphonse 172

Kairo 109
Kanada/Kanadier 67, 169, 172, *193*, 198
Kanal, Der 44, *50*, *59*, 60, 61, 63, 64, *117*, 119, 132, 155, 169, 210
Kanalküsten 44, 48
Karl II., König von Rumänien 75, 163
Katyn 159
Kaukasus 107, 109, 110, 123, 142, 150
Keitel, Wilhelm *57*, 98, 216
Kemal Atatürk, Mustafa 20
Kenia 73
Kesselring, Albert 122, 135, 137, 170–171, 176, 186, 202, 216
Kiew 102
Kirow, S. M. 31
Kirponos, M. P. 97
Kleist, Ewald von 150, 157
Kluge, Günther von 105, 151, 181, 216
Komintern 30
Konew, I. S. 159, 196, 198, 202, 203, 217
Kreta 75, 81, 82, *82*, 84, 86, 211
Kriegsmarine der USA 23–24, 66, 118
Pazifikflotte 89, 118
Krim 102, 105, 108, 142, 151
Kroatien 164
Krupp, A. 26–27
Küchler, Georg von 153, 154
Kun, Béla 18, *19*
Kursker Bogen, Schlacht im *147*, 148
Kwangtung-Armee 26

Lebensraum 92
Leeb, Wilhelm Ritter von 97, 106
Leigh-Mallory, Sir Trafford L. 172, 174
Leih-Pacht-System 67
Lend-Lease-Lieferungen *siehe auch* Leih-Pacht-System 88
Lenin, Wladimir Iljitsch 27
Leningrad 95, 98–99, 102, *103*, 105, 108, 142, 152–154
Lettland 46, *98*, 159, 163
Libyen 29, 72, 73, *73*, 75, *75*, 76, 79, 81, 86, 122, 123, 134, 169
Liddell Hart, Basil 23
Lindemann, Georg 159
List, Wilhelm 109–110
Litauen 46
Locarnoverträge 25
Lübeck 204
Lucy, Spionagering 144
Ludendorff, Erich 24
Luftschlacht um England 64, 174
Luftschutz in Großbritannien 33
Luftwaffe, sowjetische 28, 97–98, 158
Luxemburg 184
Lyon 183

Maas 45, *58–59*, *188*
Maginotlinie 22, *23*, 33, 40, 43, 44, 45, 62
Malta 72, 79, 80–81, 122–123
Mandschurei 26, 96
Mannerheim, Carl Gustav Freiherr von 163
Manstein, Erich von 48, 50, 108, 112–113, 142–143, 146, 148, 150, 157, 181, 216–217
Manteuffel, Hasso von *188*, 190, 191, 212
Marethlinie 132, *133*, 134
Marokko 128, 129, 134
Marsa Matruch 74
Marshall, George C. 136, 174, 213, 214
Mast, Charles 128
Mazedonien 81
Mesopotamien 20
Meuse *siehe* Maas
Mihailovič, Draža 164
Militärische Operationen:
Anvil 176, 186
Bagration 155, 158, 159, 163
Barbarossa *91*, 93, 95, 96, 98, *103*
Battleaxe 84–85
Blau 107, 108, 109
Bodyguard 157, 169
Bolero *118*, 119, 126, 132
Brevity 81–82
Cobra *184*
Compass 75
Crusader *86*, 89
Diadem 176
Frühlingserwachen 196
Gymnast 120, 126, 128
Herakles 123
Husky 135
Jupiter 126, 136
Marita 81
Market-Garden 185
Plunder 196, *198*
Round Up (später Overlord) 126, 131, 132, 135, 136, 169, 171, 172, 174–177
Seelöwe 64
Sledgehammer 119, 126
Strangle 176
Taifun 103
Torch *126*, 128, 129, 131, 133, 134, *187*
Wintergewitter 112–113
Zitadelle 144, 145, 148, 154
Minsk, Befreiung von 159
Model, Walter 148, 154, 159, 190, 201, 202, 217

Molotow, W. M. 94, 106
Monte Cassino *172*, 175–176, 212
Montenegro 19
Montgomery, 1. Viscount Montgomery of Alamein *123*, 125, 127, 129, 131, 133, 134, 136, 170, 174, 175–176, 180, 181, 183, 184–185, *188*, 191, 198, 201, 202, 204, 215
Morgan, Frederick 168, 169, 172
Moskau 93, 98, 99, 102, 103, *104*, 105, 107, 109, 212
Münchner Abkommen 34 – 35, 36
Murphy, Robert 128
Mussolini, Benito *17*, 24, 29, 30, 35, 36, *36*, 37, 50, 62, 72–75, 79, 86, 110, 135, *137*, 148, 169, 202, 213

Naher Osten 22, 86, 87, 109
Nationalisten (Spanien) 30, *31*
Nationalsozialistische Deutsche Arbeiterpartei (NSDAP) *19*, 24, 25, 26, 33, *62*, *66*, 68, 100, 105, *114*, 157, 195, 196, 200
Neame, Philip 169
Neuseeländer 175
Neutralitätsgesetze (USA) 36
Nichtangriffspakt, Deutsch-sowjetischer 37
Niederlande 44, 50, 53, 58, 185, 204
Niederländische Armee 53, 54
NKWD 159
Nordafrika *31*, *66*, *71*, 72, *75*, 79, 81, 84, 86, 89, 109, *119*, 120, 121, 123, 135, 137
Nordatlantik 45, 52
Nordirland *118*
Nordsee 44, 48, 64
Normandie 63, 171, 172, 175, 177–179, *178*, *184*, 201, 212
Norwegen 48, 52–53, *52*, 85, 93, 126, 136, 157, 165, 169, 177, 210
Nürnberg *209*

O'Connor, Sir Richard Nugent 76, 169
Office of Strategic Services (OSS) 202
Omaha Beach *178*, *187*
Oslo 53
Osmanisches Reich 18, 19–20
Ostafrika *71*, 73, 75, 78, 86
Österreich 19, 33, 194, 198, 204
Österreich-Ungarn 18
Ostfront 105, 110, 129, 134, 135, *139*, 143, *143*, *144*, 145, 148, 155, 174, 210
Ostpreußen 19, *20*, 35, 163, 181, 196
Ostwall *siehe auch* Pantherstellung 148, 151, 152

Palästina 20, 72, 73, 88
Pantelleria 135
Pantherstellung *siehe auch* Ostwall 148, 153, 154
Panzerfahrzeuge *22*, 23, *27*, 30, 31, *42*, 43, *44*, 54, *60*, 72, 73, 74, 79, 80, 85, 88–89, *91*, 96, *96*, *100*, *104*, 105, *107*, 122, 140, 145–146, *149*, *171*, 190–191, *209*
Char B *48*, 54
Churchill, Spezialfahrzeug *178*
Crusader *79*, *86*
Ferdinand 145, *145*
Grant *120*
IS-2 *155*
PzKpfw 38 (t), tschechischer *99*
PzKpfw I *27*, *43*
PzKpfw II *43*
PzKpfw III *43*, 80, *84*, *109*
PzKpfw IV *43*, 80, *86*
PzKpfw V Panther 145, 180, *193*
PzKpfw VI Tiger *60*, 140, *144*, 145, *146*, *155*, 180, *193*
Sherman *133*, *190*
Sherman Crab *178*
Sherman DD *178*
Sherman Firefly *193*
Somua 44, *60*
T-26 *28*
T-34 *107*, *139*, 140, *150*
Valentine *119*
Vickers Medium *25*
Panzerlandungsschiffe (LST) 174, 175
Papen, Franz von 26
Paris 62, *68*, 182
Partisanen 155, 164
Patton, George S. 118, 134, 135, 177, 181, *190*, 191, 198, 199, *199*, 204, 214–215
Paulus, Friedrich 110, 112–115
Pavelič, Ante 164
Pearl Harbor 89, 118
Persischer Golf 94
Pétain, Marschall Henri 62, 67, 128
Ploeşti, Ölfelder von 74, 107, 163
Polen 18–19, *20*, 35, 36–37, *37*, *39*, 40–44, 46, *50*, *55*, 60, 66, 76, 92, 93, 96, 155, 159–160, 172, 176
polnische Exilregierung in London 159–160, 163
polnische Heimatarmee (Armia Krajowa) *158*, 160, 163
polnische Luftwaffe 40, 42
Polnischer Korridor 35
polnisches Heer 42, *42*, 44, *50*
Portugal 136
Prag 204

Quebec, Konferenz von 169
Quisling, Vidkun 67

Raketenwerfer *176*
Ramsay, Sir Bertram 172
Rapallovertrag 20, 26
Red Ball Express 183, *185*
Reichsparteitage der NSDAP *17*
Reichswehr 20, 26
Reparationen 24–25
Reynaud, Paul 52, 62
Rheinland 19, 29, 33
Rheinüberquerungen 199–200, *199*, *200*
Rhodos 170
Riga, Friede von 20
Ritchie, Neil 89, 124
Rokossowski, K. K. 160, 163, 196, 198, 202–204, 217–218
Rom 135–136, *167*, 171, 176, 186
Rommel, Erwin *59*, *71*, 79–82, *84*, 85, 88, *88*, 109, 121–125, 127, 129, 131, 132, 134, 135, 137, 169, 170, 174–175, 180, 181, 217
Roosevelt, Franklin D. 36, 66–67, *117*, 118, 120–121, 131, 171, 174, 201, 213
Rote Armee *siehe* Sowjetarmee
Rotterdam 58
Royal Air Force (RAF) 22, 29, 32, 44, 45, 53, 61, 63, 64, 68, 73, 75, 81, 82
Royal Navy 23–24, 29, 32, 45–46, 53, 63, 72, 75, 78, 81, 84
Home Fleet 46
Mittelmeerflotte 72, 73, 75
Ruhrgebiet 24, 44, 183, 201, 202
Rumänien/Rumänen 19, 74–75, 81, 93, 107, 112, 114, 155, 158, *160*, 163
rumänisches Heer
3. Armee 112
4. Armee 114
Rundstedt, Gerd von 37, 50, 58, 60, 97, 105, 174–175, 180, *181*, 185, 190, 198, 199, 202, 217
Rüstungsproduktion 63, 66
Ryti, R. (finnischer Präsident) 163

Saarland 19, 28, 44, 45, 183
Saint-Germain-en-Laye, Friedensvertrag von 19
Salerno 136, 137, 169, 170, *170*
Scapa Flow 18, 46
Schleicher, Kurt von 26
Schlesien 19, 20
Schlieffen-Plan 50
Schuschnigg, Kurt von 33
Schwarzes Meer 18, 109, 110
Schwarzmeerflotte 102
Schweden *52*, *53*
Schweiz 18, 144, 202, 204
Seeckt, Hans von 26
Serbien 19
Sèvres, Friedensvertrag von 19–20
Shukow, G. K. 103, 106–107, 110, *142*
Sibirien 18, 103, 159, 213
Siebenbürgen (Transsilvanien) 74
Sikorski, Władysław 44, *50*
Sizilien 72, 79, 129, 132, 135–137
Skandinavien 46, 48
Skipatrouillen *46*
Sklavenarbeit 100
Smolensk 99, 102, 142
Sondereinheiten 86, 87
Sorge, Richard 96
Sosnkowski, Kazimierz 160
Sowjetarmee 20, *22*, 27, 28, *28*, 31, 32, 44, 46, 48, *93*, 95, *95*, 96, 98, 99–100, 102, 103, 105–106, 107, 109, 115, 129, *139*, 140, *140*, 141, 144, *147*, 148, 151–152, *157*, 158, 160, 163, *163*, 164–165, 196, 203, *204*, *206*, 210, 213
  1. Baltische Front 158
  1. Belorussische Front 159, 160, 196
  3. Belorussische Front 196
  Brjansker Front 148
  Donfront 112
  Kalininer Front 148
  Stawka 99, 107, 140–144, 160
  Steppenfront 148
  Südfront 110
  Südwestfront 97, 102, 108, 112, 150
  1. Ukrainische Front 154, 155, 196
  2. Ukrainische Front 163, 196
  3. Ukrainische Front 163, 196
  Westfront 103, 148
  Woronesher Front 142, 148, 150
  62. Armee 110
Sowjetunion 18, 20, *20*, 26, 27–28, 37, *37*, 46, 68, 74, 81, 86, 87–88, 89, *91*, 92–115, 119, 125, 140–165, 174, 202, 210, 212, 213
Spanien 110
Spanisch-Marokko 30
Spanischer Bürgerkrieg 30–31, *31*, 33, 79
Special Air Service (SAS) 87
Special Operations Executive (SOE) 68, 87
Speer, Albert 199
SS/Waffen-SS *19*, *32*, *59*, *64*, *66*, 68, 143, 181, 185, *188*, 196, 202
Stahlpakt 37, 50, 72
Stalin, J. W. *17*, 27, 30, 31, 37, 46, 48, 96–100, 103, 106, 107, 108, 131, 144, 150, 155, 159, 163, 164, 171, 200–201, 202, 213
Stalingrad 107, 110, 112–115, 131, 134, 140, 141–142, 152
Stresemann, Gustav 24
Student, Kurt 84
Stülpnagel, Karl-Heinrich von 181
Südafrika 73, 75, 172
Sudan 72, 73
Sudetengebiet 33, 34–35, *34*
Suezkanal 123, 124
Syrien 20, 72, 82, 84, 86

Tedder, Sir Arthur W. 174
Teheran (1943), Konferenz von 171
Thälmann, Ernst 25
Timoschenko, S. K. 48, 107, 108, 218
Tito, Marschall (Josip Broz) *20*, 164, *165*, 206
Tobruk 76, 80, 84, 86, 89, 122, 123, 124, 212
Transjordanien 20
Treblinka *62*
Trenchard, Viscount Hugh 22
Trianon, Friedensvertrag von 19
Tripolitanien 121, 129, 131
Trotzki, L. D. 27
Tschechoslowakei 19, 33–36, *37*, 42, 72, 155, 204, 206
Tschernjachowski, I. D. 163
Tschuikow, W. I. 110
Tuchatschewski, M. N. 27, 28, 31, 32,
Tunesien *119*, 128, 129, 131, *131*, 132–133, *136*, 145
Tunis 129, 130–131
Türkei 18, 19, 20, 22, 169

U-Boote 46, *64*, 66, 132, 206
Ukraine 20, 93, 98–99, 100, 105, 155
Ultra-Gruppe 75–76, 79, 82, 96, 124, 127, 134, 187
Ungarn 18, 19, 36, 74, 81, 155, 164, 194, 196, 198
  2. Armee 142
Unterwanderungstaktik 27
US-Armee *117*, *118*, 119, 127, 128, 129, 133, *167*, 186, 187, 190, 191, *201*, *206*
  1. Infanteriedivision *187*
  1. US-Armee 198, 199, 201
  3. US-Armee 181, 198, 199, *199*, 204
  5. US-Armee 171, 176, 186, 202, 203
  7. US-Armee 182, 204, *209*
  9. US-Armee 201, 202
Ustascha 164

Vereinigte Staaten von Amerika 20, 23–24, 29, 36, 43, 45, 66–67, 89, *117*, 118, *118*, 119, 132, 134, 163, 169–170, *182*, 206, 210
Vereinigte Stabschefs 120–121
Versailler Vertrag 19, *19*, 20, *20*, 26, 28
Vichy-Frankreich 67, 84, 128, 129
Vierzehn Punkte 18, 20
Viktor Emmanuel III., König von Italien 135
Vis 164
Völkerbund 19, 20, 23, 25, 26, 28, 29

Wadi Akarit 134
Warschau 20, *40*, 43–44, 62, 160, 163, 196
Warschauer Aufstand *158*, 160, 163
Washingtoner Konferenz *117*
Watutin, N. F. 142, 154, 155, 218
Wavell, Sir Archibald P. 72, 74, *75*, 76, 78, 79, 81, 82, 84, 85–86, 216
Weichs, Maximilian von 110
Weichsel-Oder-Operation *195*, 196
Weidling, Helmuth 204
Weimarer Republik *17*, 18, 19, 20, 24
Wenck, Walther 96, 203
Westliche Wüste *78*, 84, *85*, 88, *120*, 125, *125*
Westwall 40
Widerstand 68, 164, 177, 180, 182, 187
Wiederaufrüstung 26, 28–29, 32
Wien 198
Wilson, Henry Maitland 78, 216
Wilson, Thomas Woodrow 18, 20
Witzig, Rudolf 129

Youngplan 24–25

BILDNACHWEIS

S. 6, 16, 19, 31, 32, 34, 36, 37, 40, 42, 46, 50, 52, 58–59, 62, 66, 68, 69, 73, 74–75, 78, 84, 88, 93, 97, 98, 103, 104, 106, 107, 108, 133, 140, 141, 143, 152–153, 154–155, 156, 157, 158, 160, 162, 184, 198, 206, 212 von Hulton Getty; S. 22, 25, 28, 48, 60, 79, 86, 120, 138, 144–145, 145, 210 von The Tank Museum, Dorset; S. 27, 30, 43, 61, 64, 70, 80, 82, 85, 92, 95, 99, 114–115, 116, 118, 122–123, 125, 126–127, 142, 149, 150, 151, 165, 170, 171, 172, 178, 179, 181, 182, 186, 188, 192, 194, 195, 197, 199, 200, 201, 208, 211 von Corbis UK Ltd; S. 38, 56, 57, 65, 90, 94, 96, 100, 101, 102, 109, 112, 114, 137, 166, 177, 190–191, 207 von Peter Newark Military Pictures; S. 76, 168 von Imperial War Museum.

Die Abb. auf S. 119, 130, 136–137 wurden mit freundlicher Genehmigung des Autoren reproduziert.

Die Illustrationen auf den Seiten 23, 45, 67, 85, 147, 176, 180 stammen von Peter A. B. Smith und Malcolm Swanston.

Abkürzungsverzeichnis zu den Seiten 178 und 179

Cdo	Commando	R Winnipeg	Royal Winnipeg Rifles
Devon	Devonshire	RCA	Royal Canadian Artiller
DG	Dragoon Guards	RCT	US Regimental Combat Team
Dor	Dorset	Regina	Regina Rifles
E. Yks	East Yorkshire	RM Armd SP Regt	Royal Marine Armoured Support Regiment
E. Yorks	East Yorkshire	RM Cdo	Royal Marine Commando
ENG	Engineers	S. Lancs	South Lancashire
Fd	Field	SS (Cdo)	Special Services (Commando)
H	Royal Hussars		
Hamps	Royal Hampshire		
N Shore	North Shore		
QOR	Queen's Own Rifles